上海青年政治学年度报告 2013

吴新叶　任勇　主编

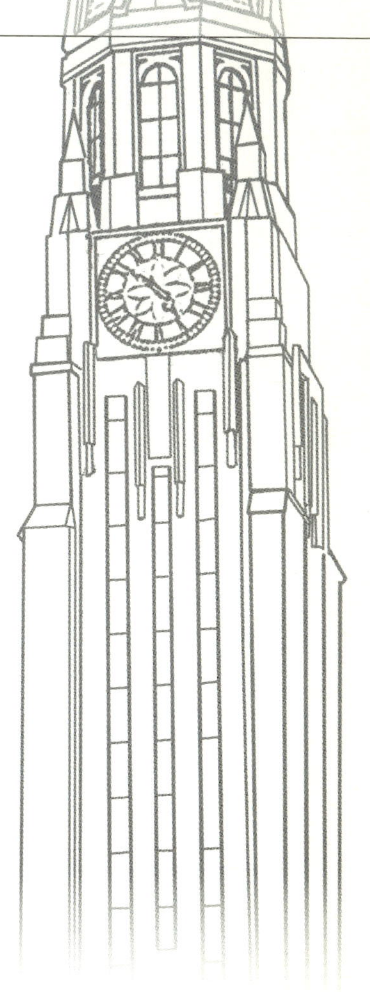

上海人民出版社

上海青年政治学论坛（2012）集体合影留念

《上海青年政治学年度报告》
学术委员

（以姓名的拼音字母为序）

目录

前辈寄语

王邦佐　中国政治学会顾问　上海市政治学会名誉会长

青年学者在中国的政治学研究中大有作为

无论哪个学科，都不能忽视年轻学者，甚至在一定意义上，年轻学者的成长直接决定了未来该学科发展的前途。上海政治学界素有重视年轻人、培养年轻人的传统。以往的实践已经充分证明，上海政治学三十多年发展的历程，其实就是一批又一批年轻学者成长的过程。改革开放以后，面对政治学恢复和重建的艰巨任务，当时的上海政治学界先后涌现出一批年轻政治学者，他们刻苦勤奋、勤于思考、努力上进，已经成长为中国政治学研究的中坚力量。正是在他们的带动下，才奠定了当前上海政治学在全国的地位。虽然目前环境已经发生了巨大的变化，但上海政治学界的一大批年轻学者正在迅速成长，上海社科新人的评选每界都有政治学学者入选即是例证。现在的年轻学者既有较宽广的理论视野，又接受过良好的方法论训练；既熟悉西方的政治学发展前沿，又对中国的国情有比较深刻的理解，他们代表着未来上海政治学进一步发展的希望。因此我们有责任，也有义务来帮助他们更快更好地成长，为他们创造平台、提供舞台，使更多的青年学者脱颖而出，尽快承担起推动上海政治学持续发展的重任。

党的十八大为我国未来发展描绘了美好的蓝图，也为未来的政治学研究提供了广阔的发展空间。在此过程中，青年学者可以发挥自己的聪明才智，必将大有可为。在此我提出三点希望：

第一，坚持理想，力戒浮躁。作为经世致用之学，政治学研究必须要有理想，而年轻学者更需要坚守理想，避免浮躁情绪，学会思考，遵守学术规范，增强事业心、责任感，坚持严肃认真、严谨细致、一丝不苟的科学态度。同时要学会做人，扎扎实实地开展研究，将个人的事业发展与国家、民族的发展需要结合起来，增强献身国家、服务社会的历史使命感和社会责任感，做一个关心世界和国家命运的人。

第二，研究中国，服务社会。作为中国的政治学者一定要紧紧围绕中国问题展开研究。当前中国出现的巨大社会转型已经为青年政治学者提供了很多可以研究的领域和问题，而这些内容都可能成为青年学者新的学术成果增长点。所以年轻学者要更加深入了解中国的实际，真正做到在中国看中国，在中国研究中国。同时大家要学会用这些成果来回报社会、引领社会，推动社会的发展进步。

第三，抵制诱惑，持之以恒。当今的时代给青年学者提供了很多的选择机会，在各种机遇到来的同时，也存在着很多的诱惑，这就需要青年学者真正以学术为业，以学术为根本，坚持实事求是的科学精神和严谨的治学态度，正确对待学术研究中的名和利，抵制各种外在和内在的诱惑，做出正确的选择，这样才会取得更大的成就。

作为上海政治学界的一个重要阵地，华东政法大学政治学与公共管理学院历来重视发挥青年学者的作用。在学术界同行的大力支持和鼓励下，学院举办了2012年度上海青年政治学论坛，并创办了《上海青年政治学年度报告》。我希望他们能够坚持将这些活动长期举办下去，并成为凝聚学术、汇集智慧的年轻政治学者的重要平台。我相信通过大家的共同努力，未来上海青年学者必将为中国的政治学研究贡献出巨大力量。

2013年4月

桑玉成 上海市政治学会会长

青年与政治

在一定意义上说，是青年开启了中国政治现代化的时代。与“赛先生”同时为世人熟知的“德先生”是从五四运动开始的，这应该是中国政治理念现代化的起始。“德先生”伴随着那个时代的青年从书斋走向生活，在点滴的民主知识积累中，他们甚至没有来得及受到充分的民主政治训练，就聚集起来，有的终身从事促进中国民主发展的思想启蒙事业，有的则走上了救亡图存的政治道路。

历来的政治家与思想家都非常重视青年的蓬勃创造力，也对青年寄予了无限的期望。梁启超先生在 1900 年发表的《少年中国说》之所以能够风行，与其说是一场政治宣传，倒不如说对中国发展的期望与自信。事实上，梁公的“少年”畅想的确产生了巨大的政治动员效应。比如：南洋公学（现上海交通大学）学生于 1902 年组织的“少年中国之革命军”，可算爱国行动的典型；陈独秀等于 1915 年创办的《新青年》是现代政治启蒙与宣传的典型；1918 年，李大钊等在北京发起成立的“少年中国学会”则是追求政治研究自组织的结社尝试。值得一提的是，“少年中国学会”还在海内外成立了很多分会，并出版发行《少年中国》、《少年世界》、《少年社会》等期刊，传播流传的政治意识形态影响了大批包括青年在内的众多读者。在那个动荡的时期，“青年遇到政治”无论是有意的安排也罢，还是青年们自己的政治热忱也罢，都显示出了巨大的社会效应。

民国时期青年与政治的关系，不独表现在传媒界和公共领域，教育界也在努力从事培养青年政治知识、技能与素养的工作。1903 年，京师大学堂（现北京大学）率先开设了“政治科”，培养政治学专业人才。随后，全国大多数著名大学也相继开设了政治学专业，作为那个时代的显学，政治学甚至还吸引了一批志向和抱负都不让须眉的爱国女青年。那个时候的上海也不例外，沪上著名高校如复旦大学、光华大学、大夏大学、沪江大学、震旦大学、圣约翰大学、上海法政学院等，都设置了政治系科，培养的人才不仅活跃在上海，还遍及全国，比较著名的人物就包括邵力子、王铁崖、罗隆基、王造时等。众所周知，后来的这些人才有些成为职业政治家，有些成为中国政治学的学术拓荒者，极大推动了中国政治学的学术进步和政治发展。

遗憾的是，政治学专业在新中国成立后一度被视为“伪科学”而受到冷落，并于1952年的全国高等院校院系调整中被正式取消。中国政治学研究与政治学的学术活动直到改革开放后才得到改观，随着我国改革开放总设计师邓小平同志提出“政治学、法学、社会学以及世界政治的研究，我们过去多年忽视了，现在需要赶快补课”的号召之后，政治学开始了复兴之路。我们可以自豪地宣称，在这次复兴政治学的过程中，上海学界同仁又一次勇敢担当，现已渐成气候，并从此奠定了上海在中国政治学学术界的地位。复旦大学、华东师范大学、上海师范大学、东华大学等率先开始了人才培养工作，依托这些高校成立的上海市政治学会扮演了学术中介者的角色，为上海市政治学人搭建了实现学术使命的舞台。必须说明的是，上海市政治学会在石啸冲、王邦佐、王松、曹沛霖、孙关宏等学界前辈的带动和身体力行下，青年人成长的环境愈加良好，为上海成为中国政治学的研究重镇奠定了基础。

今天，我们欣喜地看到：上海这种政治学学术传统还在延续，上海青年学者的政治学研究关怀还保持着自己的特色。

华东政法大学政治学与公共管理学院作为上海市政治学界的一支重要力量，具有良好的人才培养与学术研究的传统。早在民国时期，其前身圣约翰大学就培养了宋子文、宋子安、孔祥熙、连横、荣毅仁、邹韬奋、史久镛、黄嘉华、顾维钧等著名人物，后来也培养了苏惠渔、曹建明等知名学者。改革开放赋予了华东政法大学以新的生命力，这所高校继续保持着以政治学与法学见长的优势，开始了新时期的新担当。在学术研究与人才培养方面均有建树：人才培养方面，该院是上海市教委确定的上海唯一政治学教育高地，人才培养特色鲜明；在学科发展方面，该院已经建立起“本硕博”一体化的人才培养格局；在学术研究方面，该院年轻师资队伍不但在国家社科等国家级科研项目立项数量上保持优势地位，而且在国内权威期刊发表的高质量学术论文方面也处于学界前列。

华东政法大学政治学与公共管理学院承办的上海青年政治学论坛比较有前瞻性，定位于上海政治学界的青年学者，这在上海市的政治学发展历史上还是第一次，具有积极的开拓意义。事实上，华东政法大学政治学与公共管理学院对上海政治学会的贡献是一如既往的。在我担任上海市政治学会会长的这八年间，该院承担了两次年会、两次全国政治学会的秘书长会议和其他会议。在同该院政治学同仁的多年交往中，我深深地为这支队伍的公共精神和敬业态度所振奋。正是基于这种考虑，我也作为上海政治学界之一员，欣然为以这次会议论文为基础的《上海青年政治学年度报告》作序，希望它能够凝聚起上海政治学界年轻学者的力量，成为上海政治学界的一个学术品牌，并借这个机会就上海的青年政治学学者以及政治学的发展提出一些想法。

在当下的社会环境下，我们特别希望青年政治学者能够树立以学术为业的志向。

马克斯·韦伯的著名演讲《以政治为业》向世人提出了两种"以政治为业"的方式：一是"为"政治而生存，一是"靠"政治生存。在一个多世纪后的今天、在中国、在上海，韦伯的观点仍然值得继续讨论。他说，以政治为业的人需要有激情、责任感和判断力。在今天的大学阶段，尽管不是每一位青年学者都充满热情地选择了政治学作为自己的专业，但那些充满热情地学习和研究政治学理论的青年学子们，肯定会在学习与研究中获得难以言传的享受。或者说，这些充满激情来学习和研究政治学的青年都有令人敬佩的责任感，他们的判断源自于政治学给他们生活带来的乐趣与满足。按照马斯洛的需要层次论推断，他们的这种状态属于最高的自我实现的需要层次，可以归到韦伯所谓的"从内心里将政治作为他的生命"的"为业"之列。可是，我们必须清醒地认识到，并不是所有的青年都能顺利达到"以政治为业"的目的地，更鲜有人能够成为职业政治家，所以政治学不是单纯以培养政治家为旨趣的学科，教授政治技能、传播政治知识是政治学专业教育的使命之一。

既然从事政治这个职业不是所有的青年人所能够做到的事，那么从事政治研究如何？听起来肯定也是一个充满乐趣和令人满足的工作。说到这里，我们还要向充满热情的青年学子推荐韦伯的另外一篇演讲《以学术为业》，以我这个"曾经的青年人"为有志于心存旨趣地从事政治学研究的当代学子们指点一二。首先，不必畏难，因为政治学的研究不是都那么深奥莫测。在中国古代的政治生活中，“朝议”就是一种政治研究的常见方式；在国外，这种常见的研究方式被哈贝马斯以公共领域加以概括了。也就是说，“以政治学研究为业”的最浅表层次，就是我们对政治现实的理性态度和话语表示。一个受到良好政治学训练的青年人，在公共领域中有助于促进理性政治的成长，是政治发展的积极支撑因素。其次，不必怀疑，因为政治学的研究可以是应用性的批判与揭短，也可以是建构性的弥补与保护。古人将这种研究称为“经世致用之学”，国外称之为政治参与。当前，我国也遇到了类似韦伯当年所谓的“德国病”，如工业化技术应用与国际化挑战，我国当前的政治发展任务更加繁重，党和政府要应对处于转型期的各种挑战，非常需要我们提供各种各样有价值的建言献策，按照学术话语就是国家发展需要公众的政治参与。当下青年人所处的时代是一个处处都需要建构的时代，其价值远远超过韦伯当年孜孜以求并告诫德国大学生不可错过的“机遇”，所以中国政治学发展大有前途、大有空间。最后，不必迟疑，青年学子的以学术为业应该以从事政治学的教育为最高境界。我们常常抱怨中国发展中存在这样或那样的问题，我们也确信中国问题的最终解决在于人才，人才是关键。教育的价值恰恰在于培育人才。因为人才能够发现中国政治发展中存在的“真问题”，人才能够提出“真见解”。但是，人才培养何其艰难。古人说，十年树木，百年树人。所以，在此，我愿意抄录韦伯的话给各位致力于从事政治学教育的青年学子：“以恰当的方式将科学问题呈现出来，使一个未曾受学但具备领悟力的头脑能够理解这些问题，继而能对它们进行独立的思考（对我们来说这是唯一重要的事情），大概是教育事业中最艰难的任务。”因此，我们需要青年政治学者要有一种责任感和使命感，以培育我国政治发展需要的人才而感到快乐和满足，因为你们的工作会使更多的人获得韦伯笔下被比喻为太阳的政治学知识，不会为幻觉和影子而不知所措。

无论如何，也毫无疑问，中国的政治学以及政治发展的未来，当取决于现在的青年一代。

是为序。

2013年5月

学者访谈

李明　特约记者

科学精神与责任意识
——上海青年政治学者朱德米专访

学者简介

朱德米　同济大学教授、博士生导师，同济大学文科办公室主任。2002年毕业于复旦大学，获政治学博士学位，2008年聘为同济大学教授。主要从事中国政治与公共政策研究。2011年主持国家社会科学基金重大重点项目“重大政策与大型工程社会稳定风险评估”，2004年主持国家社会科学基金青年项目“公共政策制定与公民参与研究”，2008年主持国家自然科学基金项目“太湖流域水污染防治网络治理研究”。2008年获上海市“曙光学者”计划资助。出版专著《自由与秩序：西方保守主义政治思想研究》、《经济特区与中国政治发展》，主编“公共政策与公共管理译丛”。在国内主要学术期刊发表论文五十余篇。2012年、2010年分别获上海市哲学社会科学优秀研究成果论文一等奖、三等奖，2006年获上海市哲学社会科学优秀研究成果专著三等奖、上海市邓小平理论研究与宣传研究成果专著三等奖。

李明（以下简称“李”）：朱老师，您好。很高兴今天能对您做访问。作为青年学者，您取得了比较突出的学术成就，能与我们分享一下您的治学经验吗？

朱德米（以下简称“朱”）：谢谢你的采访。从一些可见的指标来看，我个人发展相对于同辈人来说，是比较快一点的；但是从学术积累和学术功力来看，学术道路是很漫长的，特别对人文社会科学学者来说，在天资差不多的前提下，学术研究主要靠的是勤奋，靠的是积累。所以说，在漫长的政治学学科发展历史上，我们能做的就是这一代人对知识、对社会的贡献，不至于像我的学生，也就是你们这一代人会对我们的研究成果产生“蔑视”。我想这是我们这一代学者的最低要求。学术强调的是传承与创新。

李：您非常强调学术的传承与创新，我想就这个问题，谈谈您个人的成长经历。

朱：我对政治学的兴趣开始于上个世纪90年代初，当时在苏州大学读书的时候，给我们上《世界近现代史》和《国际政治》两门课的老师是张铭先生，现在在山东大学威海分校任教。他在教学中注重对人类思想的介绍，关注对青年的启发与引导。这为我后来从事学术研究埋下了“种子”。苏州大学的政治学有着非常好的基础和传统，2012 年教育部学科排名也不错，到今天我也时刻关注这所学校。从当时国内政治学研究区域分布来看，比较活跃的有北京、上海、吉林、武汉、苏州等地。后来我选择在苏州大学攻读硕士学位，当时学院的院长任平先生（现在在江苏师范大学做校长），给我们研究生创造了很好的条件。我有幸聆听了当下几乎所有著名学者的报告。他对年轻人从事学术研究十分支持，这给我极大的鼓舞和动力。

说到学术继承，我要提到研究生导师沈荣华先生和乔耀章先生，他们给我的思想引导、人格培养以及知识传授，一直成为我不断努力奋斗的源泉。想想今天，自己做导师，似乎还没有达到当时老师给我的帮助。

李：您经常跟我们提及在复旦攻读博士学位期间是您的学术最重要的提升阶段，想请您谈谈如何攻读博士学位。

朱：在苏州大学的积累是我学术的起步，当时喜欢翻译国外主要学术理论，并且也发表了几篇文章。1999 年考入复旦大学，师从林尚立老师攻读博士学位，2002 年毕业。这个时期是我学术上发展最迅速的阶段。复旦的政治学有着更为鲜明的师承关系、国内最为良好的学术氛围，还有一大批才思敏捷的“师兄弟”。林老师对学生的学术要求是非常严格的，以博士论文为抓手，两周讨论一次，这是我接受的最专业的学术训练。在我后来研究中的“问题意识”、“研究逻辑”等都受惠于林老师的讲授，甚至到今天与林老师的交流对自己学术启发也很大，包括我当下正在做的社会稳定风险评估研究。这次复旦的政治学能排到全国第一位并且在全球 QS 排名中处于前列，是几代人努力的结果。王邦佐先生、曹沛霖先生、孙关宏先生这些都是学界泰斗；后面一代的竺乾威先生，践行了学术自由与独立，为学生提供了榜样。

从学术发展来看，在复旦大学期间，我系统地阅读了国外政治学英文原著，复旦图书馆外文资料非常丰富，能够找到想阅读的文献；还有一大批今天在学界已有很大名气的师兄弟们，天天切磋学问。实际上，我们同济大学人文社会科学的发展最缺乏的就是“同辈人”之间的交流，我们学校的校园文化似乎过于功利了，这对你们成长很不利。复旦的政治学值得我们学习和继承的是对学生成长持续的关爱。我后来到同济工作,在各类场合都遇到过我的老师们,他们所给予的鼓励和关注,让你觉得“不努力、不奋斗”对不起他们给你的“爱”。这大概就是现在复旦大学校长所提倡的大学要有“大爱”吧。这一点,我对你们做得很不够,上次带你们回复旦去参加一年一度的“师门”学术交流会就有这个初衷。2011 年,我在美国加州大学伯克利分校访问研究期间,与欧博文教授多次交流,他最自豪的就是培养了一大批有影响的学者。他最精彩的开场白就是这个人是我的学生,但是现在比我更有名气。教师自豪的地方是培养一流的学生,而不是自己做了多少科研项目。好的老师首先是教好自己的学生。现在想来,攻读政治学博士没有一定的阅读量是不够的,你的博士论文就达不到这个领域的最高水平。博士期间的积累是一个人从事学术研究可持续发展的基础。

李:谈到这里,您所说的大概主要是学术继承吗?

朱:你总结得很好。我们下面就围绕着学术创新来展开。学术创新首要的前提是学术规范,就是在把学术继承工作做好的基础上,有一定的约束条件,我们要不断提醒自己,一代人所做的学术贡献是有限的,即使“行为主义革命”也是在学术长河中做了改变“航道”的工作,而不是“无中生有”。专业学者与天马行空的公共知识分子相比应当更严谨一些,不要“胡说八道”,取悦于媒体与大众,“口感好,不实惠”。

李:您的意思是说“创新”是在学术积累基础上的突破,那么您能结合自己的研究来谈谈政治学的创新吗?

朱:好的。你的理解是正确的。政治学是一门“治国理政”的大科学。大科学意味着涉及人文社会科学以及工程科学等等,回答的是时代大命题和大挑战。可以这么说,当下中国遇到的最重大挑战,环境恶化、持续经济增长动力源泉、地区安全、腐败等等,都需要政治学作出回答和深入地研究。另一方面,中国对重大挑战知识储备不足,又与政治学学科不发达有着直接关系。

从近代学科、知识与现代社会转型关系来看,启蒙运动与哲学、工业革命与经济学、民主革命与政治学都是因果循环的关系。同样,改革开放以来中国也呈现出相类似的情景,真理标准的讨论与哲学、经济建设与经济学、科学发展与政治学都是互为因果关系，所以说，政治学到了“大发展、大繁荣”的阶段。

李：您指出了政治学与当下中国发展转型的关系，表达出对政治学发展现状的不满，那么政治学发展不足体现在哪些方面？

朱：政治学发展更需要外部支持和管制的放松，但学科本身也需要反思。与经济学、社会学等学科相比，与国际同行相比，我认为政治学学科的主要问题有五个方面：

第一，学科吸引力不够，后备研究力量严重不足。许多优秀青年不选择这个专业或者课程，学界给年轻人的发展提供的支持不够，特别是在学术资源分配上，应当更关注人才的培养；

第二，研究方法和手段滞后，主流的知识评判标准没有达到社会科学同等的水准；

第三，研究议题固化，要么停留在口号式宣传上，要么停留在低水平重复上。当下时代面临的重大挑战，既不想研究也没有能力做出回应。更值得担忧的是像我这一代的学者，本应当承担起在学术继承与创新转变中的重要角色的，却采取了逃避心态；

第四，国际对话能力不足。中国主流政治学一直坚持“本土为先”的战略，这个立场一定要坚持。但问题是作为一门科学的政治学，要符合学科的基本规范，从概念、术语以及研究论证的过程，只要你是在科学层面上做出的研究，国际同行还是认可的。我在美国期间阅读到的文献里，就有学者多次引用我的老师林尚立先生在对中央与地方关系研究中，中央通过干部任命来强化对地方控制的这个观点。政治学学科的国际化和本土化争论实质上是一个伪命题，首要的是科学化；

第五，为其他学科发展提供支持能力不足。作为大科学的政治学是国际关系、社会学、经济学、公共管理等学科的基础学科，是一门更应值得尊重的学科。由于上述四个方面存在的不足，导致许多学科设置政治学研究议题，但由于没有政治学提供的支持，导致研究深度不足，从而进一步削弱政治学的吸引力。

李：我正在做博士论文，研究地方政府与企业环境治理的关系，有着深切的感受，政治学学者对环境治理方面的研究贡献比较低。想请您谈谈，针对这些不足，采取什么样的措施？

朱：我的这些看法很大程度来源于做博士论文以及后来的学术研究。在做博士论文期间，我发现国内同行研究成果提供的支持严重不足，学术不规范，低水平重复非常严重。政治学要取得值得尊重的地位，是我们这代人的责任，学术传承的接力棒放在我们面前了，我们应当有这样的担当。

首要的工作加强政治学科学化的程度，特别是在研究方法和研究手段上取得新的突破，让下一代政治学研究者接受社会科学基本研究方法的训练。其次是让当下更多的研究议题纳入到政治学范畴内，像环境、经济发展、政府改革、社会稳定等等。最后是提升国际对话能力，建构科学的政治学话语体系。

李：这些工作需要学界共同的努力，想请您谈谈个人需要在这方面做哪些努力？

朱：学术共同体是学者的精神家园。推动政治学的变革需要每一个人的努力。这就是我经常与你们提起的责任意识。尽管个体的努力也许是微不足道的，但是学术的进步就来源于每一个人的努力。

2002 年我到同济任教，一晃十年过去。总结十年来的学术追求与努力是非常重要的。博士阶段是接受专业研究训练，工作以后才是研究工作的真正开始。同济大学是一所典型的理工为主的大学，校园文化和大学传统都是比较务实，当然也比较功利一些，学术氛围要弱一些，但是有助于更好地去理解社会、接触社会或者说去回应时代的挑战。十年来，我的学术发展分为两个阶段，2008 年是一个分水岭，当年被聘为教授。提上教授以后，我就筹划自己未来学术发展之路该怎么走。

2002 年至 2008 年，我开始着手研究中国当下面临的问题。显然发展问题是所有人文社会科学研究者都无法回避的时代大命题。对发展问题展开研究就需要关注改革开放。改革方面的研究我觉得自己学术功力不足，就开展对开放方面的研究，因为资料可以获得，再加上硕士阶段研究过苏州工业园区和苏州高新技术区等。最后，选择了对经济特区的研究。我的导师林尚立教授当时与重庆出版社合作，出版了一套政治文明建设丛书，我就加入了研究小组。当时经常讨论到晚上十一二点左右。林老师对学术理解高屋建瓴，让我进步很大。开始确立的研究题目是《空间的政治效应：经济特区与中国政治发展》，后来出版社主编建议就直接改为《经济特区与中国政治发展》，2005 年出版，2006 年获得上海市邓小平理论研究与宣传优秀成果的三等奖。从一定意义上，这本书的研究是我研究中国问题的开始。

在通过史料阅读以及理解(的基础)上,对 1978 年前后中国开放政策的决策过程进行了细致的研究,有些结论与流行的观点不太一致,也就出版了。也许自己是一个“小人物”,也就没有太多的人去关注。2013 年 2 月当我看了美国佛高义的《邓小平时代》后发现,与我当时的研究结论是一致的。所以说,人文社会科学的研究似乎名气很重要。

研究经济特区必然不能回避外资企业对中国的发展贡献或不足,这是当时意识形态争论的焦点。其中吸收外资企业对环境保护是否造成破坏又是关注的重点。这个争论引起了我的关注。此后几年里研究环境问题就从这里开始的。2006 年至 2008 年期间我发表了系列的研究成果,后来把研究议题集中在太湖流域水污染防治上。在这期间,我系统地研究社会科学方法论,特别是定量分析层面。2008 年主持了国家自然科学基金项目“太湖流域水污染防治的网络治理研究”,通过政治学视角来切入环境问题研究。其中的成果获得上海市哲学社会科学研究优秀成果一等奖。

在研究环境问题过程发现其实质是公共资源再分配,谁来承担成本、谁收益、谁有决策权等这些是典型政治学问题。资源配置不公平将影响社会稳定。2008 年以后的研究我就关注环境风险与社会稳定风险的关系。

李:您从美国回来以后,多次与我们学生提到中国政治学国际话语权问题,而且还多次提到提升了您对学术的理解力,想请教您就这个话题。

朱:包括政治学在内的社会科学都面临着重构或者说是“革命”,有三个方面的因素:一是全球化导致研究主体的尺度放大了,交流越频繁越有可能加深对不同文化、历史传统以及制度的认识和理解;二是信息化带来了研究资料获得更为容易,学术和知识的全球化时代真正到来了;三是现代社会科学知识框架体系是基于宗教改革、启蒙运动、工业革命建立起来的。不同于这些过程的国家和地区进行更为广泛的、更深刻的现代化运动时,现代社会科学知识体系面临着新的突破。从我近期阅读的几本书来看,如福山的《政治秩序的起源》,诺斯等人的《暴力与社会秩序》等,都要有专门的章节论述中国,来验证其理论的可靠性。

在国际社会科学知识体系重构的过程中,中国学者的话语权建设显得非常重要。当下中国的现代化实验就是学术富矿,中国学者有责任来向世界同行讲述中国故事。尽管学术研究都难以摆脱意识形态、文化、学术共同体的限制,但是科学的研究还是值得信赖的。中国政治学者有可能对世界社会科学发展作出贡献的时代已经到来了。可能性不等于必然性。学术话语权的建设首要的工作是科学化和规范化,其次是学者的责任意识。

在利益多元时代里,在学术研究动机复杂的时代里,政治学者的责任意识显得非常迫切。“在商言商,在学言学”,这是我在美国访问研究期间最大的体会。

李:想请您进一步阐述“在学言学”的责任意识。

朱:“在学言学”的责任意识基本要求是对学术本身负责,不说假话、空话、套话,遵守基本的学术规范。客观地说,中国政治学研究中学术规范存在着一定的问题。其次是学者为学术进步负责,每一个人都有局限性,“不知为不知”;特别是掌握学术资源配置权和进行学术评价的“大学者”更要谨慎。好的研究成果需要鉴别,需要传承,需要这些“大学者”告诉我们以及后代。“文章乃千古事,学术乃天下的公器”,不合理不恰当的评价体系有可能扼杀学术的进步。我在美国的时候,发现许多学者对不是自己研究领域的议题都不轻易发表评价。相反,国内有许多学者“胆子”都很大,想怎么说就怎么说,似乎没有约束边界。最后学术进步需要学术共同体的每一个人的努力。这是时代赋予我们的学术责任。

李:您在前面提到从环境风险演化为社会风险,这是当下中国发展面临的社会稳定问题的突出表现,请您介绍一下研究的进展。

朱:在研究环境问题时,我觉得这个问题迟早将演变成为政治问题。2011 年我从美国回来以后,开始了系统地研究社会稳定议题。社会不稳定是有多重原因导致的,其中政府决策的不科学和不民主是一个重要的原因。我就研究地方政府决策与社会稳定之间的关系。寻找的角度是社会稳定风险评估。目前已发表几篇成果。越深入研究,越觉得有兴趣。希望国内外的同行都关注这个领域的研究。

李:谢谢您接受采访。如果用一句话您最想通过这次专访向所有政治学人说些什么呢?

朱:我们期望在科学精神和责任意识指导下与学界一道共同推进政治学的研究。

阮家栋 特约记者

民主变革的思考者
——上海青年政治学者陈尧专访

学者简介

陈尧 上海交通大学国际与公共事务学院副教授。1991 年进入复旦大学国际政治系攻读政治学理论专业,获得学士、硕士、博士学位。2001 年进入上海交通大学人文学院任教,2003 年转入国际与公共事务学院至今。2009 年 10 月—2010 年 4 月在日本法政大学社会学部任外国人研究员。主要研究领域为政治学理论、比较政治和民主化。曾主持国家哲学社会科学课题、上海市哲学社会科学课题等多项。已出版专著《新权威主义政权的民主转型》、《难以抉择:后发展国家政治发展战略研究》、《新兴民主国家的民主巩固》、《当代中国政府体制》,译著《政治过程——政治利益与公共舆论》、《参与和民主理论》、《国家:本质、发展与前景》、《现代化的政治》等,发表论文五十余篇。曾获 2008 年"上海市高校优秀青年教师"、2009 年上海交通大学"晨星学者"、2010 年度上海市"社科新人"等称号。

阮家栋(以下简称"阮"):众所周知,在目前的中国社会,政治学的地位远不如经济学、管理学、法学、传播学等显学。作为一名政治现象的研究者,您是如何对政治学产生兴趣并投身于这一研究领域?

陈尧(以下简称"陈"):当年进入大学的时候,尽管当时攻读的是政治学专业,但那时除了对中学政治学科仅有的一些印象外,根本谈不上对政治学的兴趣。但是,对学习的热情和刻苦是自己在大学生活中非常重要的特点。尽管那时自己的政治学研究还没有入门,但复旦大学良好的学习条件使得我在知识的海洋中自由翱翔。在本科期间,除了上课以外,基本上就是泡在图书馆。当时学校图书馆的文科阅览室中几乎大部分书籍均被我翻阅过,并且做了大量的读书笔记,累计达数十万字。也正是在阅读、思考的过程中,自己逐渐对政治学的基本面貌有了一个初步的了解。作为一门研究人类公共事务和公共权力的学科,政治是所有社会科学中最基本的学科。政治是人类如何营造一种良好生活秩序所必须回答的问题,决定国家的兴衰、人们生活是否美好的关键就是公共权力的行使。尤其是在中国，不管是政治发展的现状还是公共权力在政治生活中的核心地位，均表明了中国政治现象之复杂。对这些问题的思考逐渐变成了一种习惯。

另一个促使自己投身政治学研究的因素则来自人的因素。在本科期间，当时的系主任王沪宁老师治学的态度令我至今印象深刻。正如他的书名《政治的人生》那样，王老师的研究热情值得后来者学习。王老师以校为家，以办公室为宿舍，经常读书晚了，就在办公室休息。正是在这样的环境中，王老师认真读完了《马克思恩格斯全集》。在此基础上，出版了国内第一部专门研究马克思主义政治思想和理论的著作——《政治的逻辑——马克思主义政治学原理》。在王老师的其他论著中，我们可以看到大量引用马克思、恩格斯、列宁等经典作家的言论。至今为止，国内关于马克思主义政治思想和理论的研究尚无人能够超越。当然，复旦良好的学术氛围和较高的研究水平，也是我后来致力于政治学研究的动力之一。

阮：一直以来，您从事比较民主化研究，对全球性的民主运动有一定的思考。在 21 世纪之前，几乎绝大多数的地区均建立或尝试建立民主体制，唯独阿拉伯国家基本保持着传统的政治体制。曾几何时，关于伊斯兰文明与民主之间不相容的观点充斥着民主化研究的文献。然而，正当人们以为中东地区成为民主价值的唯一例外之际，中东的“茉莉花革命”却令人大跌眼镜，以至于有研究者将该地区的变革浪潮称为“千年未有之变局”。您如何看待这一民主变革？

陈：2010 年 12 月，肇始于突尼斯的“茉莉花革命”，迅速从北非穿过整个中东直抵波斯湾。执政三十年的埃及总统穆巴拉克，在汹涌澎湃的民众反对运动中被迫下台。由卡扎菲个人独掌大权四十多年的利比亚政权也随后被推翻。叙利亚、巴林、也门、约旦等中东地区的国家也纷纷卷入了民众和反对派掀起的反对浪潮之中。这场以变革政治体制为标志的政治运动，有可能酝酿为席卷阿拉伯世界的新一轮民主之波。二战后在中东地区建立的一些民主共和体制，并未真正扎根在伊斯兰文化的土壤上，领导阶层试图在伊斯兰文明与现代政治体制之间寻找一种融合，结果却塑造出一种强硬的现代威权政权。尽管在一段时期内，这些威权政权的经济增长一度令世人瞩目，且民众的生活水平的确得到了一定的提高。但是，在威权政权的后期，地区经济发展严重失衡、贫富悬殊、腐败猖獗，以及高失业率、通货膨胀等等，都使民众对威权政府的不满日益积累。

在建立世俗国家后，中东地区的国家大多走上了市场经济的道路。市场经济要求生产要素的自由流动，要求生产要素的拥有者对资源的选择享有高度的自由。这种经济自由并未局限于经济生活领域，而是渗透至社会生活的其他领域，包括政治领域。随着经济自由对政治生活的冲击，威权政权面临着日益增加的压力。一些威权国家不得不推行社会自由化的政策，开始放松对政治生活的严格控制，诸如取消紧急状态法，放松对舆论的控制，取消党禁，赋予公民更广泛的自由，允许各种社会自组织有限地表达利益，容忍政治反对派的存在。随着市场经济的日益扩张以及现代通讯技术的发展，在政治上长期处于边缘地位的阶层和势力逐渐走上历史前台，经济上、知识上的成长推动他们要求更多的权利和自由。在突尼斯、埃及、利比亚的政治革命中，受过良好教育的年轻人扮演了主力军角色。现代信息技术的迅猛发展进一步对示威、抗议活动等产生传播、放大效应。互联网中的 twitter、Facebook 等，不仅使人们从网上享受到了在现实中无法获得的表达自由，也成为现实中抗议活动、社会运动乃至革命重要的动员、组织工具。

最初，威权国家为了政权的生存而开放政治空间。但是，一旦开启自由化，自由化的进程就基本上不受控制而四处蔓延。可以说，自由化从一开始就是不稳定的。一旦解禁，各种社团、协会、政党几乎一夜之间涌现，社会中呈现十分活跃的多元化景象。当社会广泛动员起来，各个政党、组织、团体致力于自身政治利益的实现并与威权政权期望的结果出现巨大分裂，导致社会运动爆发、社会动荡不宁、社会经济水平急剧下降时，自由化的进程就已经远离了威权领导者的控制。从威权政权的历史来看，由市场推动的自由化几乎在中东地区所有的国家中发生。尽管自由化不一定导致政治的转型，更不一定导致向民主的转型，甚至在一些国家中，自由化与民主改革的进程并没有多少必然的关系，但自由化必然加速旧的威权政权的崩溃。

在中东地区的政治变革中，与以往主要由上层统治者或外部力量主导的模式不同，我们看到了社会大众和政府反对派在推翻威权统治者的过程中具有的决定性作用。街头抗议、广场政治、民众武装与军队的冲突，成为中东地区政治变革的主要内容。在这次变革中，既不是政治舞台上的反对党所领导，也不是军队发起的军事政变，而是民众自发组织起来。在与中国经济发展水平类似的埃及，有40%的人口每天生活费不足2美元，官方公布的失业率接近10%。当粮食、能源等基本物品陷入通货膨胀的境地时，就不难想象为什么人们会被逼反抗。这是先前国际社会民主化运动中并不多见的现象。

引发社会整体变革或转型的一般条件，取决于社会内部的结构性因素和情境性因素。绝大多数的情境性因素对社会变革的影响，主要是通过结构性因素而发挥作用，即触发了社会内部的矛盾、冲突而引发社会变迁。当社会政治体系内部的结构性张力难以缓解，而外部因素又不能为疏通张力提供途径时，政治体系的正常功能就遭到了破坏。从本质上看，威权政权内部的政治结构本身就是不稳定的，在这一结构中，专制权力取代、压制同意权力而占据了主导地位。专制权力的承载者是政治生活中的非正式结构，而同意权力的承载者是正式结构或制度化结构。威权政权中的正式结构与非正式结构之间始终存在着一种零和博弈的关系，正式结构仅仅属于形式上的结构，非正式结构即人格化的统治成为威权政权的关键变量，这种人格化结构使得政治生活扑朔迷离，具有极大的不确定性和复杂性。威权国家由于其内在的结构性危机而无法解决存在于社会体系、经济体系中而在政治体系中表现出来的冲突，这种基础的合法性丧失就不可避免地危及政权的生存。一旦遇到情境性事件如通货膨胀、高失业率、执政者的更迭等，威权政权就极易爆发政治危机而发生转型。

中东地区所发生的政治"革命"让所有人为之一震，几乎大多数观察者认为这场变革将给中东人民带来民主的希望。对于一直企图推动中东地区民主化的少数西方国家而言，自由主义民主似乎很快就可以在伊斯兰世界中得到建立，全球最后一块被民主遗忘的角落终于将批上民主的外衣。然而，现实却是：埃及、突尼斯、利比亚的威权政权已经瓦解，革命却远未结束。埃及似乎已经陷入了强大的军队、缺乏领导的民主力量以及传统伊斯兰势力之间的角逐。突尼斯的过渡政府则面对着由不同社会团体所发起的、一浪接一浪的示威、抗议活动，民众正"享受"着前所未有的自由。利比亚的内部混乱持续不断。其他一些国家也出现了内战的前兆。在后革命时代，已经发生转型的中东国家极有可能陷入"无政府主义"的深渊。很明显，在中东地区，人们并未看到民主制度得以建立的明确迹象。

目前,无论是在突尼斯还是在埃及、利比亚,抑或在其他一些阿拉伯国家中,民众表达的主要诉求是对威权政权长期统治的不满。尽管有一些民主的声音,但是,这些声音更多的是对民主制度中美好前景的憧憬,缺乏实质性的内容。因为长期的威权主义统治使中东国家尚未出现真正意义上的反对党,中产阶级也远未形成,以血缘、地缘关系为基础的家族统治、世袭制等传统的政治统治方式在中东国家的社会中仍然比较普遍,政治生活中缺乏高度的法治、严格的分权制衡或有效的监督机制。从国际比较的角度来看,由社会力量自上而下推动,通过基层社会组织、团体的广泛而分散的示威、抗议活动导致威权政权的解体之后,几乎很少出现民主政权。这类转型与其说导致了民主转型还不如说导致了政权变革。通常情况下,由社会压力引发的威权政权的崩溃结果不是产生一个民主政权,而是要么出现另一个威权政权,要么出现一个由军事集团掌权的看守政府,许诺在不久的将来进行选举。因此,一些研究者认为,由社会力量领导的民主化运动实际上无力实现民主的目标,而仅仅是民主化的一个不可缺少的步骤。

突尼斯、埃及、利比亚目前已经成为阿拉伯社会的民众追求自由的榜样,但却远非民主的目标。这些国家的内部仍然不断涌现示威、抗议活动,其结果难以预测:可能会带来民主,也可能会产生新的独裁者,还有一种可能则是建立一个新的伊斯兰政权。即便诞生了一个民主政权,也必然是脆弱的、有缺陷的民主。鉴于中东社会的特殊性,在现阶段的政治改革中,必须汲取伊斯兰政治中的成分,将传统的因素与现代的民主政治结合起来。这一过程注定漫长,远非几次街头运动或广场政治所能完成。

阮:参与式民主是这几年在国内逐渐兴起的一种民主理论,您率先在国内翻译参与式民主理论的代表作——卡罗尔·佩特曼的《参与和民主理论》,并推动了国内相关研究。有意思的是,中国执政高层在最近几年也大力提倡民众对政治生活的参与,中国共产党的十八大提出了要建立社会主义协商民主。您认为参与式民主在中国的发展前景如何?

陈:参与式民主理论是20世纪50年代以美国为首的西方社会出现的一种理论模式。当自由主义民主实践日益显现出反民主的本质时,参与型民主及时提供了一种疗救的方案,特别是近年来协商民主的出现,再次激发了人们对于自由社会的核心要素即公民自治的理想。

当代自由主义民主存在的主要问题：对个人自由的压制。日益庞大的官僚机构、政治活动的复杂性以及民主对日常生活的控制，严重扼杀了公民个人在公共生活中的积极性和创造性；社会政治生活中普遍存在的不平等。这种不平等不仅包括资源占有方面的不平等，还包括性别、种族、信息获得等方面的不平等。在代议制度下，政治参与的机会明显偏向于社会经济地位较高的阶层；对微观层次民主的忽视。当代民主理论集中关注国家层面上的民主建构，以及对古典民主学说的批驳，尽管也强调了民主的制度建设、社会条件等问题，但是忽视了公民个人的民主参与能力以及相应条件的培养。参与式民主理论批评代议制实践的僵化结构，认为代议制在长期的历史过程中为了所谓的民主稳定和便利，利用阶级性和排他性的规则，通过政党结构和官僚结构，将民众在政治生活中的权力压榨到只剩下对政党和选举的影响，并逐渐形成了服从和默认的态度，丧失了对公民角色的认知，最终结果是背离了民主的真正精神，使得民主所赖以为基础的公民个体逐渐远离了政治生活而走向了政治的垄断，公共精神在当代自由主义民主政治中已然不复存在。因此，参与型民主论者提出了一种新的民主观念。

参与式民主是当代政治生活中的理想，也是富有成效的实践。西方民主思想家麦克弗森认为，公民只有直接地、不断地参与国家和社会的管理，自由和个人发展才可能充分地实现。民主是个人全面发展的基本条件，民主的根本性原则或目标就是“为社会所有成员平等而自由地发展自己的能力提供条件”。对政治的直接的、广泛的参与，能够强化人们的政治责任感，弱化人们对权力中心的疏远感，培养人们对公共问题的关注，从而有助于形成积极的、对政治事务有更敏锐兴趣的公民。民主不仅存在于政治生活，也存在于整个社会领域，应当将民主从对选举的定期参与扩大到社会生活各领域的决策和管理的参与。

建构一种参与式民主，首先要求公民广泛地参与各种类型、各个层次的决策，推动政府决策和公共决策的合理化、科学化，使得政府更为负责。参与式民主认为，如果人们知道有机会有效地参与决策，他们就会认为参与是有价值的，就可能积极地参与，并相信集体决策具有约束力。相反，如果人们不断地被边缘化，或被代表的程度很低，他们就可能认为自己的观点和偏好很少得到认真对待，很少被平等地与其他人的观点和偏好相权衡,很少在一个公平或正义的过程中得到评估,这样,他们就找不出很好的理由参与影响自己生活的决策过程。由此,参与式民主理论主张,参与必须是参与决策,能够对决策的结果产生关键性的作用,而不仅仅是影响。

其次,参与式民主尤其强调全面扩大在地方、基层社会的参与,充分建立各种参与的组织形式,实现更为广泛的民主。佩特曼认为,公民参与活动最恰当的领域是与人们生活息息相关的领域,如社区或工作场所,因为这是人们最为熟悉也最感兴趣的领域。只有当个人有机会直接参与和自己生活相关的决策时,他(或她)才能真正控制自己日常生活的过程。通过基层、社区、工作场所的参与,使得公民个人获得更多的机会实践民主,在民主实践中进一步培养政治能力,在适当的时候可以参与国家范围的决策。

随着我国改革开放和市场经济建设的深入,公共政策在调节经济生活和社会生活中的作用日益明显,与民众的联系日益密切。在这一背景下,如何将公民的广泛参与纳入政策过程,使公民有权参与政策的制定、执行和评估等环节,避免政策的不合理、不民主,已经成为当前我国公共政策领域的一项迫切要求。特别是有关地方政府管理和基层社会问题的决策,政府应及时实现与公民之间的信息交流,使民众享有充分的知情权,在一些涉及广大公民基本利益的问题如社会保障、税收、教育、城市公共管理、社区事务等方面,可以按照民主协商和共同决定的原则进行决策,通过召开听证会、协商会、公民创议、集体决策、民意征集、电子投票等方式来共同决定地方的公共事务。在生活社区、在工作场所、在那些人们集聚在一起形成公共生活的地方,应当鼓励人们自觉地组织起来,建立各种自治组织和参与形式,积极参与社群的活动。当前,除了我国现有的基层群众自治组织和民主管理形式如村民委员会、居民委员会、职工代表大会以外,还应进一步建立和完善社会其他自治组织和社群形式如业主委员会、邻里会议、社区志愿者组织等。参与式民主最吸引人的地方在于参与本身,而建立各种自治组织和社群形式提供了这样一种参与的场域。在团体内部(主要是团体成员可以直接参与讨论、协商、决策),成员可以对团体的战略、目标、行动等作出决策,这种决策本身就像一个社会的、政治的行动一样是有价值的。而且,就团体的规则和行动影响成员的生活一样,团体内部的参与程序一定程度上确保了自治和组织责任。另一方面，通过公民自己创建的社群，人们可以进行富有睿智地讨论、协商，在沟通、妥协、宽容中实现公共交往，可以将依附性的个人转变为自由的、积极的公民，最终实现公民对自己生活的真正控制。参与式民主主张实践政治的精神和内涵，就是公民在社会公共领域中讨论、协商公共事务，充分发挥每个参与者的主体性，通过参与活动锻炼判断能力，通过参与来形成公民资格，使得公民能够在公共生活中发挥决定性作用，从而真正落实民主精神。

阮：近年来，国内各种社会矛盾和社会问题日益突出，贫富悬殊、收入分配、物价问题、环境污染、食品安全、社会保障、医疗体制、腐败等问题成为社会的热点话题。各种社会公共事件、群体性事件频发，阶层对立、道德失范、诚信危机、社会失序，已经影响到社会经济发展和社会稳定。在这些问题的背后，实际上反映了当下社会公正缺失以及人们对公正的呼唤。您如何看待这些问题?

陈：公正问题是人类社会诞生以来就一直存在的一个问题，是任何一个历史时期、任何一个社会均面临的重大命题。从古希腊时期的柏拉图、亚里士多德到当代的罗尔斯，一直将公正作为其思考的核心命题。柏拉图认为，所谓的公正或正义，就是“每个人在国家中行使一种最适合自己天性的职务”。即个人或群体、阶层能够“各司其职，各守其序，各得其所，各安其位”。亚里士多德曾提出，公正是关于某些事物的“平等”观念，就是“大家认为相等的人就该分配到相等的事物”。罗尔斯将公正理解为公平。理性的个人，在摆脱自身种种偏见之后，大家一致同意的社会契约，就是公平。同样，公正在中国传统历史中也具有重要的地位，人们反对“富者益富，贫者益贫”的贫富差距悬殊，崇尚和追求社会之“公平”、“公正”、“公道”、“正义”，祈望执政者以“公天下”之心行“公正”、“公道”之实，使人人“各得其所”、“各得其分”，从而达至社会的有序和谐。同时，公正问题也是古今中外统治者所不得不面对的。

尽管对公正的界定众说纷纭，人们大体上可以形成的共识：社会公正问题涉及一个社会中主要制度如何对社会成员的权利和义务进行安排，决定社会利益或资源如何配置。社会公正问题的集中表现就是人们对社会中利益或资源的配置感到不公平，人们关注的核心是各种各样初始条件影响资源的配置而导致的结果，这就是不公正。在中国，人们为什么关注教育公平、户籍制度、医疗保障等，就是因为在这些领域存在着较为普遍的不公正。

大体上，当前我国社会中的公正问题主要表现为机会、权利、资源分配不平等及其导致的结果不公正。由于先天存在着不平等的条件以及自然禀赋的差异，人们在社会生活中必然遭受起点的不平等，再加上受到经济、社会条件的限制以及政治体制、偶然性和运气的影响，起点的差异和不平等进一步带来深刻而持久的差异和不平等。当前中国已经从计划经济体制向市场经济体制转型，并且取得了巨大的经济成就，同时，中国社会正在急剧走向分化。市场化给中国带来了空前的繁荣，但是也带来了另一面，即社会分化而产生的社会思潮和社会力量的冲突，公正问题变得日益突出。人们迫切地希望消除因各种初始条件影响资源的配置而导致的结果，维护社会成员在社会生活中权利与义务之间的均衡。维护社会公正的关键在于制度安排。这就需要对当前的制度进行重新选择和设计，通过合理的制度安排，使自由和机会、收入和财富，能够合理地得到分配，使每个人都应有平等的权利分享基本利益以实现其自尊。实现社会公正的主要动力来自于一个社会中的公共权力。

运用公共权力推动制度建设以实现公正，首先，在社会生活中，确保社会主体在获得利益的同时履行大致相等的义务，确保人们遵守共同制定的契约或规定。政府出台相应的法律、政策和措施，维护、监督社会主体在经济领域交换活动的平等、在社会领域交往活动的对等，确保公平、良好的社会秩序，做到法律面前人人平等、机会面前人人平等，消除各种社会偏见和歧视。这就是规则的公正。

但是，由于不平等的初始条件以及自然禀赋的差异，规则的公正并不能保证结果的公正，因此需要第二步。即政府对一些基本的社会资源如权利、社会福利和机会等进行平等地分配，同时，在可接受的条件下实行对社会最不利群体的最大利益原则。作为掌握大量社会资源和权威资源的政府，尽力减少结果的不平等，尤其是要努力为缩小分配差距和改善低收入群体生活创造更好的制度空间，例如加大税收调节和财政投入，完善社会保障制度。这就有效地实现了分配的公正。

建立一个能够实现公正的制度体系，关键在于完善民主、法治的政治结构，民主、法治是公正的基础。当前中国的民主建设，主要有两条路径：一是在高层和精英层次实现精英民主；二是在政治生活和社会生活中实现参与式民主，从各个层次、各个领域最大限度地扩大公民有序政治参与，畅通利益表达渠道，使民众广泛地、深入地参与地方和基层社会中的决策过程。只有在多元主体共同参与、政府为主导的参与式、协商式的制度框架内，只有在一个所有公民能够自主决定自己命运的社会中，公正才有可能实现。

阮：感谢您接受我们的采访，为我们展现了一个生动的“民主”。

陈：谢谢。

研究综述

冀天　华东政法大学政治学与公共管理学院

2011—2012年上海青年政治学者关于国家建设的研究综述

现代国家是指“在有明确的领土空间中形成的拥有至高无上主权的和一体化国民(公民)的政治共同体,其权力来自人民,并按照基于人民意志制定的宪法建构权力体系,依法运行权力,管理国家与社会事务,对人民负责,接受人民的依法选择与监督”①。从最宽泛意义上讲,国家建设就是建设现代国家。“从人类政治史的角度看,借助于国家建设,国家实现了由传统到现代的转变,而这个转变是人类走向现代社会的前提条件。”②因此国家建设一直以来是政治学界所关注的热点学术问题,而上海青年政治学者也为这一问题的解答提供了可观的知识积累和方法创新。回顾2011—2012年上海青年政治学者有关国家建设的研究成果,其关注的议题主要可以概括为国家建设理论的基本范式、国家建设的路径选择和国家建设的具体内容三个方面。

一　国家建设理论的基本范式

在国家建设理论的基本范式方面,有两篇文章做了有益的探索。第一篇来自华东政法大学陈毅,他关注了现代国家的理论变迁。在文中,作者首先系统梳理了现代国家理论的变迁,提出现代国家的理论基础经历着三次变迁:“其一,从维护统治者的权力走向‘概念化的国家权力’;其二,从自主的国家理念的构建走向结构功

① 林尚立:《政治建设与国家成长》,中国大百科全书出版社2008年版,第34页。

② 韩奇:《国家建设:视角、逻辑与内涵》,《求索》2011年第1期。

能的绩效治理活动;其三,现代国家处于何去何从的转折点上,应把现代国家的理念植入到结构功能的制度化设计活动中去。"①然后依据这一基础,作者提出现代国家生长的三个阶段以及在每个阶段国家建设的侧重点:"(一)君主制国家时期的'国家建设'(1648—1789年),这一时期的侧重点是提供对社会安全和社会公正的保护以及收集和掌握与国家能力和安全相关的重要信息。(二)民族国家时期的国家建设(1789—1945年),这一时期的侧重点是与民族精神和公民身份的构建紧密地联系在一起。(三)福利国家时期的国家建设(1945—)。"②第二篇来自华东政法大学任勇和上海财经大学的付春,他们从马克思主义政治学角度对民族和民族国家的历史维度、结构维度以及未来维度进行整体性考察。从历史维度,根据马克思主义经典作家相关理论梳理民族和民族国家的产生,即"民族的兴起与发展有其内在历史逻辑,生产力发展以及社会分工是其内在动力,在此基础上,文化共同体构成的古代民族伴随着资本主义的出现而发生根本性变化,一方面与现代国家实现了结合,形成了资本主义民族国家的形态,另外一方面转化为现代社会民族,政治共同体的特性在其中占据了重要位置"③;从结构维度,分析了民族国家内部三个要素,即民族平等、民族自决和民族融合,指出"民族自决是为了实现民族平等,反过来民族融合又促进了民族平等的实现,而民族融合则是民族共同体的最终发展趋势"④;从未来维度,按照马克思主义的观点,实现政治解放与人类解放。作者指出,"虽然实现完全的人类解放是一个漫长任务,但是从政治解放转化为人类解放,已经成为时代赋予后民族国家建设的重要历史使命,这就需要作为政治共同体的民族和国家共同来完成,从而形成马克思主义民族与民族国家的未来维度。"⑤

二 国家建设的路径选择

在这一主题下,研究议题主要集中于三个方向。一是梳理国家建设的基本路径。在这个角度上,复旦大学黄杰概括出国家建设模式的类型:阶级建设国家模

---

①② 陈毅:《现代国家的理论变迁与国家建设》,《中共杭州市委党校学报》2011年第5期。
③④⑤ 任勇、付春:《马克思主义政治学视野中的民族和民族国家》,《政治学研究》2011年第1期。

式、军队建设国家模式和政党建设国家模式。然后分析了三种模式的各自特征:"第一,阶级建设国家模式从本质上讲,这种模式属于'社会中心论'的理论范式,它认为社会中的各种新旧阶级、阶层力量之间的互动关系及其形成的一定的阶级结构,对建构现代国家的组织、价值和制度起到了决定性作用;第二,军队建设国家模式强调的就是作为一种高度组织化力量的军队全面介入到国家政治生活中,用武力或以武力为后盾控制既有国家政权、以军人来统治和管理国家与社会;第三,政党国家模式的特征是党在国先、以党建国、国家政党化、以党治国、党国同构、党国一体。"①最后作者认为,"任何国家的形成过程都不是单一因素在起作用的,而是多种因素共同作用的结果。"②二是分析近代中国选择政党建设国家模式的原因。复旦大学弓联兵利用历史分析方法分析了近代中国国家建设的政治逻辑及受挫原由。他指出,"近代中国的特殊历史情景里,中国社会连续出现了权威危机,导致政治秩序混乱无序,致使近代中国国家建设在弱势权威的无力支撑下仓促展开。不论是北洋军绅政权还是国民党的党治体制都难以彻底化解这种危机,并最终因为无法形成有力的现代性集权政权而移交出建设现代民族国家的领导权"③,而华东政法大学陈毅则从对中国政党制度发展的考察和分析的角度证明这一必然性,提出"现代国家需要一个强有力的主导性的政党来领导和整合资源,确保政治稳定和政治秩序"④。三是政党转型与国家建设。复旦大学胡德平在分析了晚清以来中国社会与政治现实后指出"中国现代国家建设的逻辑起点就是晚清以来,现代性的冲击造成了以政治解体和社会解组为特征的'总体性危机',但是共产党对'总体性危机'的应对造成了中国现代国家建设的两大政治惯性:一是社会动员型政党的体制延续,二是全能主义国家的政治惯性,而这两种惯性又导致中国现代国家建设面临着主体张力、基础张力、共识张力和制度张力"⑤。作者最后提出,"通过政治、经

①② 黄杰:《国家建设模式的类型和中国的选择》,《社会科学》2011 年第 10 期。

③ 弓联兵:《现代国家与权威危机——近代中国国家建设的政治逻辑及受挫原由》,《人文杂志》2011 年第 1 期。

④ 陈毅:《政党建设与现代国家发展的内在关联性——基于中国政党制度发展的考察与分析》,《山东大学学报》(哲学社会科学版)2012 年第 1 期。

⑤ 胡德平:《中国现代国家建设:逻辑起点与张力——基于晚清以来中国社会与政治现实的分析》,《甘肃理论学刊》2012 年第 3 期。

济、文化、社会四位一体建设，正确处理好这四个方面的张力关系，进一步推进体制改革，走出原生逻辑的束缚与桎梏，中国现代国家建设才能取得实质性进展。"①同时其他学者也一致同意，只有政党不断地进行调适和改革，才能以适应现代国家的建设。例如，华东政法大学陈毅就指出，"现代国家选择了政党，政党也领导着现代国家，但是只有把政党建设的逻辑嵌入到现代国家发展的逻辑中去，政党才能更好地服务于现代国家发展，政党也才能由此获得长盛不衰的法宝。"②还有复旦大学黄杰也认为，"从当代中国的政治逻辑出发，执政党必须顺应时代潮流和社会发展的要求，积极主动地在价值、组织和制度等方面作出不断的适应性调整和积极的转型努力，中国现代国家建设才能具有真正持续有效的轴心力量去支撑。"③

三　国家建设的具体内容

在国家建设的具体内容方面，上海青年政治学者从多个角度进行了探索。

第一，国家建设的总体设想。华东政法大学陈毅在梳理了现代国家的内在逻辑后指出"中国的国家建设是照搬西方国家建设的路径，还是从传统中挖掘可资利用的资源、研究和遵循现代国家内在逻辑的规约，决定中国国家建设能走多远，进而分析了中国国家建设的现状，即由防御走向建设"④，最后提出一个总体设想，就是"国家现代化建设，在逻辑上应超越单纯的东西方视角，应基于中国国情，在宪政共识、共享利益框架、民主绩效等各层面建设现代国家"⑤。

第二，国家认同的建构。华东政法大学任勇从两个层面对这一问题进行了分析：一是当代中国国家认同的政治逻辑。作者基于对西南民族地区的考察，梳理了中国国家认同建设的历史后，指出"传统意义上国家认同更多基于文化的意义，进

① 胡德平：《中国现代国家建设：逻辑起点与张力——基于晚清以来中国社会与政治现实的分析》，《甘肃理论学刊》2012年第3期。

② 陈毅：《政党建设与现代国家发展的内在关联性——基于中国政党制度的考察与分析》，《山东大学学报》2012年第1期。

③ 黄杰：《国家建设模式的类型和中国的选择》，《社会科学》2011年第10期。

④⑤ 陈毅：《现代国家的内在逻辑与中国的国家建设》，《广东行政学院学报》2012年第1期。

入近代以后，随着帝国体系的解体以及现代国家建设内容的展开，国家认同建设实现了现代性的转换并被赋予了新内容”①，最后提出：“中国国家认同的政治逻辑，即融合了现代化过程中各种要素，不仅体现为国家对个人和社会行为的深入影响，而且也体现了国家的集体意识和有机团结，具有规范性、传统型和现实性的综合特征。”②二是中国实现国家认同的基本路径。作者从公民教育角度对其进行研究。他强调实现国家认同的重要途径——公民教育。他认为，“公民教育可以为认同性整合的实现提供制度、组织和价值基础。”③同时他表示，“在建构本土化的公民教育过程中，应该尊重民族地区地方性知识的规律，体现各个民族之间相互团结相互尊重的理念，避免少数民族认同序列的断裂，从而使地方性知识和国家知识相互交融，实现民族建构和国家建构的有效统一。”④

第三，公民资格建构。华东政法大学陈毅从政治哲学的角度考察了公民资格问题。他指出，“公民资格的建构有两种方向，即一种是基于权利平等的公民资格同质化构建，另一种是基于美德和参与的多样化公民资格。”然后他认为，“两种观点的争论也代表了自由主义和共和主义的两大思潮的争锋，前者凸显了权利解放，有助于解释消极公民的自由观，后者强调了政治义务，更有助于解释积极的公民观。”⑤最后，他提出了从公民资格的底线进行公民资格建构的路径。

第四，分税制改革问题。上海交通大学许多奇重点关注了我国分税制改革与宪政的关系。他指出，“在我国现阶段，深化分税制改革和推进社会主义宪政国家建设是一个问题的两个方面：实施宪政是建立科学、规范的中央与地方间财政关系的根本途径；而实现财政立宪又是推进我国宪政事业的基本方略。积极推进财政制度的立宪变革，努力打造有限且有效的宪政政府，是政府和人民群众的共同任务。”⑥

---

①② 任勇：《国家认同的中国逻辑：基于西南民族地区的考察》，《理论与改革》2012 年第 1 期。

③④ 任勇：《公民教育与国家建设——基于民族地区的考察》，《浙江社会科学》2012 年第 7 期。

⑤ 陈毅：《公民资格：同质化构建还是差异性共存——基于自由主义和共和主义的考察》，《中南大学学报》（社会科学版）2011 年第 4 期。

⑥ 许多奇：《我国分税制改革之宪政反思与前瞻》，《法商研究》2011 年第 5 期。

第五,国家建设与现代化的关系。华东政法大学易承志详细梳理了现代化与国家建设的关系后指出,“现代化和国家建设是走向现代国家的两个重要条件。对于特定国家而言,要成为一个现代国家,不仅需要国家建设,而且需要实现现代化。早发国家和后发国家现代化与国家建设的启动时间不同,现代化与国家建设呈现的关系也不同。”①“在西方国家,遵循的是先有市民社会,后有现代国家,市民社会构成现代国家的基础,也推动着现代国家的形成和发展,而发展中国家包括中国在内由于没有市民社会的传统和基础,需要通过建立一个强有力的国家,以国家的力量推动现代化的进程,促进市民社会的发育和成长,然后通过市民社会来推动现代国家的成长。”②

第六,国家建设中的“政权内卷化”问题。复旦大学董毅运用“文化权力网络”理论研究了发展中国家在国家建设中会出现“政权内卷化”问题。从“文化权力网络”视角出发,他提出,“给予民众民主权利,通过民主,至少是部分的民主自治来解决地方政权经纪化的问题。”③最后提出解决“政权内卷化”问题的根本出路在于解决权力合法性与有效性的矛盾。

第七,国家建设研究新视角。复旦大学王海峰提出了一种新的分析概念和框架,即干部国家与国家建设。作者从历史的角度指出,“中国党、军、政的基本格局和党治国家的权力运作模式形成于中国革命和现代国家建设时期,在这个格局和模式中,其实践和逻辑的轴心是干部,干部支撑起了政党、军队和政权。”④然后作者提出了“干部国家”的定义,即“中国政党——国家形态的内在权力运行结构和运行机制,它是党建国家和党治国家的一种表现形式,也是其历史逻辑的一个描述。”⑤进而作者明确“干部国家作为党建国家和党治国家的一种表现形式,在本质上是一种权力结构和权力机制,它包含四种权力:第一,意识形态权力;第二,组织权力;第三,政权权力;第四,军事权力。”⑥最后作者指出,“干部国家的生成、发展

---

①② 易承志:《试论现代化与国家建设的逻辑》,《理论与现代化》2012年第2期。

③ 董毅:《政权“内卷化”与国家建设的悖论——从“文化权力网络”的理论逻辑出发》,《行政与法》2011年第4期。

④⑤⑥ 王海峰:《干部国家与中国建设:一个新的分析概念和框架》,《上海行政学院学报》2012年第4期。

的逻辑是内蕴在政党国家生成、发展的逻辑之中,而政党国家的空间则为干部国家的运转和展现提供了范围和边界。"①

四 评价

2011—2012 年上海青年政治学者对国家建设的研究深化了对这一问题的认识,丰富了这一领域的知识积累,呈现出以下五大特征:一是理论梳理与理论创新并重。研究不仅仅停留在对原有理论的梳理,而且适时进行了一定理论创新,提出了一些新的国家建设思路,例如在公民资格构建上提出从公民资格的底线进行构建的思路,尝试利用改革分税体制推动国家宪政的发展的视角以及从"文化权力网络"角度避免"政权内卷化"问题。二是研究方法趋向多样。不再局限于运用传统的文献研究法梳理已有的相关理论,比较的方法和历史的方法开始普遍使用。例如运用比较的方法对历史上各种国家建设模式进行对比,以及从历史的角度研究中国国家建设的道路选择与未来发展方向。三是研究视角广阔。研究涉及的领域非常广泛,在对已有基本范式的梳理上,重点对国家建设的具体内容进行深入研究,例如国家认同的建构、公民资格构建、公民教育的实现路径、分税制改革与宪政问题、国家建设与现代化的关系等一系列问题。四是研究对象具体化。研究对象较为微观和具体,基本上就国家建设的某一方面进行研究,只有很少的文章从宏观角度对国家建设进行整体建构。五是研究立足本土,现实感强。大部分文章的研究都与中国国家建设的现实紧密相连,都是在借鉴西方研究成果的基础上,提出符合中国现实的国家建设理论,有较强的本土意识。

但是也存在四点不足:一是跨学科交叉研究不足。国家建设是一个涉及多个研究领域的综合工程,单独一个政治学学科无法完成国家建设的整体建构,因此只有进行跨学科交叉研究才能真正推动国家建设的重大理论创新。这两年的文献基本上囿于政治学领域内,基本上缺乏与其他学科的交流与对话。二是研究方法有

---

① 王海峰:《干部国家与中国建设:一个新的分析概念和框架》,《上海行政学院学报》2012 年第 4 期。

待扩展。虽然研究方法趋向多样,但是大多基本上停留在低层次质性研究上,因此需要更多吸收一些定量研究的方法,推动研究的科学化水平,同时积极借鉴当今比较政治学的前沿方法,如嵌套分析、比较历史分析和模糊集合等,推动国家建设的深入研究。从当前国际前沿来看,充分利用比较历史的方法将会为国家建设问题提供一种全新视角。三是研究深度不够,重复研究多。目前国家建设研究基本停留在文献梳理和对策分析上,缺乏从政治哲学层面对国家建设进行整体思考,直接导致研究深度较浅以及重复研究较多。从文献的层次上看,基本上停留在期刊论文上,缺乏成熟的研究著作和系统的博士论文研究。四是国际化视野不足。对国家建设的思考不仅需要历时性的角度,也需要共时性的角度。目前相关研究缺乏将国家建设置于"世界时间"的大背景下进行研究,导致研究成果国际化视野不足。

总之,随着政治学知识的不断积累和研究方法的发展与创新以及社会科学一体化研究平台的构建,国家建设的研究也必将获得更大的进展。

冀天　华东政法大学政治学与公共管理学院

2011—2012年上海青年政治学者关于政党政治的研究综述

政党在现代国家政治生活中扮演着极其重要的地位，因此对政党的研究一直是政治学研究的热点。回顾2011—2012年上海青年政治学者对政党研究的成果，其基本内容可以归结为三个方向，即政党基本理论研究、中国政党研究和国外政党研究。

一　政党基本理论的研究

对政党基本理论的研究主要集中于以下三个方面：

1. 基本概念辨析

上海市委党校刘红凛对政党的概念以及政党意识文明、政党法律规范等进行了相关探索。作者在对政党历史和生态的考察基础上，从最宽泛意义上提出了政党的定义，即："政党是一种政治组织，它通过各种可能的方式来争夺政权、谋取政治职位、影响政府政策，以实现其价值追求或利益追求。"①在对政党法律规范的内涵的探索上，明确"政党法律规范，是指由国家立法机关制定或认可、通过法律条文表述、并由国家强制力保证实施的关于政党的正式规范体系"②。复旦大学李冉对政党文化构成进行了创造性的再探索，归纳出目前学界存在两种构成观，即"广义

① 刘红凛：《政党观念与政党实在——对政党概念的历史与生态考察》，《中共福建省委党校学报》2011年第3期。

② 刘红凛：《政党法律规范：内涵、形式与价值偏好》，《江淮论坛》2011年第1期。

构成观"和"狭义构成观"，然后在此基础上提出了"中义构成观"，即："政党文化的构成要素主要有：政权意识、政党心理取向、政党行为模式、政党形象。"①上海市委党校周建勇还对政党政治研究中 tendency 的译法进行了辨析。认为将 tendency 翻译成"倾向"不合适，而应当"将 fraction、faction 和 tendency 分别翻译为派阀、派系、派别，分别表示了程度由强到弱的变化。它们之间的区别是组织程度上的高低、冲突的强烈程度、协调的可能程度"②。

2. 一党制研究

对于一党制的研究主要集中于两个方向：一是独一党制的动力学研究。华东师范大学龚少情从党员的主体地位视角考察了独一党制的动力学。作者从独一政党的概念阐释、动力机理、动力来源、动力误区和动力路径五个方面进行研究。作者认为"增强独一执政党发展动力的一条重要路径应当在独一执政党内部去寻找，即在动力来源的第三个向度中去寻找，这正是党员主体地位的重要价值所在"③。因此"对于独一执政党来说，党员主体性建设乃是其可持续发展的不可或缺的动力之源，离开了党员的主体性，它的其生机与活力将要走向衰竭，探索党员主体地位的有效途径以推动政党发展是摆在面前的重要任务"④。二是对一党制衰落进行制度分析。复旦大学陈家喜通过梳理一党体制衰落的三次浪潮和衰落的四种解释——内因论、外因论、结构主义论和精英主义论的基础上，提出一种政党制度化的分析框架，即"一是政党内在制度的建设、完善与优化；二是政党在与内外环境相互作用下体现出来的内聚性、适应性和自主性"⑤。

3. 研究新视角

一是从政治地理学的角度，将城市的变迁与政治发展建立联系。华东师范大学武文霞对这一问题予以专门论述。作者得出三个主要结论：(1)"城市变迁推动

---

① 李冉：《论政党文化的构成》，《江苏行政学院学报》2011 年第 1 期。

② 周建勇、郭定平：《政党政治研究中 tendency 的译法辨析——兼论派别、派系与派阀的意涵》，《中国社会科学报》2012 年 7 月 13 日。

③④ 龚少情：《独一执政党发展的动力学研究——基于党员主体地位的一种考察》，华东师范大学博士学位论文 2011 年。

⑤ 陈家喜、黄卫平：《一党体制衰落的制度探源——文献述评与框架建构》，《社会科学》2012 年第 7 期，第 29 页。

了政党的变革发展。在城市变迁发展过程中，随着经济结构和产业结构的调整，社会结构也随之发生变化，并涌现出不同的利益阶层，形成多元化的社会发展需求，这对政党发展产生了重大影响"①；(2)"城市发展推动政党地域格局变化。(3)"随着城市的发展，政党对城市的影响力逐渐增强。特别是郊区化阶段，政党对城市发展的调控力度不断增强，尤其是执政党治理城市的理念和措施，促进了城市的转型发展。"②二是政党与公民社会关系研究。华东政法大学高奇琦对此问题进行了深入研究。作者认为"政党与公民社会的关系可以放在国家主义、多元主义和法团主义这三种视域中讨论。在国家主义视域中，政党处于优先的地位。在多元主义视域中，公民社会处于优先的地位。而在法团主义视域中，政党与公民社会的关系以一种整合的面貌出现，即整体性取代优先性成为关系的中心"③。由此作者提出构建一种执政党与公民社会关系的"双向赋权模式"——"强调主体间性而不是主体性，同时强调赋予的内容既包括权力也包括权利。即构建一个政党与公民社会之间的交往共同体，政党与公民社团都可以自由而平等地介入其中，通过论辩和协商达成双方的合意和共识。"④三是从政治文化视角研究政党政治变迁。复旦大学任军峰通过对北欧五国政党政治的比较研究发现公共价值取向模式的改变对北欧政党政治的影响表现在三个方面："一是政党分野由当初以阶级为基础的分野开始向以议题为基础的分野转变；二是传统政党竞争结构中左—右分野呈现空前的多维性和复杂性；三是选民传统意义上相对稳定的党派忠诚开始趋于弱化。"⑤最后提出一种政党变迁的基本趋势，即"大众社会的政党在政治策略上必然是大众式的，而现代社会的高度分化却在组织上要求政党必然是精英式的"⑥。

二　中国政党研究

对于中国政党的研究主要集中于中国共产党建设。(1)党内民主研究。华东

①② 武文霞：《英美城市变迁与政党发展》，华东师范大学博士学位论文 2011 年。

③ 高奇琦：《法团主义视域中的政党与公民社会关系》，《上海行政学院学报》2011 年第 6 期。

④ 高奇琦：《国外政党与公民社会的关系——以欧美和东亚为例》，中央编译出版社 2011 年版，第 252 页。

⑤⑥ 任军锋：《超越左与右？北欧五国政党政治比较研究》，上海三联书店 2012 年版。

政法大学何益忠，从以党内选举为视角考察了中共早期的党内民主。作者认为中共早期在党内选举确实进行过诸多有益的探索，但是也存在规则程序确实和身份论等问题。①中共上海市委党校刘红凛运用比较方法对党内民主的类型进行划分，提出："根据法律对党内民主的要求与规范情况，可分为以英国为代表的法律默认型、以法意为代表的抽象规范型、以美国为代表的择要规范型、以德国为代表的全面规范型四种类型。"②华东政法大学吴新叶运用比较方法对党内民主实现的一种新兴载体——电子党务进行了考察，探索了电子党务发展和完善的基本路径。③华东政法大学易承志对党内民主与党代会常任制的关系进行了研究，他认为两者是相辅相成的关系。④(2)政党转型。对这一问题的研究主要集中于政党适应性和扩大社会整合能力。同济大学杨云珍回溯了政党组织形态变迁以及政党适应性的理论，对中国共产党进行适应性分析，指出："中国共产党通过扩大党员基础、整合合法性资源、努力提高自身的制度化水平等多方面的努力，对所处的外部环境做出了积极的应变和调整。在此过程中，也提高了自身作为政党组织的适应性。"⑤而复旦大学刘彦虎则从政治精英再生产的角度阐述了党校在中国共产党转型中的重要作用，提出"政治精英再生产的现代革新推动了中国共产党的适应性转型"⑥。复旦大学熊易寒和姚银科利用实证调查，研究党组织在社区选举中的角色转型。通过调查发现"社区选举的症结不在于广泛深入的动员，而在于动员的主体过于单一，党组织是唯一的选举'发动机'"⑦。进而作者提出"社区选举应该由当前的单一动力选举向多动力选举过渡，形成党组织主导的多元社区参与格局"⑧。上海市委党校唐

① 何益忠：《中共早期的党内民主——以党内选举为视角的考察》，《江汉论坛》2011年第6期。

② 刘红凛：《比较视野中的国家民主与党内民主》，《当代世界与社会主义》2011年第4期。

③ 吴新叶：《电子党务：党内民主的功能平台与利用——一个比较视角的分析》，《政治学研究》2011年第5期。

④ 易承志：《党内民主与党代会常任制的关系》，《理论视野》2012年第7期。

⑤ 杨云珍：《当代社会结构变迁及中国共产党适应性分析》，载《变革世界中的政党政治——中国统一战线理论研究会政党理论北京研究基地论文集》第五辑，华文出版社2012年版，第101页。

⑥ 刘彦虎：《政治精英再生产与政党发展——中国共产党党校研究》，复旦大学博士学位论文2011年。

⑦⑧ 熊易寒、姚银科：《迈向多动力选举：党组织在社区选举中的角色转型》，《中共天津市委党校学报》2011年第2期。

文玉等则从党建文化的视角开辟了中国共产党转型研究的新视野。作者明确了党建文化的内涵，即："在党建实践中所体现出来的一种特殊文化现象，包括作用于党建实践的价值观念、情感态度、信仰认同和思维方式。"①此外还有上海市委党校罗峰②研究了转型期政党权威的重塑问题以及复旦大学肖存良③从社会组织统一战线的视角研究新时期中共对社会组织统战的转型。(3)其他视角。在执政资源的开发方面，同济大学蒯正明的成本与收益视角颇有新意。作者提出进行执政资源的开发成本与收益所运用的两种方法，即会计成本核算法和评估法。同时提出降低执政资源开发成本与提高执政资源开发效益的主要途径：一是"降低执政资源开发成本，为提高执政资源开发效益奠定基础"；二是"充分利用现有的资源，提高资源开发效益。"④在党际协商方面，复旦大学丁长艳以公共政策的视角对中国党际协商的政治过程进行分析，提出公共政策过程中党际协商的限度，即一是"政党结构的制度化程度制约党际协商及其在公共政策过程中的双重形态"；二是"民主党派自身制度化不足是影响双重'身份'的党际协商效果的重要因素"；三是"政府主导的公共政策制定模式具有较强精英色彩，政府内的协商主要是小范围的"⑤。同时青年学者还从学习型党组织建设、先进性和纯洁性建设等方面进行了研究。例如，同济大学周慧⑥从"人性论"的视角去解读了马克思主义学习型政党的理论基础。华东政法大学金婕⑦则对新时期提升中国共产党先进性建设的科学化水平做了系统研究以及复旦大学张蕾蕾⑧则从社会身份理论的视角系统研究中国共产党

---

① 唐文玉、马西恒、夏军：《党建文化与政党转型——中国共产党转型研究的新视野》，《理论月刊》2011 年第 8 期。

② 罗峰：《转型期的政党权威：挑战与重塑》，《上海浦东干部学院学报》2011 年第 4 期。

③ 肖存良：《社会组织与政党：挑战与回应——基于社会组织统一战线的视角》，《理论与改革》2012 年第 4 期。

④ 蒯正明、付启章：《中国共产党执政资源开发的成本与效益分析》，《理论和改革》2011 年第 1 期，第 44—45 页。

⑤ 丁长艳：《中国党际协商的政治过程分析——公共政策的视角》，《中共天津市委党校学报》2012 年第 1 期。

⑥ 周慧、丁晓强：《从"人性论"的视角解读马克思主义学习型政党建设的理论基础》，《学术论坛》2012 年第 6 期。

⑦ 金婕：《新时期提升中国共产党先进性建设科学化水平的研究》，华东政法大学硕士学位论文 2011 年。

⑧ 张蕾蕾：《社会身份理论视域下中国共产党政党外交研究》，复旦大学博士学位论文 2011 年。

政党外交。

此外,民主党派和台湾政党也是青年学者关注的重点。在民主党派研究方面,复旦大学黄天柱分析了民主党派的社会整合功能。作者总结了参政党践行社会整合功能的基本途径:“(1)意识形态整合;(2)政治资源整合;(3)利益整合;(4)服务社会。”①复旦大学于秋兰②从社会主义核心价值角度研究了参政党的意识构建问题。同济大学龚上华③则具体研究了参政党的提案载体建设。上海师范大学朱新光和马超④对参政党文化建设予以关注。在台湾政党研究方面,同济大学童立群⑤对国民党改革予以关注,而上海交通大学万东青⑥则系统地研究了台湾的政党体系及其成因。

三 国外政党研究

对国外政党的研究集中于欧洲政党和亚洲政党。在欧洲政党研究方面,主要关注欧洲左翼和右翼政党的发展。(1)欧洲左翼政党研究。中共上海市委党校赵刚印分析了欧洲中左翼政党所面临的代表性危机。作者从四个方面分析原因:一是“欧洲中左翼政党未能向民众兑现‘创建较公平社会’的政治承诺”;二是“‘激活’福利的改革重创欧洲中左翼政党的核心选民”;三是“面对全球化和欧洲一体化进程出现的新的社会问题、文化问题和社会矛盾,欧洲中左翼政党与其核心选民的政治态度出现疏离倾向”;四是“代议民主面临‘后民主’危机”⑦。华东政法大学高奇琦则关注了欧洲中左翼政党与工会的关系。作者指出,“西方国家中左翼政党与工会组织的传统关系模式可以分为三种:同盟模式、准同盟模式和临时同盟模式。”

① 黄天柱:《多元社会与民主党派的社会整合功能》,《中共浙江省委党校学报》2011 年第 1 期。
② 于秋兰:《社会主义核心价值体系视野下的参政党意识构建》,《中央社会主义学院学报》2011 年第 1 期。
③ 龚上华:《论新形势下参政党的提案载体建设》,《重庆社会主义学院学报》2011 年第 5 期。
④ 朱新光、马超:《我国参政党文化建设探析》,《上海市社会主义学院学报》2011 年第 3 期。
⑤ 童立群:《国民党改革:问题与前景》,《台湾研究》2011 年第 1 期。
⑥ 万东青:《台湾政党体系及其成因》,上海交通大学硕士学位论文 2011 年。
⑦ 赵刚印:《欧洲中左翼政党正面临代表性危机》,《中国社会科学报》2012 年 6 月 20 日。

"就中左翼政党与工会的关系而言，再结盟和解盟理论有着重要的寓意。两种模式都意味着中左翼政党与工会的结盟模式会动摇甚至瓦解。""欧洲国家传统上中左翼政党与工会的密切联系可能将成为过去，双方可能会发展为一种较为松散的协作或伙伴关系。"①此外，中共上海市委党校胡晓亚②关注了20世纪90年代以来欧洲社会民主党社会福利政策的革新；华东政法大学张罡③研究了瑞典社会民主党执政资源建设问题。(2)欧洲右翼政党研究。青年学者们重点关注近年来欧洲极右翼政党的发展。同济大学杨云珍对这一问题进行了深入的研究。作者界定了西欧极右翼政党的两个维度："第一，拒绝民主宪政国家基本的价值观、程序和制度，这突出了极右翼中极端主义的特点；第二，拒绝人与人之间平等这一基本的原则。"④对于西欧极右政党的兴起，作者指出："右翼政党的产生以及其在选举中的胜利，并非它自身能力有多高，恰恰是主流政党给极右翼政党提供了最好的机会。与其说是极右翼政党对民主造成了威胁，毋宁说是主流政党在面对急剧变化的社会时，缺乏应变能力，未能作出适时的应变和调整。"⑤随后她还对西欧极右翼政党对西欧社会造成的影响做了分析。中共上海市委党校刘青指出欧洲极右翼势力兴起的原因则是，"移民问题、政党嬗变问题、经济社会问题、全球化问题和民主制度问题。"⑥此外复旦大学赵宬斐对新型政党绿党的研究很有新意。作者分析了其政治走向及其政治哲学观，指出："绿党摆脱了传统政党在意识形态方面存在的'左'与'右'的二元对立模式，提出'中性化'的新政治观。绿党在政策选择与调整中，积极推行民主政治制度的生态延伸，提倡非技术中心的人类中心主义，反对等级、线形的结构性权力，坚持社群政治，实行权利与责任的对等与一致，并实现其谋政的理念从深绿到浅绿的转化。"⑦

---

① 高奇琦：《结盟与解盟：西欧中左翼政党与工会关系的变迁》，《中国社会科学报》2012年8月29日。

② 胡晓亚：《20世纪90年代以来欧洲社会民主党社会福利政策的革新》，《上海党史党建》2011年第10期。

③ 张罡：《瑞典社会民主党执政资源建设研究》，华东政法大学硕士学位论文2012年。

④⑤ 杨云珍：《当代西欧极右翼政党研究》，上海人民出版社2012年版。

⑥ 刘青：《近年来欧洲极右翼势力兴起的原因探析》，《上海党史党建》2012年第8期。

⑦ 赵宬斐：《绿党的政治走向及其政治哲学观》，《马克思主义与现实》2011年第3期。

在亚洲政党研究方面,视角也比较多样。同济大学刘渝梅从政治文化视角研究新加坡政党政治及其转型。作者认为,“近年来新加坡政党政治形态在向更为民主的方向转型,而这种转型的背后,政治文化所发生的变迁也悄然改变着新加坡社会的政治信念、态度和政治行为。这些新的元素包括参与式政治文化的生长、公民文化的成熟、理性的多元竞争、宽容性的政治文化等。”①上海交通大学陈成则“从迪韦尔热定律的角度探讨选举制度与政党制度的关系,并以实证研究的方式对日本五五年体制偏离迪韦尔热定律的原因做出解释”②。他认为中间变量在其中发挥着重要的作用。而华东政法大学刘晋飞③则系统地研究了马来西亚政党制度与政治稳定的关系。此外,对于国外政党建设经验的介绍也较为丰富。比较有代表性的有上海市委党校李宓斯对国外政党培植信任的经验介绍,例如“与时俱进、符合国情的政党政策”,“体察民情、联系群众的动力机制”,“覆盖全面、行动有效的组织网络”④等等。上海市委党校孙会岩则介绍了当前西方政党对于网络运用的相关经验,比如“建立政党的网站进行宣传动员”,“积极发展电子党务推动组织建设”,“密切联系民众服务政治发展”和“运用网络进行舆论监督”。⑤

四　评价

2011—2012年上海青年政治学者对于政党的研究成果呈现四大特征:

第一,研究成果丰富。上海青年政治学者对于政党的研究几乎涵盖了政党研究的各个方向。按国别划分,既有对中国政党的深入研究,也有对国外政党的研究;按研究领域划分,既有对政党基本理论的再探索,又有对一些具体现象的解读;按文献来源划分,既有成熟的研究著作,又有期刊论文、学位论文以及会议论文。研究成果不仅数量多,而且质量也较高,充分体现了这一研究领域的发展水平。

---

① 刘渝梅:《政治文化视角下的新加坡政党政治及其转型》,《南京社会科学》2012年第5期。

② 陈成:《日本选举制度与政党制度关系研究——对迪韦尔热定律的验证》,上海交通大学硕士学位论文2011年。

③ 刘晋飞:《马来西亚政党制度与政治稳定》,华东政法大学硕士学位论文2011年。

④ 李宓斯:《国外政党培植信任的若干做法及启示》,《上海党史党建》2011年第8期。

⑤ 孙会岩:《当前西方政党对网络的运用及其启示》,《上海党史党建》2011年第11期。

第二，研究方法多样。对政党研究不仅仅局限于对政党理论的简单梳理和对国外政党建设经验的粗略介绍，而是吸收和运用各种研究方法为政党研究提供支持。例如，运用比较法、历史研究法、实证研究法等。

第三，视野开阔，创新性强。视野开阔体现在两个方面，一方面是研究对象的不断扩展。由单纯对政党基本理论整体研究，扩展和细化到电子党务、政党文化、政党伦理、政党转型、党内民主以及党群关系和党际关系等领域。在对中国政党研究方面，由过去集中于中共党建，扩展到对民主党派的系统研究；在对国外政党研究方面，在对欧洲左翼政党研究的同时，重点关注了之前较少研究的西欧极右翼政党的发展和新型政党绿党。另一方面是研究视角的极大丰富。对政党的研究不局限于政治学领域，呈现跨学科研究态势。既从政治哲学的角度研究政党产生的原因，也有从经济学的“成本—收益”视角研究中共执政资源开发的成本问题，还有从实证角度对原有政党理论——“迪韦尔热定律”的验证，从伦理学角度研究政党伦理问题，以及从政治地理学的角度研究城市变迁与政党的关系。

第四，与现实紧密联系。这一特征由两个方面所体现，一是前沿性。无论是对中国政党研究还是对国外政党研究，其材料的选取都紧密联系学科发展的前沿，充分体现政党研究的前沿性。二是现实性。大部分研究的归宿点都是为推进中国政党制度的完善以及为中国共产党的建设提供理论和经验支持。

尽管上海青年政治学者对于政党的研究成果丰硕，但也存在一些不足。具体表现在以下三点：一是定性研究多，定量研究少。从目前研究成果看，对于政党的研究大多集中于定性研究，鲜见定性与定量相结合的优秀研究。从比较政治学的前沿发展来看，推动政党研究定性与定量相结合，有助于对政党规律更为准确的把握；二是重复研究多，深度研究少。虽然对于政党研究的数量多，视角广，但是重复研究较多，较多浮于问题的表面，缺乏对政党问题的深入研究，特别对政党执政规律的深入研究；三是经验介绍多，理论创设少。这一不足与前两点紧密相连，许多研究满足于简单的经验介绍，没有再根据实际问题做深入的探讨，导致理论批判和理论创设能力的不足。

李进 华东政法大学政治学与公共管理学院

2011—2012 年上海青年政治学者关于政府改革的研究综述

当代政府改革的潮流已历时多年,新世纪以后更呈兴盛之势。客观地说,中国政府改革多年来取得了很大的成就,但随着全面建设小康社会这一伟业的不断推进,矛盾和问题也逐渐凸显,而这些矛盾和问题的解决又越来越依赖于政府改革。因此,政府改革长期以来一直是一个十分活跃的研究领域。

一 2011—2012 年上海地区学者政府改革的研究概况

笔者在中国知网对 2011—2012 年上海地区"政府改革"、"机构改革"、"政府职能"、"制度变革"、"有限政府"等有关政府改革词汇的研究成果进行了检索。详细情况如表 1 所示:

表 1 2011—2012 年上海地区政府改革研究代表学者以及主要研究议题

年份	文章篇数	代表学者	主要研究议题
2011	7	莫翔、朱玉知、黄永怀、赵勇、付金鹏、罗峰、陈奇星	整体性政府、职能转变、公共服务、电子政府
2012	12	李琪、柳家富、郑晓燕、王奎明、沈庆光、方军、吴鹏森、陈水森、朱德米、程德慧、马英娟	政府机构改革、服务型政府、公共政策、经济体制改革、社会管理、公共服务

从表 1 可见,2011—2012 年上海地区学者政府改革研究主要聚焦于以下主题:政府机构改革、政府职能转变、服务型政府、党政关系、市场经济体制改革、社会

管理、公共政策、电子政府。

二 政府改革目标:有限政府与服务型政府

(一) 有限政府

"政府改革"即是指政府为适应内部环境和外部环境的变化,提高政府工作效能,对政府中原有的与现在的发展不适应的管理体制与管理方式所进行的变革。① 近些年在政府改革中,"有限政府"是一个经常提到的概念。"有限政府"是指政府在其日常管理活动中既要懂得增强治理能力、提高宏观调控水平,又要懂得从有些管理中逐渐退出;在提供公共产品、公共服务以满足公众需求和市场经济发展需要的同时,又主动接受社会各阶层的监督。②根据历史的发展可以看出,中国几千年的"全能政府"既阻碍了国家的前进,又给政府本身带来了各种问题。"有限政府"正是在于想要改变这种不合理的无限政府的管理方式而提出来的。李琪从自然状态的演变、社会契约的建立和社会运行原则三个部分深入剖析洛克的有限政府思想,并建议中国政府转型从职能有限、目的有限和行为有限三个方面入手,尽快搭建起一个高效的有限政府。③

新中国成立初期,中国正致力于建立一个全新的国家机器,政府机构变动飘忽不定,"文革"结束以前,中国是没有现代行政管理意义上的改革的,直至改革开放以后,中国才真正迈上了改革的正确轨道。④改革开放以后,政府机构改革就是我国改革的一个重点。近年来,政府进行的大部门制改革就是基于有限政府的理念。所谓大部门体制,是指在政府机构设置中,将那些职能相近、业务范围趋同的部门,整合重组为一个较大部门,来统一行使管理职能,以减少机构重叠,避免职能交叉,增强部门综合协调能力的政府组织形式或管理模式。⑤柳家富和张杰从整体上对

---

① 谢庆奎:《政府改革与政府发展》,《百科知识》1995 年第 10 期。

② 曾国平、郭峰:《论有限政府的内涵》,《武汉理工大学学报》(社会科学版)2004 年第 4 期。

③ 李琪:《论洛克有限政府思想及其启示》,《经济与社会发展》2012 年第 6 期。

④ 吴爱明、刘文杰:《政府改革:中国行政改革模式与经验》,新华出版社 2010 年版,第 33 页。

⑤ 中共中央宣传部理论局编:《理论热点面对面 2008》,学习出版社、人民出版社 2008 年版,第 33 页。

我国地方政府的机构改革进行分析，他们认为我国政府机构改革在纵向上必须注意区分上下级政府机构间的差异性，要明确划定行政职能所属的行政层级。在横向上既要明晰同一层级政府部门之间的权责，又要保证行政事务有对应的部门负责。①大部门制改革背后反映的核心是整合和协同，目标是建立整体性治理结构和整体性政府。朱玉知对整体性政府做了详细的分析，在他看来整体性政府是一个很大的概念，包括网络化治理、协同政府、水平化管理、跨部门协作等。应该将整体政府看成是一个伞概念，因为它强调的是制度化、经常化和有效的"跨界"合作。②可见，政府机构之间的合作协调和整合，一直都是政府组织追求的目标。赵勇在梳理整体性治理和整体性政府理论的基础上提出构建整体性政府的路径选择。他指出，建立整体性政府，进行大部门制改革不能仅仅是做减法——部门数字的减少，也不仅仅是做加法——政府部门将其职能的简单叠加，更为重要的是通过整合和协调做好乘法——使得公民的合理的利益诉求得到应有的满足。③他将公民的需求寓于政府改革之中，强调公民本位。

（二）服务型政府

服务型政府概念早在 1998 年行政改革过程中就已提出，此后中央高层屡次在重要讲话中提出要建设服务型政府。在学术界，服务型政府业已成为研究的热点问题。张康之是最早提出服务型政府的学者之一，在他看来，"服务型政府"是完全不同于传统意义上的统治型政府和近代社会的管理型政府的一种现代新型政府，它是为广大人民服务的政府，用政治学的语言表达就是社会服务，用专业的行政学语言表达就是为公众服务。④郑晓燕将服务型政府定义为："在现代民主与法治体系下建立起的以公民为本位、以公共服务为基本理念、以公共利益为基本目标的现代政府管理模式。"在这一模式下的政府的主要职能就是满足广大社会群众日益增长的公共需要和公共利益诉求，把服务公众与社会作为政府的核心职能。⑤由此可

---

① 柳家富、张杰：《公共治理视角下我国地方政府机构改革分析》，《中国集体经济》2012 年第 7 期。

② 朱玉知：《整体性治理和分散性治理：公共治理的两种范式》，《行政学理论》2011 年第 3 期。

③ 赵勇：《城区政府构建"整体性政府"的路径选择》，《上海行政学院学报》2011 年第 1 期。

④ 张康之：《限制政府规模的理念》，《人文杂志》2011 年第 3 期。

⑤ 郑晓燕、刘俊哲：《服务型政府绩效评估制度的构建——基于浦东新区行政改革情况分析》，《行政论坛》2012 年第 1 期。

见，服务型政府表现出来的是一个公正透明、民主开放、廉洁高效并承担公共责任的人民政府。关于构建服务型政府的路径选择，王奎明认为在中央政府与地方政府之间建立政策倡议联盟是未来服务型政府的路径选择。①他的政策倡议联盟模式是基于对自上而下与自下而上的阶段性政策分析模式的反思而创立的。从目前各国政府改革的方向以及学者们的文献来看，构建服务型政府已经成为全球化背景下各国政府的必然选择，但对于我国而言，服务型政府的构建必须立足我国基本国情，我们不能盲目照搬西方政府管理经验。沈庆光认为我国目前最大的国情就是经济繁荣度与社会成熟度的不对等性。他指出我国在建设服务型政府过程中忽视了一个重要方面——"公民与政府的互动"。②事实上，公民参与水平的高低对建设服务型政府具有特别重要的制约作用。因此，在建设服务型政府过程中必须站在公民的角度上，完善公民参与的制度建设。

三　政府改革状态：单边改革与边际互动改革

中国共产党第十八次全国代表大会报告中指出："要始终把改革创新精神贯彻到治国理政的各个环节。"党的十八大对政府改革的重视表明如今政府改革已经成为我国政府的首要事宜，政府改革迫在眉睫。

（一）单边改革

从政府自身的结构因素上启动政府改革，是很长一段时间我国政府改革的基本模式，即"单边改革"。单边改革在空间上仅仅局限在政府的组织与组织职能上面，在时限上仅仅局限在政府职能与社会需求不太符合的时候。因此，单边政府改革总是修补性的，难以真正奏效的。③马英娟指出改革开放以后，通过政府进行的

---

① 王奎明、赵虹：《强化政府基本公共服务职能——破解"二元困局"的必然选择》，《行政领导》2012 年第 10 期。

② 沈庆光：《我国服务型政府构建中的公民参与问题研究》，东华大学硕士学位论文 2012 年。

③ 任剑涛：《政府改革：从单边思维到边际互动》，《中国改革》2006 年第 10 期。

改革取得了一定的成效。但是,很多新的问题随即而来,中国政府每个阶段的改革都没有能够彻底地解决已出现的问题,甚至出现了更加严重的新问题。①探讨其原因,仍然在于政府改革不够全面、不够彻底,我们需要更加全面、深入的改革。

(二)边际互动的政府改革

边际互动的政府改革是在国家权力的整体结构综合考量基础上的政府权力结构完善与政府职能转变。②这一政府改革思路将关系到政府改革成败的其他权力结构的改革与政府改革一起启动起来,使这些改革为政府改革提供支援性条件,从而实现最初的目标。一般与政府改革紧密关联的主要有三种"外部"关系:首先是党政关系;其次是政府与市场的关系;第三种关系是政府与社会的关系。③

1. 党政关系

邓小平曾说过:"改革的内容,首先是党政要分开,解决党如何善于领导的问题……要放在第一位。"④从历史的角度观察我国政治体制改革的历次开展可知,党政关系的调整是多项重要改革工作的起点和重点。中共十一届三中全会以来,关于党政关系的探讨中出现了很多代表性观点,包括"党政分开"、"寓党于政"、"党政合一"等。方军认为政府与党在事务管理中是一种相互补充的关系。当政府的行政权收缩失度,或者有过度使用的倾向的时候,政党组织就会出面协调,化解矛盾,反之亦然。⑤所以在他看来,二者互相帮助、协调。就政府与党组织的结构来看,付金鹏指出现代的大部门式党政合署是统筹党政机构设置的一种途径。从政治学的角度来讲,一方面大部门式党政合署可以加强对行政过程的控制,另一方面,大部门式党政合署的逻辑——整体主义也与我国政府改革中的"有限政府"理念相契合。⑥从中央领导人对党政关系的关注及学者们对党政关系的研究可以看出,党政关系在政府改革中占有重要的位置。所以,合理定位党政关系是中国政府

---

① 马英娟:《公共服务:概念溯源与标准厘定》,《河北大学学报》2012年第2期。

② 任剑涛:《政府改革:从单边思维到边际互动》,《中国改革》2006年第10期。

③ 黎民:《公共管理学》,高等教育出版社2003年版,第158页。

④ 《邓小平文选》第3卷,人民出版社1993年版,第177页。

⑤ 方军:《公众参与、社区治理与基层党政关系》,《学术论坛》2012年第6期。

⑥ 付金鹏:《大部门式党政合署:党政机构统筹设置的新形态》,《理论与改革》2011年第1期。

进行边际互动改革要解决的首要问题。

2. 政府与市场

邓小平在南方谈话中以力挽狂澜之势为市场经济体制正名。实践证明，今日中国的繁荣同市场经济的发展息息相关。中国正在走向世界，中国之所以能够一跃成为世界第二大经济体，很大程度上得益于市场经济。政府不应该只是一个庞大的执行机构，政府应该摆脱传统的有限思维，通过挖掘企业家们的精神，利用自由市场竞争机制的作用，实现真正的、高效的政府改革。①就如何发挥市场机制的作用而言，罗峰认为政府应该通过一定的制度创新和政策支持，降低市场主体的交易成本，让市场机制在资源配置中真正有效地发挥作用。②在他看来，政府应充当制度保障者和良好市场环境的缔造者和公正的仲裁者，从而发挥市场在资源配置中的积极作用，激发市场主体的活力。邓伟志认为中国政府必须坚定不移地推进市场经济体制的改革。只要我们坚定不移地贯彻邓小平南方谈话的精神，一往无前地推动政府、市场、社会三者同步前进，旨在建设市场经济体制的改革一定会成为我们共同富裕的康庄大道。③

3. 政府与社会

社会一直是政府改革中的重要领域，只有政社关系良好，才有社会稳定、经济繁荣、国家强盛。由于市场化和网络化的进一步发展，传统意义上的社会管理模式已经不能适应当前的社会管理环境。吴鹏森认为政府对社会进行管理的关键在于理念与制度的创新，从国家本位转向社会本位，从根本上放弃传统社会的管理模式，实现社会管理的转型。④可见，政府必须对我国的社会管理体制进行创新改革，关注民生，切实贯彻全心全意为人民服务的宗旨。

现代社会中，利益的分配与调节主要发生在私人领域和公共领域。前者在市场中主要通过交换与竞争机制得以实现；后者体现在政府通过各种公共政策对社会进行管理。公共政策作为一项政府对社会进行价值分配的手段，是政府在对社

---

① ［美］戴维·奥斯本：《改革政府》，周敦仁译，上海译文出版社 2006 年版，第 147 页。

② 罗峰：《渐进过程中政府职能转变》，《学术月刊》2011 年第 5 期。

③ 邓伟志：《坚定不移地推进市场经济体制改革》，《新华日报》2012 年 5 月 1 日。

④ 吴鹏森：《论社会管理创新的理念与路径》，《南京师范大学学报》2012 年第 3 期。

会公共利益进行选择和分配过程中所制定的行为准则。陈水生指出当代的公共政策模式正在由单一决策圈模式向复合决策圈模式转变。尽管政府精英在政策过程中仍然扮演着正式的角色，但公共政策制定过程已开始由政府向社会开放，社会公众更多地参与到政策制定过程中来，特别是利益集团。利益集团通过掌握的资源和通道进行利益表达，从而影响公共政策。①社会公众较以前更加关注政府的政策及其他动向，更倾向于表达自己的利益诉求。当然，政府在制定公共政策时也会出现失误或不足。朱德米和李燕将这种不足称为“政策缝隙”，他们认为由于受到时间和空间的双重制约而使政策存在“缝隙”，在公共政策执行中，大量缝隙导致公共政策在公众的比较中失去公平，这种由政策不公给那些利益相关者带来的剥夺感不利于社会的稳定和发展。②此外，程德慧指出公共政策的价值归宿在于“公民参与”。③由此可见，加强公民参与公共政策研究，完善参与保障机制，在处理政府与社会关系中尤为重要。

四　当前研究的评价与我国政府改革的发展趋势前瞻

（一）当前研究的评价

1. 研究的特色

近两年上海地区学者对于政府改革的研究具有研究内容丰富化、研究方法多样性、研究角度集中化的特点。

从研究的对象来看，上海地区学者对政府改革研究内容呈现丰富化的趋势。包括政府机构改革、政府职能转变、有限政府、整体性政府、服务型政府、政党关系、政府与市场的关系、政府与社会的关系、公共政策等，几乎涵盖了政府改革的所有内容。

从研究方法来看，上海地区学者对于政府改革的研究方法更加科学化。研究

① 陈水森：《中国公共政策模式的变迁——基于利益集团的分析视角》，《社会科学》2012 年第 8 期。

② 朱德米、李燕：《政策缝隙对社会稳定的影响：以苏州“通安事件”为例》，《政治与社会》2012 年第 1 期。

③ 程德慧：《公共政策：公共政策落实科学发展观的逻辑必然》，《郑州大学学报》2012 年第 1 期。

方法主要包括文献研究法、个案研究法、经验总结法、描述性研究法、调查法。与过去的研究方法相比,现在的研究方法更加注重材料的真实性与可靠性,更加注重理论研究与实证研究的结合。

从研究角度来看,虽然近两年上海地区的学者主要还是从政府的角度来探讨政府改革的重点和难点,但部分学者已经转向基于市场、公民社会的角度来探讨政府改革的有效性。

2. 研究的不足

尽管近两年上海地区学者对政府改革的研究成果在研究内容丰富化、研究方法多样性及角度多元化等方面有很大的进步,但仍然存在一些不足之处,主要包括三个方面:

首先,研究内容方面,我国学者对政府改革的重点仍集中在政府机构改革。这也与过去三十多年我国政府改革主要集中于机构规模的缩减有关。政府规模是否缩小不是关键,关键是政府在做什么,政府的人事开支是否缩减也不是关键,关键是政府为人民服务的支出是否增加。因此,除了政府机构规模之外,还有许多值得研究的领域。

其次,研究方法方面,我国学者关于政府改革的研究主要以定性研究为主,缺乏定量研究。从笔者收集到的近两年的文献来看,采用定量研究方法分析政府改革的文献数量只有极少数;另一方面,关于政府改革主要在于理论研究,大多仍是侧重于政府改革的理念,提出自己的建议,实践研究相对较少。

最后,研究角度方面,虽出现多元的视角,但学者们大多基于政府自身的角度探讨其改革的内容、重点及难点等,缺乏其他角度的考量。

(二)我国政府改革的研究趋势前瞻

综上所述,我国的政府改革研究将呈现出更加鲜明的发展趋势。笔者认为未来政府改革研究具有以下几个趋势:

第一,服务型政府的研究将会得到更多的关注。从当前的实践来看,我国各级政府正在强化其公共服务职能,正处于从原来的全能政府转向有限的、服务型政府。对于发展中国家来说,目前可以有必要朝着服务型政府的方向前进,但要真正地将政府建设成为成熟的服务型政府，恐怕至少还需要几代人，甚至更久的改革。而学者们对服务型政府的理论和实践研究则可以帮助我们更加进一步理解我国服务型政府建设的重要性、长期性和艰巨性，有利于我们做好各种准备迎接服务型政府建设中即将遇到的挑战。所以，笔者认为，公共服务型政府的研究将会继续成为学者们研究的重点。

第二，政府改革研究在关注政府的同时将会更多地关注市场、社会、政党。从学者们的研究成果可以看出，政府改革中的三对关系：政府与市场、政府与社会、党政关系都与政府改革密切相关。首先，只有党政和谐，才会有社会和谐，只有处理好党政关系，才能顺利地进行改革。其次，政府与市场是两种资源配置和协调社会经济活动的主要机制。从理论上探讨与定位政府与市场之间的关系，探讨两者的边界是非常有必要的。最后，政府与社会的协同治理将成为当今社会发展的潮流，研究政府与社会的关系有助于实现政府与社会良好的协同治理。所以，笔者认为，有关党政关系、政府与市场的关系以及政府与社会的关系的研究也将得到更多的关注。

第三，电子政府将成为研究的重要主题。电子计算机与国际互联网相结合，革命性地改变了人类社会获取信息的方式和效率，更预示了信息社会数字时代的到来。陈奇星认为电子政府就是在公共管理过程中，应用现代计算机技术和网络技术，在互联网上通过政府组织结构的优化重组和工作流程的梳理再造，将管理和服务进行集成，建成一个精简、高效、廉洁的政府运作模式，从而实现透明的公共管理和全面且无缝隙的政府模式。①与传统政府管理相比较，电子政府具有虚拟性、开放性、网络化、系统程序性管理便捷化和服务高效化等特点。虽然我国关于电子政府的研究处于初级阶段，不过从相关研究来看，它将会成为另一个热点。

总之，政府改革是全面推进我国各项改革的关键环节，学者对于"政府改革"的研究将会继续深化、推进。政府、市场以及社会有机结合的治理模式，依然需要通过我国政府不断的改革和创新来实现。虽然我国政府改革面临许多困难和挑战，但有了过去宝贵的经验和教训，未来政府改革的步伐会更快，也更为扎实，以实现有质量和有深度的改革成效。

---

① 陈奇星：《政府公共服务方式的多元化选择：趋势与策略》，《上海行政学院学报》2011 年第 3 期。

贠栋 华东政法大学政治学与公共管理学院

2011—2012年上海青年政治学者关于社会管理的研究综述

社会管理研究一直以来都是学界研究的一个热门话题。2011—2012 年以来，上海青年学者对社会管理的相关研究成果颇丰，学者选择不同的角度，来研究社会管理领域的问题，使社会管理研究出现了新的走势。近几年来，上海青年学者社会管理研究主要集中在社会组织与社会管理、政党建设与社会管理、社会管理创新以及社会管理实践等方面。本文主要对 2011—2012 年以来上海青年学者在社会管理领域的最新研究成果加以综述，或能指出下一步研究趋势。

一 社会组织与社会管理

社会组织作为沟通党和群众、联系国家与社会的纽带，从社会组织角度研究社会管理的学者认为，社会组织作为社会管理的参与者，在推动社会管理方面有积极的作用。

周海旺认为，"社会组织是社会管理中的一个主体性力量，是社会协同、公众参与中的核心力量"，"社会组织是相对于政府而言的独立主体，其本身都是群众组织、服务公众、实现社会有效管理的主体"，因而社会组织与执政党、政府、企业组织形成了创新社会管理所需要的一个网络化体系，共享信息资源，面对公共性问题，各自发挥独特的功能作用，可望实现最低成本的社会善治，追求卓越的社会管理。①

① 卢汉龙、周海旺：《上海社会发展报告(2012)：创新社会管理》，社会科学出版社 2012 年版，第 127—144 页。

宋华忠、宋鹏霖认为非公有制经济组织是社会建设与管理的重要载体,非公有制经济组织在服务社会管理的积极作用。面对非公有制经济组织在社会建设和管理的实践中所出现的问题,研究者认为,这"既需要政府部门提供优良的政策环境,也需要统战部、工商联发挥统战优势,加强教育引导和服务,激发非公有制经济人士服务社会、奉献社会的责任心"①。

李宗克探讨了工会组织在社会管理中的作用,认为,"工会活动具有最强的制度和法律基础,组织体系最健全,财力最有保障,在普通劳动者阶层中覆盖面最广"②,因而在社会管理中能够更好地发挥其职能。在对上海市青浦区香花桥街道总工会的个案研究中,研究认为进一步加强工会组织在社会管理中能力的一个关键因素是,"强化街道总工会能力建设和完善基层工会体制机制,增强维护职工权益的能力"③。

此外,研究社会组织在社会管理中发挥作用的学者还有陆建民、田晓红、厉济民、傅鹂鸣等人,他们分别从妇联、社区居委会、专业性社会组织角度探讨了这些社会组织在社会管理中所扮演的角色,并分别从不同的角度谈及推动这些组织创新社会管理的对策建议,丰富了社会管理研究的内容,对解决目前社会管理中存在的问题提供了可供借鉴的策略。

二　政党建设与社会管理

研究政党建设与社会管理之间关系的学者着重从执政党在基层社会管理中发挥的特殊作用,以及从实践层面解析基层社会管理中区域化党建的运行机制及其完善路径。

从执政党在基层社会管理中所发挥的作用来讲,吴新叶认为,执政党的社会管理是按照"政党—国家—社会"的逻辑展开,执政党社会管理的有效性不仅体现在整合社会群体结构,还表现在对基层社会精英吸纳能力方面。他指出,"执政党不能代替社会,而是嵌入社会,要激活社会的动力机制。"因此,研究认为,执政党社会

① 宋华忠、宋鹏霖:《上海引导非公有制经济组织参与社会建设与管理的探索与思考》,《上海市社会主义学院学报》2012年第3期。

②③ 卢汉龙、周海旺:《上海社会发展报告(2012):创新社会管理》,社会科学出版社2012年版,第254—263页。

管理的实现路径在于：功能整合，构建“强政府—强社会”的社会管理格局；发育社会，培育社会组织的自主性；推广政府购买服务，拓展制度化的财政支持方式；授权社区，让群众性自治组织承担社会管理的相应职能。①

从区域化党建在社会管理中的实践作用来看，研究者对上海市基层社会管理实践进行实证分析。夏江旗介绍了上海市长宁区“区域化党建中的共建联建机制”，以区域化党建推动社会管理创新，其实质就是“区和街道通过党的组织来扩展社会联系，在社会领域内开展工作，使地方和街镇党组织扩大自己的社会关系和社会资本，并运用这些社会关系和社会资本来为中心工作和社会建设服务”②。

三 社会管理创新

社会管理创新是提升社会管理绩效的重要途径，因而关于如何实现社会管理创新，从何种角度进行社会管理创新的问题成为学者关注的话题。

1. 社会管理创新研究的新内容

(1) 社会管理的创新之维。杨发祥认为社会管理的创新必须立足于：在体制创新之维，倡导政社合作，实现多元共治，“建立公共服务型政府，努力推进公共服务均等化；大力发展社会中介组织，实现政府与社会合理分工；重视基层社会管理与服务，大力发挥非正式制度在社会管理中的作用”；在机制创新之维，协调利益关系，应对社会风险，“建立利益表达与博弈机制，实现利益大体协调；建立利益共享、风险共担机制，实现互利共赢；建立利益矛盾化解机制，规避社会风险”；在目标创新之维：重建社会秩序，促建社会和谐；“完善分配制度，促进社会公平；健全社会保障体系，切实关注民生；最后改造社会结构，保持社会稳定”。③

(2) 环境公平与社会管理创新。华东理工大学王芳教授将环境公平问题与社会管理的研究结合起来。为了遏制环境不公对社会管理带来的威胁，她认为，以社

① 吴新叶：《基层社会管理中的政党在场：执政的逻辑与实现》，《理论与改革》2010 年第 4 期。

② 卢汉龙、周海旺：《上海社会发展报告(2012)：创新社会管理》，社会科学出版社 2012 年版，第 47 页。

③ 杨发祥：《新时期我国社会管理创新之维》，《华东理工大学学报》(社会科学版) 2011 年第 1 期。

会管理创新促进环境公平的关键着力点在于，“构建和完善环境基本公共服务体系，提高环境基本公共服务的整体水平；构建和完善环境利益整合机制，不断推进环境保护公共产品和服务的均衡配置；构建和完善多元社会调控与参与机制，激发环境管理创新的社会活力”。①

(3) 女性人文主义与社会管理创新。曾经轰动一时的洛阳“性奴”案引发了学界对社会上这一特殊人群的社会管理进行了深入的反思。夏国美认为“目前针对该女性群体通常采取的‘执法管理’模式是一种驱逐性管理模式，往往与惩罚性管理相挂钩，创新对这一特殊人群的社会管理的关键问题在于用以人为本的公众参与的社会管理代替驱逐性管理”，“首先应从‘女性’视角对该群体进行‘去标签化’认识，同时在全社会倡导‘公益性’和‘义务性’的价值取向，发展民间组织的自治力量，形成广泛的社会参与机制，构建政府和民间力量互补的管理模式”。②

(4) 社会资本与社会管理创新。唐贤兴、肖方仁以社会资本理论为视角来探讨社会管理创新，认为“社会资本理论对于社会管理提出了一定的要求，它更多地强调社会关系和社会规范在实现良好社会管理中的作用，强调沟通、参与以及充分的相互理解在润滑社会关系方面的独特作用”③。研究者从这社会资本理论的角度来研究社会管理创新，为人们提供创新社会管理的新思路，一方面，对公民提出要求，“通过推进公民更广泛地参与”④，增进互信，达成共识；另一方面，“对公民参与的规范提出要求”⑤，用规范对权利进行调适。

2. 社会管理创新保障机制及其完善措施

从社会管理的法治支撑的角度出发，有学者认为，加强社会管理“最根本的就是要改变党和政府直接通过行政系统进行社会管理的习惯，建立通过法律手段来管理、运营社会的模式”，“做好社会工作不能再仅仅靠一般的动员、号召，而是要形成主要依靠法律的社会治理，建构以法律为基准的社会秩序，养成以法律手段来处理社会问题的习惯，以提高社会管理工作的规范性和权威性，形成政府依法管理、

---

① 王芳：《环境公平问题与社会管理创新》，《安徽师范大学学报》(人文社会科学版)2012年第5期。

② 夏国美：《女性人文关怀与社会管理创新》，《探索与争鸣》2012年第1期。

③④⑤ 唐贤兴、肖方仁：《社会资本积累：社会管理创新的逻辑起点》，《学术界》2012年第4期。

公众依法参与的制度和法治环境，即‘良法善治’是精细制度安排和设计”。①

如何完善社会管理创新的保障机制是促进社会管理良性发展的重要议题。陈俊认为，从立法上看，需要“转变落后的传统立法理念，树立以人为本的先进理念；正确处理公共权力和公民权利的关系，改变‘管理法’多而‘控制法’少之弊；加快完善民生等事项的立法，在继续推进经济立法的同时，推进社会法特别是社会管理立法”等方面入手，从而为社会管理提供法制保障。从执法上看，社会管理执法不但要求“有法可依”，而且需要“更新执法理念”和“完善执法制度”。

刘正强认为，创新社会管理“良法善治”制度设计的关键在于三个方面：一是“以良性立法拓展法律空间，奠定治理基础”。二是“以柔性执法凸显人本理念、化解社会矛盾”。三是“以能动司法回应社会需求、实现社会公平正义”。②

四　社会管理研究的新视野

当今中国社会正在发生深刻的变化，社会管理与后全球化时代、信息化时代背景紧密相连，时代的发展变化与中国社会的实际问题赋予社会管理新的研究内容，因此有关学者将社会管理放置于全球视野与信息时代当中，来研究社会管理，主要表现在以下两个方面。

1. 后全球化视野下的社会管理

洪菲菲认为“后全球化时代中国加强社会建设和管理，本质上也是要破解‘中国社会现代化’过程中的各种难题”。研究者认为解决问题的关键在于把握好“后全球化时代社会管理的系统目标”，即“共识、秩序和规则”。在构建后全球化社会管理的系统目标之后，结合目标与现实的差距，研究者认为当务之急是需要加强“社会诚信”和“社会责任”的建设，一个是要“重建社会诚信体系，化解社会‘公信力’危机，夯实社会管理的基础”；另外，要“以企业社会责任报告建设为抓手，提升社会管理品质，推进中国特色的社会现代化建设”。③

---

①② 卢汉龙、周海旺：《上海社会发展报告(2012)：创新社会管理》，社会科学出版社 2012 年版，第 124—127 页。

③ 鲍宗豪、洪菲菲：《后全球化视野下的社会管理》，《上海行政学院学报》2012 年第 1 期。

2. 网络时代中的社会管理

以网络为主的新媒体已经深入地影响着人们的社会生活，一方面网络促进了社会管理的公众参与，另一方面也拓展了社会管理方式的嬗变与创新。复旦大学博士后曹劲松认为，网络应用引发"话语革命"。面对草根话语革命，"政府的社会管理需要把汇集利益诉求与汇集民众智慧更好地结合起来，在广泛开展公共讨论的基础上，促进社会共识的形成建立和谐的社会利益关系与普遍接受的现实利益保障"。①

以网络为主的新媒体已经深入地影响着人们的社会生活，拓展了社会管理方式的嬗变与创新。李潇在对杨浦区新江湾城社区"双版主、双进入"管理模式实证分析之后认为，"必须将培育现代公民意识贯穿社会管理全过程，积极推进社区居民自治；必须从扩大社区论坛的影响力的角度着眼，把加强网络平台建设放在更加重要的位置；必须从优化知识结构、增强服务能力入手，切实加强社区网络队伍建设；必须立足长远、着眼未来，建立健全社会管理与网络建设相结合的长远机制。"②

五 小结和述评

由于社会管理涉及多个主体，取决于多种因素，其内涵丰富、外延广泛，加之社会事务阶段性、复杂性、动态性等特征，给社会管理研究带来一定的难度。总体而言，2011—2012 年来上海地区青年学者社会管理研究内容、视角、方法具体表现在以下几个方面：

从研究的内容来看，社会管理的内涵研究不再是一个热门的话题，社会管理的主体已经在近几年来的研究中得以确定，为政学两界所公认，这些主体包括党和政府、企业、社会组织、基层群众组织等。社会管理中的执政党建设研究逐渐得到学界的重视，这方面的研究集中于党的基层组织如何在社会管理中整合力量、发挥作

---

① 曹劲松：《网络问政与社会管理实践创新》，《南京社会科学》2011 年第 4 期。

② 李潇：《试论网络时代城市社会管理方式的嬗变与创新》，《上海党史与党建》2012 年第 5 期。

用。社会管理主体方面研究的趋势在于具体的社会组织如何在特定的职能范围内做好社会管理,发现其中的问题,研究突破管理瓶颈的实现路径。社会管理创新作为一个永不陈旧的话题,成为研究者争相探索的宝库。社会管理创新不仅体现在社会管理的理念上,而且反映在社会管理的实践中,比如社会资本、社会公平、人文关怀与社会管理创新的研究也推动了社会管理的方式和方向的更新,区域化党建推动社会管理已经成为上海社会管理创新的新实践。

从研究的视角来看,一方面,有的学者将社会管理研究的视角置于世界大环境中,研究我国社会管理存在问题的普遍性与特殊性,并结合中国社会最突出的社会矛盾与现实问题,阐释了后全球化时代加强社会管理的主要任务和实践情况;另一方面,有学者将社会管理与网络新媒体的研究结合起来,网络应用的普及不仅给现代社会管理提出了新课题,如果网络平台运用得当将会推动社会管理创新。

从研究的方法来看,理论研究与实证研究相结合受到青年研究者的青睐。比如李宗克在对上海市青浦区香花桥街道总工会的个案研究中探讨了工会组织在社会管理中的作用;又如夏江旗、邱素琴、毛栋英等研究基层党建与社会管理的研究者都在研究方法上采取理论研究与实证研究相结合,结合社会管理的相关理论知识,通过个案法,从实践经验入手,对基层社会管理展开研究。也有学者采取定性研究方法,主要表现在揭示社会管理的相关主体在社会管理中的角色定位,探讨各个主体与社会管理之间的联系以及从各类主体的角度提出完善社会管理的路径。

综上所述,笔者总结了 2011—2012 年上海地区青年学者研究社会管理的特点,主要包括以下几个方面:

第一,比较侧重于对社会管理主体的研究,对社会管理的各类主体如何联动发挥作用的研究相对较少,对于如何有效促进公民参与社会管理的研究较少。研究者侧重于具体的社会组织及其职能的研究,对社会管理主体分类研究,展现具体社会组织如何在社会管理实践中发挥作用,为以后对社会管理主体研究指明了方向。第二,对于政府与社会组织在社会管理的实践中如何共同发挥作用有一定的研究,在厘清各自角色定位方面已有了深入的研究,但如何发挥政府与社会组织职能互补、相互促进的研究有待于深化。对于政府如何有效运用网络平台参与社会管理已有学者进行了初步研究,但研究范围侧重于政府通过网络进行社会管理,对于其他社会组织以及公民个人通过网络拓展公共参与的研究还很少见，这方面的研究将会是未来研究的一大趋势。第三，研究社会管理创新，需要加大跨学科研究，借鉴其他学科的理论知识。现有的研究成果中，已经有学者将社会资本、非正式制度、公民社会等理论运用于社会管理的研究当中，丰富了社会管理的理论研究。随着社会管理研究不断深入，还需要进一步形成政治学、经济学、管理学、社会学、法学、人类学等学科间社会管理研究的交流与互动，我们不仅需要借鉴多学科的理论给社会管理创新提供的研究思路，从而多学科角度研究和发展社会管理理论，而且应该跨学科综合研究社会管理理论，从而拓展社会管理的研究领域，以便于为社会管理实践提供有借鉴意义的指导策略，这也将是未来研究的一大趋势。

从整体上看，2011—2012 年上海地区青年学者能够把握社会管理的热点问题，结合后全球化时代背景下我国社会管理的重点问题进行研究，拓展了社会管理主体的研究，将网络在社会管理中发挥的作用进行了探讨，丰富了社会管理领域研究的内容，将社会管理与社会信任、社会规范联系起来进行研究，推动了社会管理研究的创新。略显不足的是，社会管理研究内容上对于如何调动公民力量参与社会管理的研究较少，社会管理与社会服务相结合的研究有待于加强，与基层社会治理方面的社会管理研究比较少见。社会管理的研究视角上，研究社会管理的人文关怀的范围不够宽广，如何实现具备人文关怀的社会管理的研究还有待于进一步拓展，对于社会管理与非正式制度之间的研究有待深化；社会管理研究的方法上，研究方法比较单一，没有形成跨学科多领域的交流与互动；在社会管理研究领域，对于这些问题的探讨还需要进一步重视，使社会管理研究更接地气，更能够反映社会公众的利益诉求，从而推动社会管理研究不断深化和发展。

李利文　华东政法大学政治学与公共管理学院

2011—2012 年上海青年政治学者关于公民社会与第三部门的研究综述*

公民社会(civil society)又称为民间社会、文明社会和市民社会,其基本要素主要包括私人领域、社团组织、公共领域和社会运动。从政治学意义上而言,最早可以追溯到古希腊、古罗马时期,其主要是建立在国家与社会分离的基础之上的,因此关于国家与公民社会之间的关系(对抗、共生、参与、制衡与互补五种关系)一直是公民社会研究中的争论焦点。"第三部门"由美国学者 T. 列维特(T. Levitt)最先使用,他将非公非私的、既不是国家机构也不是私营企业的第三类组织称为"第三部门"。①

起初关于公民社会的研究大都集中在政治学领域,而关于第三部门的研究则集中在组织学与行政学,两者之间的关系并不密切。但随着政府合法性危机的出现和公民社会的兴起,20 世纪 90 年代后关于公民社会的研究逐渐偏向政治社会学,而关于第三部门的研究也开始重视宏观的、一般的理论性研究,这样,两者研究的契合点越来越多,"两者的关系也越来越密切,并出现了合流的趋势"②。近几年

---

* 目前我国公民社会与第三部门的概念内涵还存在较多争议,公民社会与第三部门也各有自身特殊内涵,以"第三部门"的概念为例,与"第三部门"表达意义相近的概念还包括"非营利组织"、"非政府组织"、"志愿组织"、"慈善组织"、"社会基层组织"、"社会团体"、"跨国社会运动组织"、"公民社会部门"、"非国家部门"、"社会草根组织"、"免税组织"以及"独立部门"等。本文作为一篇文献综述,为最大限度吸收上海青年学者近两年来的相关成果,因此对此不做严格意义上的区分。

① 罗辉:《第三域若干问题研究》,中国地质大学出版社 2006 年版,第 6 页。

② 何增科:《公民社会与民主治理》,中央编译出版社 2007 年版,第 84 页。

来,公民社会与第三部门在市场失灵和“大政府”失灵的公共空间中扮演着越来越重要的治理角色,关于公民社会与第三部门的年度热点事件盘点更是将其治理角色推到了理论界与实务界的焦点视野。

一 公民社会与第三部门的“概念角色”:基本问题的探讨

近两年上海市中青年学者对公民社会与第三部门的基本问题研究主要集中在价值性探讨和阻力性探讨两个方面。价值性探讨是指公民社会与第三部门存在的意义分析,阻力性探讨是指公民社会与第三部门在发展过程中存在的问题及障碍分析。

(一) 价值性探讨

公民社会与第三部门的重要价值之一是弥补市场失灵与政府失灵。随着相关研究的深入发展,公民社会与第三部门的其他重要价值也得到学术界的深入挖掘。从社会发展角度而言,市民社会的完善是一个社会成熟的标志,而公民社会的确立是一个国家文明的标志,现代性推动由市民社会向公民社会转变的过程是实现社会和谐的过程。①从法治管理的角度而言,市场经济需要法律制度来保障,而现代法治的基础是公民社会,有关公民社会的理论研究与非政府、非营利社会组织的发展之间的内在联系不可避免会对我国当前的意识形态和管理格局形成挑战。②

从社会主义政治文明建设的角度而言,公民社会是社会主义政治现代化的必然选择,也是实现政治文明的价值指向。一个国家的政治文明建设与公民社会的发展状况是互为条件、内在统一的。③从公共政策的公众参与角度而言,公众参与是公共政策落实科学发展观的逻辑必然性,“以人为本”是科学发展观的核心理念,也是我国公共政策的逻辑起点和归宿。④总之,公民社会与第三部门的价值内涵已

---

① 白春雨:《现代性中的市民社会》,《湖南师范大学社会科学学报》2011 年第 2 期。

② 卢汉龙:《法治管理需要以公民社会为基础》,《东方法学》2012 年第 5 期。

③ 程德慧:《公民社会:社会主义政治文明建设的价值意蕴》,《河南社会科学》2011 年第 5 期。

④ 程德慧:《公民参与:公共政策落实科学发展观的逻辑必然》,《郑州大学学报》(哲学社会科学版)2012 年第 1 期。

不局限于市场失灵与政府失灵的“弥补”，已经扩展至和谐社会建设、法治社会建设、政治文明建设和科学发展观贯彻等领域。

（二）阻力性探讨

公民社会与第三部门在我国的兴起和发展过程中存在许多问题，尤其是随着我国政治、经济和文化环境的急剧转变，由此带来的制度供给与制度需求、转型期的弹性控制以及第三部门空间扩展等问题的探讨和争论逐渐增多。长期以来，由于在对“它”形态组织发生机理上认识的欠缺，造成概念混淆和治理的混乱，大批涌现出来的形态各异的组织找不到生存的依据和发展的方向。

公民社会组织在发展过程中还面临以下几个“瓶颈”问题：缺乏合理的发展空间、总目标不明晰、草根性和民间性的缺失、政府在让渡空间的过程中缺乏明确的规范、运行过程中缺乏规范的法律保障、公民社会组织的发展与公民需求的匹配度不高以及组织之间的协商机制和代表各方利益主体的社会评价机制未能建立等。①而以美国 FOOD BANK 的调研作为范本进行的研究，给中国 NGO 组织的困境突破提供了重要启示：中国 NGO 组织的发展路径最终落脚在 NGO 发展中的政府角色问题上。②相关学者还从公共关系学角度提出了阻力化解的相关对策。③

二　公民社会与第三部门的“关系角色”：三对关系的分析

西方公民社会“陷阱论”使公民社会与第三部门的“关系角色”歪曲化，其在国内更好地发展和更好地服务于民需要正确理清三对关系：政社关系、党社关系和协社关系。

---

① 张丹丹、沈关宝：《公民社会的发育与形成——民间社会组织的培育与公民的有序参与》，《学术界》2011 年第 6 期。

② 金世育：《非营利组织服务冬季的公共性：困境与对策》，《求实》2011 年第 2 期。

③ 刘洁、刘东胜：《目前我国非营利组织发展中的问题及对策》，《东华大学学报》（社会科学版）2010 年第 4 期。

（一）政社关系

我国学术界对政社关系的探讨由起初的“大小”问题逐渐转向“合作”问题。从公共服务提供的角度而言，政社关系主要表现为：合作与支持关系、竞争与冲突关系以及管理与监督关系。网络时代政社关系则表现为NGO利用网络问政和监督管理参与和影响政府政策制定。①虽然政府与公民社会在公共服务提供上的合作在实践中取得了一定的实效，但同时也面临着监督不力和能力不足等问题，为此，突破困境的路径是寻求两者合作的新模式，即从政府包办转为政府购买和从制度化协同走向联动嵌入。②可见，公共服务质量的提高有望政府与社会组织合作的进一步加深。

从社会管理的角度而言，政府组织与公民社会在社会管理中犹如鸟之双翼、车之双轮，各有其责、不可或缺。③为促进非政府组织与政府的良性互动，从合作与制衡的角度将非政府组织视为合作伙伴；加快政府职能转变；加紧制定相关法律法规；促进管理体制由控制型管理向培育型管理转变；拓展非政府组织政治参与渠道；加强对非政府组织的支持。④另外，借鉴日本政府对NGO的做法，以及NGO在我国改革开放进程中扮演的角色，我国NGO发展的具体方案应以资金、政策以及沟通渠道等方面展开。⑤总之，无论外部环境发生怎样的改变，公民社会与政府之间的关系研究一直将会是公民社会发展中的核心研究问题。

（二）党社关系

随着公民社会与第三部门的发展，它对党的执政资源配置和执政方式产生了重大影响，在资源配置上，使权利资源和社会资源的配置向社会自治领域分散；在执政方式上，对党传统的社会掌控方式、政治灌输方式、社会动员方式和行政决策方式提出了挑战。同时，公民社会的发展还对党的理念产生重要影响，使其从“统

① 顾丽梅：《公共服务提供中的NGO及其与政府关系之研究》，《中国行政管理》2012年第1期。
② 齐海丽：《公共服务提供中的政府与社会组织合作：现状评估与趋势预测》，《经济体制改革》2012年第5期。
③ 李建勇：《社会管理中的四种基本关系》，《东方法学》2012年第5期。
④ 胡晓：《合作与制衡：非政府组织与政府良性互动关系研究》，《理论研究》2011年第2期。
⑤ 张文彬：《日本NGO的发展及其对我国的启示》，《外国问题研究》2012年第1期。

治”、“治理”过渡到“善治”。[①]另外，从法团主义视角而言，在国家主义和多元主义的分析中，政党与公民社会之间因何者为优先而处于一种紧张状态，而法团主义的意义在于突破两者何者为优先的思考，试图将两者作为一种整合的价值加以分析。根据运行的主体可将其划分为国家法团主义和社会法团主义，在国家法团主义的典型国家中，政党几乎完全主导公民社会的存在和发展，而在社会法团主义的框架下，政党与公民社会的地位则较为平等。[②]

（三）协社关系

协社关系是指人民政协与公民社会的关系，由于我国政协的特殊地位使得国内许多研究并没有对其进行单独研究，而是作为政社关系的一方进行研究。实质上，政协作为一种参政议政的团体有其特殊的地位。人民政协是政府与公民社会互动的重要桥梁，但我国人民政协在促进政府和公民社会互动中的作用显然还没有得到充分发挥，其制约因素有三个：传统“官本位”观念的影响；人民政协定位的缺失；现行行政方式的缺陷。应该从改革政协法律定位、改变政协委员产生机制、实现公民社会与政协的有效对接以及创新政协工作机制四方面充分发挥人民政协在促进政社关系良性发展中的作用。[③]

三　公民社会与第三部门的“策略角色”：多元问题的应对

公民社会与第三部门的“治理角色”主要是指公民社会与第三部门协助公共部门与私人部门共同协调公共事务，实现社会和谐发展的过程。

（一）公共危机与群体性事件

由于公共危机的复杂性，仅仅依靠政府的力量来应对公共危机很困难，因此，

---

① 刘石磊：《试论公民社会的发展对党的执政理念的影响》，《山西财经大学学报》2012 年第 2 期。

② 高奇琦：《法团主义视域中的政党与公民社会关系》，《上海行政学院学报》2011 年第 6 期。

③ 丁德昌：《人民政协与公民社会的勃兴》，《求索》2011 年第 6 期。

公民社会与第三部门参与公共危机治理势在必行。一方面，市场与政府理论、公民社会理论、治理与善治理论为非政府组织参与公共危机治理提供了理论支持；另一方面，与政府相比，非政府组织参与公共危机管理具有专业化、资源动员、行动和视角等方面的优势，能够发挥危机预警和宣传、社会动员和资源监督、稳定社会心理、关注弱势群体等功能。但应注意，我国非政府组织由于受到法律法规、传统管理模式、自身能力不足等方面因素的制约，这些优势和功能还没能充分发挥出来。因此，需要从政府、社会、非政府组织自身三个方面克服这些问题和困境。①另外，以群体性事件为表现形式的社会抗争是公民自行打开公共领域的集体行动，即网络公共领域必须与现实的公民社会和政治实体进行良性互动才能富有行动力量，否则会导致政治犬儒主义，使公民沦为影子人。②总之，随着社会实践的发展以及公民社会与第三部门在汶川地震、南方冰灾和网络空间等方面取得成效，学术界对公民社会与第三部门在公共安全中的作用研究将会越来越多。

（二）"官办"学会与城市自生性民间组织

不同类型的民间组织都有其独有的特征和目的，其在自身发展过程中也会面临不同的困境或难题。由于我国历史原因的影响，我国大部分学会仍然挂靠在政府机关以更好地开展活动，这样的学会称为"官办"学会，"官办"学会如今在我国面临一系列困境，这需要从第三方政府、政府协同治理、主体间协调和个性化服务等方面进行网络化治理。③另外，城市性民间组织是指在城市社会中由个体通过自我成立、自我运作、自我发展而演化形成的社会组织形式，它是一种与"依附式发展第三部门"的"他组织"不同的"自组织"，受制于外部环境及其自身判断，为适应城市自生性民间组织的兴起，他认为政府政策应该在降低"社团民非"成立门槛、构筑新型民间组织管理体系和加强对自生性民间组织扶持三个角度进行政策调整。④随着公民社会与第三

---

① 李书巧：《我国非政府组织参与公共危机管理研究》，《理论月刊》2012 年第 6 期。

② 郑维伟：《虚实之间：群体性事件与公共领域之重建》，《中共杭州市委党校学报》2012 年第 2 期。

③ 陈奕：《基于网络化治理理论考量"官办"学会困境消解对策》，《行政与法》2012 年第 1 期。

④ 童潇：《城市自生性民间组织：特征呈现及其结社形式——以上海青年自组织为中心的组织社会学透视》，《华东理工大学学报》（社会科学版）2012 年第 3 期。

部门的快速发展，对不同类型和不同价值使命的民间社会组织进行区分和研究，一方面可以为政府部门更好地引导和监管公民社会组织的发展提供理论依据，另一方面也为政府鼓励公民社会组织发展而进行的政策调整提供有效的决策依据。

（三）区域治理与全球治理

从区域治理角度而言，虽然公民社会在区域治理中充当着重要的组成部分并发挥着巨大的作用，但是由于当代中国公民社会发展还不成熟，存在认识误区、参与渠道有限和公民意识不强等问题，这就需要从价值观念、活动空间、制度保障等宏观层面，参与机制创新的中观层面以及涉及公民个体和相关社团的民主参政能力提升的微观层面来推动公民社会的发展和区域治理绩效的提升。①从全球治理角度来看，跨国公民社会是适应全球化与全球治理的出现而出现的，其有自身优势，但其自身缺陷也要求从推进跨国公民社会的非地方化、培育社会资本和促进治理主体间的合作等方面发挥更为积极的作用。②另外，就非政府组织在全球环境和气候变化中的作用而言，非政府组织在其中发挥的作用，他们认为非政府组织通过游说或直接加入政府代表团、为各国政府相关政策的制定和国际协商或谈判提供专门知识、预先起草与谈判主题相关的协议以及构建全球环境议题和确定全球气候谈判议程等直接或间接影响全球环境的治理进程，而且非政府组织还推动以国家为中心的环境治理模式向多元的全球环境治理模式转变。③总之，随着公民社会与第三部门在全球的发展与健全，其在全球公共事务、国际合作、世界和谐以及人类发展方面将发挥重要而又积极的作用。

四　当前研究的评价与展望

（一）研究特色

第一，突出治理研究的中心地位。上海青年学者充分认识到了公民社会与第

---

① 汪伟全：《角色·功能·发展——论区域治理中的公民社会》，《探索与争鸣》2011 年第 3 期。

② 易承志：《跨国公民社会参与全球治理的角色分析》，《东南学术》2011 年第 2 期。

③ 徐步华、叶江：《浅析非政府组织在应对全球环境和气候变化问题中的作用》，《上海行政学院学报》2011 年第 1 期。

三部门的治理主体地位,并在概念探讨中分析了公民社会与第三部门的积极作用以及其在治理中所面临的一般性问题,在三对关系的探讨中也充分认识到公民社会与第三部门的"治理价值",从具体问题的探讨方面更是将公民社会与第三部门的"治理角色"进一步细化,并通过实例分析"解剖麻雀",将其"治理角色"的运行机制活灵活现地展现在我们面前。

第二,兼顾基础与前沿。首先,从基础性探讨而言,上海市中青年学者从和谐社会建设、法治社会建设、政治文明建设和科学发展观贯彻等角度扩展和深化了公民社会与第三部门的价值内涵;其次,从前沿性探讨而言,紧跟时代步伐,对转型期出现的公共危机问题、跨国治理问题和新生组织问题等进行了尝试性微探;最后,从基础性与前沿性结合的探讨而言,研究中既点出了三对关系研究的基础性,也在研究中体现了三对关系随着行政生态环境的改变而做出自动调整的新变化。

第三,逐渐形成自身研究特色。以往的研究倾向于盲目仿照西方的分析思路和经验进行研究,进而研究结果总包含"给西方国家提建议"的成分,难以摆脱"西方色彩"的束缚。但从最近两年上海中青年学者的研究中可以看出其已经从"西方色彩"中走出,形成了自身的研究进路,尤其是在研究对象与研究目的的界定上逐渐成熟。

(二) 研究不足

第一,研究假设方面。一是对公民社会在中国是否存在或是否成熟争议太少,大部分研究是基于中国存在公民社会但不成熟的情况而展开研究的;二是大部分研究的基本格调认为公民社会与第三本部门和政府部门间是一种良性互动或相互依赖的关系。这一预设与国内大部分地区实况相一致,但实际上还存在一些地区的这种关系是一种僵化对抗或边缘参与的关系,与以上理论假设存在一定冲突。

第二,研究结构方面。首先,从微观和中观角度的研究较多,而从宏观角度的研究较少,而且对已有的研究没有明确的价值基准,没有明确提出构建一个什么样的公民社会与第三部门的格局,缺乏相应的顶层设计和战略规划;其次,从静态的角度研究较多,从动态的角度研究较少,注重从结果与组织角度进行研究,忽视从过程与功能角度进行探讨,尤其是习惯性地从结果推导原因,而不是从现象和原因分析演进式地探索新的结论;最后,过于注重整体层面的研究而忽视了个体层面的研究。

第三,研究方法方面。一是以理论基础知识为主的规范性研究较多,以实践调查为背景的实证性研究不足;二是定性分析较多,定量分析不足;第三,注重演绎方法的使用而忽视归纳方法的运用。

第四,研究内容方面。虽然上海市中青年学者在研究角度方面多样化,研究也能紧跟时代步伐,兼顾理论与实践研究,但在研究内容上还存在以下两个问题:其一是研究内容的虚化,过分宏观化;其二是研究内容的固定化,创新性不足。

(三)研究展望

第一,调试研究格调。一是打破现有公民社会与第三部门研究的基调格局,突破公民社会与第三部门"陷阱论"色彩的束缚,对公民社会与第三部门进行客观和辩证的分析;二是调试现有的普遍存在的观念,即公民社会与第三部门在国内存在但不成熟的观念。

第二,优化研究定位。一是为公民社会与第三部门的发展方向做一个宏观定位,明确其价值取向和未来愿景,围绕相关定位做一些理论与实证相结合的有益探索,寻求公民社会与第三部门未来发展的价值意义与生存空间;二是注重将结果与过程、结构与功能、静态与动态结合研究;三是注重整体层面与个体层面的分析。

第三,转变研究思路。一是应该将实证分析与规范分析、定性分析与定量分析相结合进行研究;二是注重演绎与归纳方法的双向使用;三是"治理角色"中的公民社会与第三部门的研究应该更注重问题的解决,而不是问题的描述与分析,更不是"模式化解决对策"的探索。

第四,加强研究创新。一是深化已有主题的研究;二是突破已有主题的研究。主要是指突破研究视角和研究方法的限制;三是超越已有主题的研究。即将已有主题与其他主题结合研究,这可以根据外部生态环境的变化,紧密结合相关议题作一些具有价值意义的前沿探索,如网络空间兴起与"技术赋权"的实现、公民参与的膨胀与公民社会结构的转型等,这可体现该研究的实践性价值,实现理论与实践的互动。

徐善　华东政法大学政治学与公共管理学院

2011—2012 年上海青年政治学者关于城市治理的研究综述

20 世纪 70 年代末 80 年代初，随着新公共管理和政府再造运动在西方国家兴起，治理理论开始被提出，90 年代后，治理问题开始成为政治学、行政学和管理学等领域的热点问题。从“治理”这一基本理念出发，针对不同层面的公共事务进行提出问题、分析问题、解决问题已经成为一种普遍的分析路径，全球治理、国家治理、区域治理、城市治理、社区治理等概念由此而生。①进入 21 世纪，随着中国经济迅速发展，城市化进程明显加快，在此背景下，城市治理研究开始在我国兴起。上海作为中国第一大市，中国的商业中心和经济中心，以及正在努力创建的国际经济、金融、航运、贸易四个中心，无论从理论还是现实的角度来看，在其域内对城市治理的研究都有极为重要的意义，而上海的青年政治学者则担负着更为特殊、具体的任务。回顾 2011—2012 年，上海青年政治学者对城市治理的研究主要有以下几个方面：多视角的城市治理研究、城市社区治理研究、城市治理的新趋势。

一　多视角的城市治理研究

城市治理研究的视角是多种多样的，具体有以下三个角度：

---

① 盛广耀：《城市治理研究评述》，《城市问题》2012 年第 10 期。

（一）空间视角

华东政法大学姚尚建对城市治理的空间、正义与权利做出了相关的探索。作者认为，“城市的扩张、更新与改造带来了空间的再生产，城市治理本身就建立在空间的再生产之上。”①通过对中国城市治理权力结构——支配与依附的分析，作者认为在支配与依附的结构关系上，资本主导下的城市权力对城市居民既有的权利以及农村都进行了剥削与掠夺，城市政府必须承担更多的公共服务职能，城市政府是社会正义的主要供给者，因此，“城市政府主导着城市乃至区域性的治理，城市治理必须直面空间理论的批判与反思，并致力于重建社会空间、完善区域性正义供给、减少社会排斥之重任。”②复旦大学周伟林、郝前进以及上海师范大学王晓岚等将城市治理放在了社会转型期这一大的时空背景下进行了考察。他们认为，“转型期利益格局的变化、体制和机制上的不衔接，导致了中国城市发展出现了诸多问题，如区域发展中的不平衡问题、二元结构中的农民工问题、经济转型中的群体性问题等，这些问题已经严重阻碍了城市社会发展。”③大背景下的城市治理问题是无法通过个体分散的方法来解决的，只有“通过制度来缓和、化解社会与国家的矛盾，加强改善民生为重点的社会建设”④，通过综合整体的方法才能有效地解决转型期的城市治理问题。同济大学王颖、华东师范大学孙斌栋、乔森以及周洪涛等人以上海为例研究了中国特大城市的多中心空间战略。与之前的研究者的宏观视角不同，他们的研究更加微观具体，首先剖析了上海典型的空间特征与问题，“单中心‘摊大饼’式的集中发展和人口高度集聚，导致中心城区交通拥堵严峻、环境污染集中、房价飞涨、经济效率低下等弊端”⑤，然后提出依据上海的具体情况，在城市区域范围内构建多中心的发展模式来解决这些问题，“对于特大城市来讲，多中心结构较单中心可以使外围居民在次中心就业，交通上可以减少通勤距离、缩短通勤时间，提高通勤效率；生态也会因交通效率的提高获得改善，同时有利于城市防灾；住

---

①② 姚尚建：《城市治理、空间、正义与权利》，《学术界》2012 年第 4 期。

③④ 周伟林、郝前进、王晓岚：《转型期国家城市化的社会问题与社会建设》，《上海城市管理》2011 年第 4 期。

⑤ 王颖、孙斌栋、乔森、周洪涛：《中国特大城市的多中心空间战略——以上海市为例》，《城市规划学刊》2012 年第 2 期。

房则有助于提高居民的可支付能力、经济上会解决单中心过度发展造成的聚集经济收益降低。"①

（二）阶层视角

复旦大学熊易寒对沿海城市地区的阶层进行了分析，作者认为新的阶层变化有三个方面：一是新精英阶层、新中产阶层以及新底层逐渐形成；二是"人口倒挂"（流动人口数量超过本地居民的现象）与户籍制度之间的矛盾、公共资源分配之间的矛盾日趋尖锐；三是劳资冲突为代表的阶层矛盾越来越显著。沿海地区城市面临着社会结构和社会利益格局的迅速重构，但"既有的社会治理模式并没有回应新兴社会阶层问题与社会阶层分化的问题"。面对当前的种种问题，作者认为城市政府"应当推动包容性发展，完善选举与协商民主机制，走出摇摆在'高压政策'与'鸵鸟政策'之间的治理困境"②。华东政法大学姚尚建通过对城市化阶段背后的行为逻辑进行分析后得出城市具有蔓延的冲动结论，而城市在蔓延的过程中，城市空间扩张和社会阶层的分离带来的治理的困境在一段时间内仍然将会困扰城市与政府的发展。中国城市化进程对于政府动力的单一依赖的制度性缺陷，导致了城市化的无序性，阶层之间的断裂导致了城市充满着阶层对立，而要解决这种问题，就需要政府的回归，具体而言包括三种回归："强化公共属性的政府价值回归；强调权力扁平化、社区自治为落脚点的政府权力回归；强调弥合社会差距和社会鸿沟的政府功能回归。"③

（三）个案分析的视角

除了空间和阶层这种宏观的城市治理视角，有一部分学者以个案分析的方式来微观地讨论城市治理。

（1）摊贩治理案例。复旦大学孙志建选择了以摊贩监管为例提出了"边缘性

---

① 王颖、孙斌栋、乔森、周洪涛：《中国特大城市的多中心空间战略——以上海市为例》，《城市规划学刊》2012年第2期。

② 熊易寒：《新阶层的兴起与社会分化：沿海城市地区的社会治理》，《文化纵横》2012年第5期。

③ 姚尚建：《论城市政府的转型——基于城市蔓延的中国视角》，《学习与实践》2012年第4期。

治理”的三种实践模式:策略化治理、政治化治理、规则化治理。从“策略化治理”到“政治化治理”以及到“规则化治理”的过程实质上是参与程度越来越深的过程。①只有综合考察了这三种治理模式的特点,才能实现摊贩的科学治理。通过对摊贩治理的深入比较研究,作者总结了诸多类似边缘性领域的治理经验,例如黑车、城市乞讨人群等问题都可以从中得到一些治理经验。

(2) 公交服务案例。同济大学王明欢与诸大建以长三角城市公交服务治理模式与运营效率为切入点,运用定量分析的方法考察了市场主导模式效率与政府运营模式之间效率的差异,“通过 Tobit 回归分析,结果表明市场竞争、企业规模与运营效率显著正相关,且市场竞争与运营效率间存在‘倒 U 型’关系。”②根据这种关系,作者认为,“我国城市公交服务的改革应该坚持市场化为导向,引入民营资本构建公有有限公司形式的国有民营模式,扩大企业规模和充分利用竞争手段,提高企业运行效率。”③

(3) 城市安全视角。上海市委党校董幼鸿基于上海“11·15”特大火灾和上海世博会成功举办为案例,对城市运行的“脆弱性”进行了深入研究。作者认为城市安全运行中的脆弱性主要分为自然、技术、社会和管理四种类型,“11·15”特大火灾则属于社会和管理等人文社会领域类的脆弱性,这也是城市安全运行中的主要威胁。通过火灾的教训以及世博会成功举办的经验,作者提出了城市安全运行还需要改进的七点:“提高城市管理者和市民对现代化城市的脆弱性认识;加强应急教育和常识技能普及;城市工程规划与安全社会规划要相匹配;加大城市公共安全设备投入;动员社会各种资源投入防灾、救灾工作;完善城市安全运行法律法规;加大城市安全运行中的体制、机制创新。”④

(4) 上海政府门户网案例。上海财经大学韩振武通过网站测评和文献调查发现,上海门户网近年来在公众参与、信息公开、在线服务等方面走在了全国前列,但

---

① 孙志建:《城市政府的“边缘性治理”:一项摊贩监管政策的比较研究》,《公共行政评论》2012年第3期。

②③ 王欢明、诸大建:《我国城市公交服务治理模式与运营效率研究——以长三角城市群公交服务为例》,《公共管理学报》2011年第2期。

④ 董幼鸿:《现代城市安全运行中的脆弱性及其治理思路——基于上海“11·15”特大火灾与世博会成功举办之思考》,《中国应急管理》2011年第2期。

网上办事服务能力和水平的提升仍然受到“多头管理;机构、人员、资金保障不均匀;服务理念较差;求稳惧变心理明显;测评设计不科学等”①的制约。随着网络力量的逐渐壮大,城市政府需要对更多的网络诉求做出正面的回应,城市政府需要以更开放和现代的视野、观念、措施来回应这种挑战。

二 城市社区治理研究

社区治理是城市治理很重要的组成部分,上海的青年政治学者对于城市社区治理的研究主要集中在社区治理模式研究和一些其他的个案研究。

(一) 社区治理模式研究

(1) 公民参与的社区自治模式。同济大学王茜认为从传统的单位社区向公民社区转变是社区治理的发展方向。作者认为传统的单位社区公民参与不足体现在三个方面:“公民参与的被动性;公民参与意识的匮乏;公民参与组织的匮乏。”②紧接着,作者又分析了公民参与在社区治理中地位提升的原因,包括“经济上所优质结构和分配方式的深刻变化;政治上社会主义民主政治发展;文化上科教文化快速发展”③,通过对应的两方面分析,作者对未来发展方向提出了四点建议:“改变政府和公民之间的关系,政策过程要从以服务和教育为中心转变为以协商和参与为中心;建立更多的平行于社区委员会的公民自治团体和非政府组织;培养社区意识和公民权利;政府改变传统的以有限政府提供无限服务的模式。”④上海师范大学郭礼峰以公民治理理论为工具讨论了社区制度的运作。公民治理理论代表了一种新的公共行政价值观,旨在将原本松散的公民个体引入公共事务的决策和过程,以达到扩大民主参与和提高行政效率的目标,作者通过对博克斯观点的引述,认为我们也将会进入新的公民治理时代,“公民拥有更大的控制权的,由公民自我决定社

---

① 韩振武:《上海政府门户网发展初探》,《杭州电子科技大学学报》2011 年第 6 期。

②③④ 王茜:《从单位社区向公民社区的转变——浅论城市社区公民参与机制的发展》,《学理论》2011 年第 26 期。

区未来发展路径以及达到善治所必需的政府结构的公民治理时代”①。公民治理的核心问题是公民的塑造，而我国基层社区运行中公民意识存在着诸多问题，解决这些问题的具体路径有：“给公民社会独立的生存空间；拓展公民参与机制；基于公民广泛知情权。”②

(2) 镇管社区模式。上海浦东新区行政学院的俞晓波以浦东的实践为对象，以快速城市化为背景，考察了“镇管社区”这一独特模式的适用性。“镇管社区”既不同于城市社区的“街道—居委会体制”框架，也有别于农村化地区的“乡镇—村委会体制”框架，是城市化进程中社会治理结构发生变化，而原有的基层行政管理体制无法满足结构变化的需求，在现有的体制框架下根据实践需要进行调整的创新模式。“镇管社区”在浦东已经有20多年的实践，作者总结了浦东实践后的具体经验：适应“大区域”管理的现实需求；在扁平化体制架构下凸显社区共商共治特色；党建工作始终贯穿社区治理的全过程；坚持因地制宜、分类指导的原则。③

(3) 多元主体模式。浦东干部学院的汤灿明对一些社区治理研讨会的结论进行了梳理，认为“社区共治的核心是建立多元主体间合理分工、充分协同的协作机制”④。社区治理的理想模式并非是一驾由党委或政府拉动的马车，而是一组每一主体均能产生自主动力的动车。为释放多元主体合作治理的正效应，必须处理好三组关系：国家、市场、社会三者关系；政党、政府、自治组织三者关系；条块关系和层级关系。这三组关系在实践中所反映出的问题就是公众参与的有效性不高、缺乏实质性参与。当通过认知共识、公众参与意识培养、制度优化等措施提高了公民参与有效性后，多元主题的社区治理模式才有可能发挥真正的效用。

(二) 其他研究

复旦大学黄荣贵和桂勇以上海的调查数据为基础，研究了集体性社会资本对

---

①② 郭礼峰：《公民治理：基层社区运作与民众参与意识培养》，《中共成都市委党校学报》2011年第1期。

③ 俞晓波：《快速城市化进程中的“镇管社区”模式研究——基于浦东的实践》，《中国行政管理》2012年第8期。

④ 唐灿明：《走向多元主体实质性参与的共同治理——“探索与完善社区共治与居民自治”研讨会综述》，《中国浦东干部学院学报》2012年第4期。

社区参与的影响。现有研究倾向于认为，中国城市社区中的集体性社会资本对社区参与具有积极的影响。但作者通过统计研究认为，由于社会资本与社区参与都具有多个维度，两者的关系不能一概而论，社会资本与社区参与之间的联系是复杂的，社区参与的影响因素不仅取决于居民的个人特征，还取决于居民所在的社区特征等因素。①复旦大学熊易寒和姚银科研究了党组织在社区选举中的现状"党组织主导的选举委员会是社区选举的唯一中心"，指出"社区选举的症结不在于广泛深入的动员，而在于动员的主体过于单一，党组织是唯一的选举发动机"，要改变这种不合理的现状，就应当"促进社区党组织形成由嵌入型政党向联接型政党转变，同时大力推进社区共同体建设"，最终使社区选举"由当前的单一动力选举向多动力选举过渡，形成由党组织主导的多元社区参与格局"。②

三 城市治理的新趋势

关于城市治理新趋势的研究相对较少，复旦大学李重照和刘淑华认为"智慧城市"是城市治理的一种新去向。通过对"智慧城市"这一概念的提出、发展以及现有研究的总结，作者认为智慧城市应该包括以下内涵：信息通信技术的基础性作用、注重经济发展和鼓励创新、促进各部门间资源共享和协同作业、实现社会包容、关注人力和社会资本的作用、保护环境并合理利用自然资源等方面。③作者通过对国外智慧城市的研究以及我国智慧城市的现状进行了愿景和动力的分析，最终得出我国智慧城市的发展需要有制度和设施双重保障。

除了智慧城市，中国城市治理的另一个新趋势是移动政务的发展，复旦大学刘淑华、詹华、袁千里、武明戈对此作了研究。文章描述了当今世界移动通信技术及其广泛应用的发展潮流和趋势；提出了移动政务的三个核心概念：移动政务终端、

---

① 黄荣贵、桂勇：《集体性社会资本对社区参与的影响——基于多层次数据的分析》，《社会》2011 年第 6 期。

② 熊易寒、姚银科：《迈向多动力选举：党组织在社区选举中的角色转型》，《中共天津市委党校学报》2011 年第 2 期。

③ 李重照、刘淑华：《智慧城市：中国城市治理的新趋向》，《电子政务》2011 年第 6 期。

移动政务信息系统、移动政务体系；然后文章通过全面的文献调研，归纳总结了中国移动政务研究主要关注的基本概念；分析总结了中国移动政务的现状；最后阐释了中国城市移动政务系统发展所面临的挑战、决策因素分析并提出相关建议。①

四 评价

纵观2011—2012年上海青年政治学者对于城市治理问题的研究，我们可以总结出以下特点：

第一，研究视角的多样化。通过前面简单的梳理可以发现，上海青年政治学者以非常多的视角对城市治理问题进行了深入的探讨，不同的关注点带来城市治理的众多新思路：空间与阶层的视角从国家的宏观层面，探讨了城市化对城市治理提出的新挑战；众多个案的研究将重点转到城市治理的现实运作；对公民参与、社区治理的重视则见微知著地展现了现代社会对公民价值的理性追求；科技发展背景下的新趋势分析使得研究的视角拓展至未来。这种有益的分化研究使得城市治理的理论框架更清晰，更立体。

第二，本土意识浓厚。上海学者对城市治理的研究有着得天独厚的样本资源，这种优势与上海作为中国最重要的城市之一是相对应的。对上海这一典型城市的分析使得学者们的研究带有务实的色彩。在城市治理尤其是社区治理与电子政务方面，学者们对上海的深入研究将会给其他迅速发展的城市提供治理上的先进经验，因此，无论从理论还是现实层面，这种立足本土的研究都具有超越本土的价值。

第三，实证性的研究居多。城市治理本身就是基于现实提出的问题，对问题的分析、解释、回答都是需要回归现实加以验证，在应用性的背景下，众多学者对数据的统计分析提高了城市治理的科学水平，这种实证的研究是值得鼓励的。

虽然关于城市治理的研究有很多亮点，但也不乏一些不足之处：

第一，缺乏整体性的理论研究。青年学者们的多样化研究并没有带来理论框架上的进一步充实，关于城市治理的研究明显缺乏一种更高层次的概括总结，众多

① 刘淑华、詹华、袁千里、武明戈：《移动政务与中国城市治理》，《电子政务》2011年第6期。

的研究并未实现建构理论体系的突破。

第二,研究的视野较为狭窄。这一缺陷主要集中在社区治理领域,关于社区治理的研究几乎全部集中于对社区自治、公民参与的讨论。实际上,社区治理的研究方向非常多,例如社区医疗,社区老人、妇女、儿童、青少年群体的社会工作,家庭社会工作等,无论从历史沿革还是从运作或者制度性的角度都可以展开讨论,这些问题更加具体细微,城市治理层面的多样性与个案研究方法在社区治理领域鲜有涉及,上海的青年政治学者对社区治理的多元化研究还需要进一步深化。

第三,缺乏城市治理新趋势的研究。许多研究关注的重点都集中于传统治理领域,即使需要解决的问题是面向未来的,但对于城市治理的新背景、新趋势,现有研究并没有给出足够的回应。“智慧城市”与“移动政务”本质上都是新科技带来的挑战,但新科技发展仅仅是变革的领域之一,在新科技革命的影响逐渐渗入到世界每个角落的背景下,我们未来所面临的挑战将更加复杂、繁琐,我们所要走的道路也将要更加漫长、艰难。

何小叶　华东政法大学政治学与公共管理学院

2011—2012年上海青年政治学者关于人民代表大会制度的研究综述

2011—2012年间，上海青年学者关于人民代表大会制度的主要研究重点放在三个方面：一是强调人大的宪法解释权和基本法律修改权，促进人大立法信息公开；二是人大及其常委会的监督权的行使，而对监督权的研究重点主要放在对人大财政权的预算监督职权的探讨上；三是人大选举，侧重于讨论人大代表的履职绩效的不足及社会参与人大选举的影响因素。

一　人大立法权及其相关职权

在对人大的立法权及其相关职权进行讨论时，学者一方面对全国人大的宪法解释权和基本法律修改权进行强调，确立了全国人大不可动摇的最高国家权力机关的地位；另一方面也督促人大立法信息公开，加强人大立法工作的透明程度，进一步体现人民当家做主的理念。

（一）强调人大对宪法的解释权和基本法律的修改权

姚岳绒强调，宪法解释权只能通过宪法授予。全国人大常委会始终是宪法解释权的主导机关。根据现行宪法，我国宪法解释权行使方式可分为准立法式与裁决式。全国人大常委会排他性地享有准立法式宪法解释权，全国人大与全国人大常委会共享裁决式宪法解释权。①而针对引起争议的全国人大常委会是否具有基本法律修改权这一问题，林彦给予了肯定回答，并且他认为全国人大可以保留基本法律的修改权，并且可以对全国人大常委会的修改进行事后的合理性审查。全国人大常委会应当在尊重"先例"的基础上有节制地行使基本法律的修改权。②学者对人大的宪法解释权和基本法律修改权的强调，体现了全国人大作为最高国家权力机关，承载人民当家作主理念不可动摇的地位。

（二）促进人大立法信息公开

如今，立法公开的理念在日益强化，从法定程序向立法过程两头延伸，其公开范围在逐步扩大，公开的形式也逐渐多样化，新闻采访立法工作的自由度也有所增强。立法公开不仅直接影响了立法结果，还促进了公众的参与，对于法制理念的形成和法治社会的建立都发挥了作用。尽管如此，我国当前的立法信息公开仍旧存在一定的问题。立法公开的实效性不强，对公众意见的收集、分析、吸纳和反馈机制不够健全。除此之外，还存在立法公开理念尚未深入人心，公开制度和体系建设不够健全，工作协调和责任机制不够完善，公开的范围和内容不够明确，立法资料和档案收集不够全面，公开的形式和载体不够丰富等问题。基于此，刑亚飞提出了对应的完善途径：正确处理公开与保密之间的关系，进一步深化地方人大立法公开理念；明确各相关部门的职责，进一步建立统筹协调的人大立法信息公开工作机制；遵循立法程序和规律，进一步梳理和明确人大立法公开的范围和内容；以人大门户网站建设为重点，进一步丰富人大立法公开的形式和载体。③

二　人大及其常委会行使监督权

人大及其常委会的监督权，是宪法和法律赋予国家权力机关的重要职权。

2011—2012 年，上海地区学者针对人大及其常委会的监督权进行探讨，认为

① 姚岳绒：《宪法解释权归属的文本分析》，《华东政法大学学报》2011 年第 5 期。

② 林彦：《再论全国人大常委会的基本法律修改权》，《法学家》2011 年第 1 期。

③ 刑亚飞：《人大立法信息公开的思考》，《党政论坛》2012 年第 2 期。

监督对象广泛，监督途径与方式多样，但监督成效与现状却不尽如人意，特别是人大财政权的预算监督职权的实效性没有发挥出来，而怎样强化其预算监督职能，特别是提升其预算监督能力成为了监督权行使的研究重点。

（一）2011—2012 年关于人大行使监督权的一般探讨

（1）监督对象广泛。人大的监督权行使对象非常广泛，从维护司法公正到防止权力腐败，从公共政策的制定再到公共财政管理，都在人大的监督之下。

程竹汝认为，司法领域可以被看作是一个权力域，其中各种规范的和非规范的、制度内的和制度外的力量都可能介入到这个领域。而人大对司法的监督意味着它必须作为规范的、制度内的力量来发挥作用，并且由于它的监督能够极大地增强各种规范的和制度内的力量，使它们能够始终主导司法过程，从而实现司法公正。①侯少文等学者在研究权力控制时表示，腐败是当下中国社会发展和安全的最大祸患，完善中国人民代表大会制度是实现党的领导、人民当家作主、依法治国有机统一的制度平台，是在极其复杂多变的社会环境里发展社会主义民主政治的安全通道，也是在我国的国情下有效控制权力、加强监督制度可供选择的路径。②陈水生在讨论公共政策时表示，尽管中共是中国的决策核心，但党的决策要上升为国家法律意志，必须经过全国人大的合法化程序。全国人大和地方各级人大在中国公共政策制定过程中发挥着特殊的重要作用。③徐毅则认为，政府财政规模不断扩张，为有效管控，有必要强化人大对政府财政收支的预算监督职能。④

（2）监督途径与方式多样化。最为典型的监督途径与方式是林荫茂在前人的基础上提出的"跟踪监督"。他综合前人的观点，将跟踪监督概括为人大常委会综合运用或者反复运用听取和审议专项工作报告、开展执法检查、作出决议和决定等法定监督手段推动某项重大问题和难点问题解决的一种监督工作方式，还包括人

① 程竹汝：《完善人大对司法机关的监督关系》，《上海行政学院学报》2011 年第 2 期。

② 侯少文、周罗庚：《权力控制：政治文明的核心内容——腐败是当下中国社会发展和安全的最大祸患》，《科学社会主义》2012 年第 4 期。

③ 陈水生：《中国公共政策模式的变迁》，《社会科学》2012 年第 8 期。

④ 徐毅：《博弈论视角下强化人大预算监督职能的路径分析》，《经济问题探索》2012 年第 1 期。

大常委会对在先的审议意见、决议决定、一府两院的整改报告等落实情况开展检查活动，推动人大审议意见和一府两院整改承诺的落实。①

另外，针对不同的部门和制度，学者所采取的监督手段也有所不同。赵萍丽在讨论人大对"一府两院"进行监督时提到了"人大代表视察制度"。她表示，代表视察是人大行使"监督权的准备工作"，它既是人大代表了解社情民意、反映群众意见和要求、提出议案和建议的基础，也是人大监督"一府两院"依法行政、公正司法的一种有效途径。②而针对执法者和司法者在法律实践方面的监督，丁冬提出应采取"执法检查"制度。他表示，执法检查构成了作为立法者的全国人大常委会对法律实践情况进行把控的重要管道，通过近距离的观察和体认，既可以发现法律实践中存在的问题，也可以汲取各地在法律实践过程中的经验，以便为将来修订旧法、订定新法提供经验材料和决策依据。③

(3) 监督成效与现状不尽如人意。目前，学者普遍认为，我国人大及其常委会在行使监督权的过程中，由于涉及深层次的体制原因，虽然已经取得了很大的进展，监督途径与方式在不断完善与多样化，并且人大行使监督权的基本框架和制度已经初步建立，但是从监督权行使的效力来看，实质性的监督并没有真正发挥作用，象征意义远大于实质意义。

(二) 关于人大财政权的预算监督职权的探讨

预算监督，是指权力机关、行政机关、司法机关和其他有关部门对预算的编制、执行、调整以及决算等活动的真实性、合法性、有效性实施的监察和督促。④当前，应当以强化人大预算监督为推力，促进预算的民主化、法制化和透明化进程。

(1) 人大行使预算监督职权没有发挥实效。虽然《中华人民共和国预算法(修

---

① 林荫茂:《"跟踪监督"应制度化并推广运用》,《上海人大月刊》2012 年第 3 期。

② 赵萍丽:《全国人大代表视察制度的确立及其运行评析——以上世纪五六十年代为例》,《复旦学报》(社会科学版)2012 年第 1 期。

③ 丁冬:《全国人大常委会执法检查的制度自省》,《长白学刊》2011 年第 6 期。

④ 王艳:《浅析改革开放以来我国人大预算监督工作的进展、问题以及完善措施》,《天水行政学院学报》2011 年第 3 期。

改稿)》比现行《中华人民共和国预算法》有了一些改进,但政府行政部门在预算过程中权力过大,人大的审批和监督权没有得到足够的保障,仍是最为关键的问题。[①]魏陆认为政府实际处于公共预算的"笼子"之外。在以加强人大对政府的政治控制为核心的预算民主法治改革方面,由于预算的政治改革涉及深层次的体制原因,从预算监督的效力来看,实质性的预算监督还没有真正发挥作用,象征意义大于实质意义,还远没有达到把政府关进公共预算"笼子"里这一目标。[②]莫兰琼等学者认为,人大对政府的预算监督约束软化。一方面,我国人大代表均为兼职,他们不可能投入太多的时间和精力对地方政府进行专业化的预算监督工作,而且我国人大代表中很大一部分是来自各行政主管部门的领导,这些有官员身份的人大代表兼具运动员和裁判员的身份,必然造成地方人大对地方政府的监督约束软化。另一方面,我国现行的预算法没有明确规定人大及其常委会、专门委员会预算监督和审议结果的法律效力,这就意味着财政预算监督结果和预算草案经人大审议提出的修正意见没有法律约束力,地方政府可以以各种理由拒绝执行。[③]而肖明等学者认为,政府预算呈现"碎片化"状态。由于预算改革滞后与社会体制改革的进程,当前中国没有一个有效的预算体制来填补计划体制衰落后留下的预算管理真空。而原来由计划委员会集中的资金分配权逐渐地被各个部门肢解,政府预算已经不完整,呈现出"碎片化"状态。[④]

(2) 深入强化人大预算监督职能。人大预算监督的不足主要是表现为缺乏实质性的监督的人大预算监督职能的弱化。因此,深入强化人大预算监督职能,特别是提高人大预算监督能力,能够有效解决当前存在的问题。顾宏平以闵行区的实践为例,通过对闵行区人大预算审查监督能力建设的探索,提出提升地方人大预算监督审查能力的重点在于加强地方人大常委会预算审查监督能力,并需提高地方人大预算审查监督能力建设立意,发挥地方人大在预算审查监督中的主观能动性,

---

① 蒋洪:《〈预算法〉修订的误区》,《南风窗》2011 年第 5 期。

② 魏陆:《人大如何把政府关进公共预算"笼子"里》,《领导之友》2012 年第 2 期。

③ 莫兰琼、陶凌云:《我国地方政府债务问题分析》,《上海经济研究》2012 年第 8 期。

④ 肖明:《公共预算的法律监督机制研究——以地方人大的公共预算改革为研究对象》,《公法研究》2011 年第 2 期。

扩大预算审查监督的民主参与。①徐毅从博弈论的视角出发，通过建立监督博弈模型，将促进人大对政府预算的实质监督、减少监督成本、提升监督能力强化监督力度、加大惩罚力度等方面作为强化人大预算监督职能的突破口。②魏陆认为，通过建立预算监督效力评价指标体系与量化分析，表明强化人大预算职能监督重点在于：一是加快完成《预算法》的修订；二是将全部政府收支都纳入人大的预算监督范围，提高预算编制的规范性和科学性；三是增强人大对预算的审查力度；四是逐步使预算报告成为每年人代会审议的重点；五是尽快提高政府预算的透明度；六是严格限制预算调整，强化预算责任追究机制；七是更好地发挥审计和社会公众对预算执行的监督职能。③

三 人大选举

人大选举(包括人大代表、选举制度以及选民)的研究一直是人大研究的重点之一。近两年，上海青年学者对人大选举的研究，主要关注以下两个方面。

(一) 较低的人大代表的履职绩效

(1)人大代表履行预算监督职能疲软。莫兰琼等人认为由于我国人大代表均为兼职，他们不可能投入太多的时间和精力对地方政府进行专业化的预算监督工作，再加上我国人大代表中很大一部分是来自各行政主管部门的领导，这些有官员身份的人大代表兼具运动员和裁判员的身份，造成了地方人大对地方政府的监督约束软化。④(2)在履行联系选民职能方面，刘文沛基于对西部地区×市×区第十五届人大代表的调查，认为我国基层人大代表也存在服务意识落后、联系形式单一、代表进社区活动存在较大困难、以集体视察为主大于实效等问题。同时，他进一步指出，由于我国各地区经济发展不平衡的表现，以及西部地区民主理念和意识

---

① 顾宏平：《从闵行实践看地方人大预算审查监督能力建设》，《财政研究》2011 年第 3 期。

② 徐毅：《博弈论视角下强化人大预算监督职能的路径分析》，《经济问题探索》2012 年第 1 期。

③ 魏陆：《人大预算监督：亟须加快从形式向实质转变》，《探索》2011 年第 3 期。

④ 莫兰琼、陶凌云：《我国地方政府债务问题分析》，《上海经济研究》2012 年第 8 期。

的整体滞后，我国人大代表联系选民工作存在很大的地区性差异。①

但是，对于影响人大代表履职绩效的根源性因素，学者们却基本没有进行进一步讨论。何俊志试图从人大代表的结构进行解读，他以北京市 13 个区县的乡镇人大构成和履职活动的基本数据为基础，采用模糊集分析的基本技术，对人大代表的履职绩效与代表结构之间的关系进行了调查研究。但他得出的结论是代表的受教育程度、男女比例和企业代表的多少，并不构成代表履职绩效高低的必要条件。②因此，本文认为，当前中青年学者关于人大代表履职绩效的研究，仅停留在对现状的讨论和机制的表达上，应当从人大代表的观念、素质、身份、能力等内在影响因素以及外部监督与制约等外在影响因素出发，深层次挖掘出其根源性的影响因素，进一步完善相关的探索和研究。

（二）社会参与人大选举的影响因素

社会公众参与人大选举的积极性不断在增强，这不仅是时代进步的体现，也是我国社会发展的成效。影响人大选举中的社会参与的因素是多方面的。强舸在研究基层人大选举时认为，利益纽带构建不足是导致基层人大选举中政治冷漠的主要因素。③刘欣等学者从阶层政治出发，认为阶层地位和阶层利益是影响投票行为主要因素。④还有学者认为网络平台为代表的参与渠道的拓宽促进社会参与的主动性增强。信息时代的到来，使得人大选举的社会参与更为简便。何俊志就表示，公民通过网络平台自主参选人大代表，是 2011 年中国地方人大代表选举中的一个重要现象。⑤本文认为，尽管自身利益是理性人选择的优先考虑因素，但是即便解决了利益问题，理性人也很可能“搭便车”，走入集体行动的困境。因此，利益纽带

---

① 刘文沛：《基层人大代表联系选民工作存在的问题和对策——以西部地区×市×区第十五届人大代表的调查为例》，《行政与法》2011 年第 6 期。

② 何俊志：《代表结构与履职绩效——对北京市 13 个区县乡镇人大之模糊集分析》，《南京社会科学》2012 年第 1 期。

③ 强舸：《基层人大选举中的政治冷漠与利益缺失》，《人大研究》2012 年第 10 期。

④ 刘欣、朱妍：《中国城市的社会阶层与基层人大选举》，《社会学研究》2011 年第 6 期。

⑤ 何俊志、刘乐明：《公民自主参选人大代表过程中的新特征》，《上海行政学院学报》2012 年第 4 期。

虽然对社会参与人大选举产生一定影响,但并不一定是决定性的影响因素。而刘欣以收入划分社会阶层的可行性本身就受到质疑,个人可能有不同的社会身份,阶层也不是固化的,因此将阶层定位以及阶层利益作为影响投票行为主要因素并不可取。社会公众是否参与人大选举,应当是社会文化、制度政策、认知理念、个人素质等多层面综合影响的结果。

四 总结

近两年来,上海青年学者的研究除了上述研究成果,2011—2012 年间,部分青年学者也涉及了中国人大制度的理论演进研究①、人大机关的党建工作改进②、人大外交工作的探讨③等研究领域,由于只有单篇文献,因此本文没有进行讨论。

如今,民主化是社会发展的必然趋势。而人大民主化的表达,即在于切实落实人大的法理地位,加强人大选举中的民主参与,使人大的监督权力真正运转起来。总体来看,近两年上海青年学者对人大的研究,并非局限于理论演绎和文献注释,而是结合了社会转型的宏观背景和人大发展的现实状况,对人大进行了现实性探索。但是,从目前的研究状况来看,也存在一些可改进之处。比如对人大监督权的探索,规范研究多而实证研究少,并且一般滞后于人大监督实践的发展。学者虽然提出了许多改善举措,但是缺乏实践的效果和后续研究,缺少对困境产生和解决的深层次反思。程序监督多与实质监督少、监督成本高与监督收益低的矛盾长期存在。因此,同时,虽然学者在不断强调社会与公众参与人大工作的重要性,但是并没有提出一些可行性的实践方案和案例,使得民主参与仅停留在了概念的层面,而在实践操作层面却止步不前。民主的发展,不仅需要对民主的追求和探索,更需要政府在民主实践过程中的制度性回应。

---

① 何俊志:《中国人大制度研究的理论演进》,《经济社会体制比较》2011 年第 4 期。

② 朱伟强:《改进人大机关党建工作》,《党政论坛》2011 年第 12 期。

③ 郭树勇:《中国特色议会外交刍议》,《世界经济与政治》2012 年第 7 期。

魏巍 华东政法大学政治学与公共管理学院

2011—2012年上海青年政治学者关于社会运动的研究综述

西方社会运动的研究最早发轫于19世纪末20世纪初的美国心理学。中国学界对社会运动的研究方兴未艾，现已形成社会学、心理学、政治学、传播学、法学、历史学等多学科多视角交叉研究的良好态势。从研究视角和研究方法来看，上海地区关涉社会运动的学理研究颇具特色。本文试图围绕2011—2012年上海地区社会运动主要研究成果作简要分析与述评，旨在探索上海地区社会运动研究的特点，把握该专题研究的发展趋势。

一 2011—2012年上海地区社会运动研究概况

笔者按照"关键词"、"篇名"、"摘要"、"主题"及"全文"五项标准在中国知网对2011年和2012年两年上海地区"社会运动"研究成果进行了检索。从数量上来看，2011年的6篇文献主要涉及民间组织与台湾环境社会运动、跨国社会运动、网络社会运动以及社会运动中的媒体因素；2012年上海地区社会运动研究主要聚焦于以下领域：环境保护社会运动、维权抗争行动、跨国社会运动、社区动员、占领华尔街运动、全球化、新社会运动与青年工作、劝善运动以及国家、社会抗争与政治机遇结构。见表1所示。

表 1 2011—2012 年上海地区社会运动研究代表学者以及主要研究议题

年份	文章篇数	代表学者	主要研究议题
2011	6	王仲、陈尧、张嫄、伍庆祥、徐步华、叶江、张涛甫	民间组织与台湾环境社会运动;跨国社会运动;网络社会运动;社会运动中的媒体因素
2012	11	何平立、沈瑞英、王仲、曹曦、俞志元、叶江、徐步华、范斌、赵欣、韩映雄、杨雄、吴震、梁海森	环境保护社会运动;跨国社会运动;社区动员;占领华尔街运动;全球化、新社会运动与青年工作;劝善运动;国家、社会抗争与政治机遇结构

上述两年社会运动主要研究议题的变化反映出上海地区学术界研究领域不断从理论研究转向实证研究,研究范围从中国内地的社会运动向国际视域拓展,研究方法日益多元化、科学化。此外,社会运动研究正从简单的现象揭示研究向逻辑性强的关系研究发展,例如杨雄试图指出全球化背景下社会运动的两点结构性诱因:新媒体与新青年,并列举了大量数据以证明青年人口的增长速度、青年的文化程度以及失业率和福利指数等社会结构性因素与社会运动的爆发密切相关。①王仲和曹曦经研究发现,如今台湾许多环保民间组织最初的雏形是社会运动组织,由于台湾特殊的社会结构和文化背景,一些原本处于体制外的社运组织最终成功转型为正式民间组织,跻身"体制内的压力集团"之列。②由此可见,上海地区社会运动研究日益关注对社会运动背后结构性原因的解读,而不仅仅是解释社会运动,这种将解释与解读相结合的研究思路有助于认识社会运动与其他因素(如历史文化背景)之间的关联,从而找到实现中国社会运动制度化的现实路径。

二 概念谱系

概念界定是学术研究的基本前提。从已有成果来看,不同研究视角下的社会

① 杨雄:《全球化背景下新社会运动对中国青年工作的启示》,《中国青年政治学院学报》2012 年第 1 期。

② 王仲、曹曦:《20 世纪八九十年代台湾社会运动与民间组织的生成路径——以环保组织为例》,《台湾研究集刊》2012 年第 3 期。

运动概念往往有所不同,呈现出多元化特征。归纳各位学者对社会运动的概念界定主要有三种类型:

第一种类型认为社会运动是具有对抗性、持续性、组织性、目标一致性特征的体制外政治行为,与集体行动概念相区别。如叶江和徐步华将社会运动界定为"以共同认同和团结一致为基础、以社会变革为目标,围绕冲突性议题进行动员并反复发生各种形式的抗议活动的个人、团体和(或)正式组织之间所形成的非正式网络"①。王仲和曹曦认为社会运动具有"自下而上的集体行动、组织性、持续性、体制外及诉诸目标的正义性"等基本属性,"社会运动虽然也企图发挥政治作用,但并非以夺取政权为目标,而是透过间接影响来改变政府政策。"②该类型主要集中于西方国家的、跨国性的、非中国内陆地区社会运动现象的研究。

第二种类型试图将社会运动与集体行动统一起来进行研究,并没有截然将二者的概念内涵区别开来。例如俞志元选取并比较了三个健康政策领域的集体性抗争行动,由于这三个集体行动事件具有持续时间长、影响范围广的特点,故而作者采用的是社会运动结果研究的理论思路。③此种类型的概念界定倾向于研究中国内陆地区的持续性社会抗争。

第三种类型表现为最广泛意义上的社会运动,与传统意义上的带有抗争性、革命性色彩的社会运动相比,这种类型的社会运动更具改良性色彩。比如范斌和赵欣将社区建设"视为一种社会改良运动,将社区动员放在社会运动的理论范式下考察",其核心问题是"如何突破社区建设瓶颈?"、"社区建设可持续推进的后续动力何在?"、"社区建设指向何处?"。④第三种概念界定类型——即将社会运动的研究范畴从革命型的运动扩大为革命型、改良型的社会运动——是当前社会运动发展以及理论研究的主要趋势之一。

---

① 徐步华:《全球治理视角下的冷战后跨国社会运动研究》,上海交通大学博士学位论文,2012年。

② 王仲、曹曦:《20世纪八九十年代台湾社会运动与民间组织的生成路径——以环保组织为例》,《台湾研究集刊》2012年第3期。

③ 俞志元:《集体性抗争性行动结果的影响因素——一项基于三个集体性抗争行动的比较研究》,《社会学研究》2012年第3期。

④ 范斌、赵欣:《结构、组织与话语:社会动员的三维整合》,《学术界》2012年第8期。

三 研究视角的动态分析

（一）从国内视野转向全球化视野

2012 年上海地区 11 篇代表性研究成果中有 5 篇是基于全球化视野下的社会运动研究。叶江、徐步华侧重于当代跨国社会运动对民族、民族主义、民族国家以及国际格局演变的影响。他们认为，当代跨国社会运动“质疑和挑战了民族认同及民族国家忠诚的至高无上性，对民族和民族主义形成了冲击……在很大程度上动摇了民族国家在当代国际体系中的权威地位”，同时，它也“具有影响和监督民族国家政府的决策过程，监督和推动民族国家严格遵守国际制度的规范和规则等能力”①。杨雄侧重于研究全球化背景下的新社会运动。作者指出，中东和北非社会变革的一个重要原因在于“有文化的青年人”，而欧美青年社会抗议的主要原因则是青年“高失业和福利下降”社会问题的出现。②研究国外新社会运动之诱因的根本目的在于启示中国，从国外青年工作缺失导致抗议运动频发中总结经验教训以避免中国重蹈覆辙。

（二）从现实社会转向虚拟网络社会

互联网已成为社会运动研究不容忽视的重要因素。在 2012 年上海地区 11 篇代表性研究中，有 4 篇不同程度地涉及社会运动中的网络因素。俞志元系统调查了 2003 年乙肝携带者反歧视运动，该群体经过多年的互联网维权行动，最终实现了集体合法诉求的制度化。③由此可见，网络已不仅仅是社会抗争的手段、工具或武器，网络运动正逐渐成为社会抗争的主要形态。从行动策略工具角度研究社会

---

① 叶江、徐步华：《当代跨国社会运动对民族、民族主义与民族国家的冲击与影响》，《西南民族大学学报》（人文社会科学版）2012 年第 1 期。

② 杨雄：《全球化背景下新社会运动对中国青年工作的启示》，《中国青年政治学院学报》2012 年第 1 期。

③ 俞志元：《集体性抗争性行动结果的影响因素——一项基于三个集体性抗争行动的比较研究》，《社会学研究》2012 年第 3 期。

运动的还有杨雄、何平立和沈瑞英等人。杨雄指出，在近年来的阿拉伯世界的政治剧变中，网络一方面加快了阿拉伯世界抗议和冲突情况的传播，另一方面减弱了当局对信息的控制力。①何平立和沈瑞英发现，“借助媒体社会舆论将个案事件演变为‘社会化’事件”是中国式环保社会运动的一大特点。②网络媒体和微博、推特等新媒体的策略应用是未来社会运动研究的重要议题，应当受到学术界更多的关注。

（三）从起因、过程、机制分析转向结果分析

2012 年上海地区主要研究文献中采用结果分析方法的学者主要有俞志元、王仲和曹曦等。俞志元主要探讨了“集体性抗争行动在什么条件下更容易成功或失败”、“哪些因素导致了集体行动的不同结果”等问题。作者在比较研究后认为，“集体性抗争行动的结果差别可以从集体行动组织的能力、使用的策略，以及不同类型的集体行动诉求和其所处的不同的政策领域所产生的政治机会结构的不同来解释。”③这一解释框架在某种程度上是对西方社会运动结果研究理论思路的本土化改造，一定程度上弥补了中国语境下西方理论应用的局限性。王仲和曹曦侧重考察了台湾独特的民间组织生成路径，即台湾部分环保民间组织是如何从社会运动组织转型为正式的民间组织的。④该研究对于探索中国社会运动或集体抗争行动的制度化路径颇具启发意义。

四　研究方法

通过上述对 2011—2012 年上海地区社会运动研究视角的动态分析不难发现，

---

① 杨雄：《全球化背景下新社会运动对中国青年工作的启示》，《中国青年政治学院学报》2012 年第 1 期。

② 何平立、沈瑞英：《资源、体制与行动：当前中国环境保护社会运动析论》，《上海大学学报》（社会科学版）2012 年第 1 期。

③ 俞志元：《集体性抗争性行动结果的影响因素——一项基于三个集体性抗争行动的比较研究》，《社会学研究》2012 年第 3 期。

④ 王仲、曹曦：《20 世纪八九十年代台湾社会运动与民间组织的生成路径——以环保组织为例》，《台湾研究集刊》2012 年第 3 期。

2012 年上海地区社会运动研究在研究方法上具有不同于以往的三大特点:

第一,注重解释研究与解读研究的结合。总体上,2012 年上海地区社会运动研究较过去两年而言越来越注重对事物或因素之间内在关系的研究。俞志元考察了集体性抗争行动结果与集体行动组织的能力、使用的策略,以及不同类型的集体行动诉求和其所处的不同的政策领域所产生的政治机会结构之间的内在联系。王仲和曹曦则发现,台湾地区特殊的政治机遇结构不仅塑造了 20 世纪八九十年代的社会运动,而且为体制外的社运组织向体制内的正式民间组织转型提供了社会政治条件。这些研究思路无疑体现出当代学者试图将社会科学的解读与解释传统相结合的现实努力。

第二,注重个案研究与多案例比较的综合运用。俞志元在研究集体行动结果的影响因素时对 2003 年乙肝携带者反歧视运动、血友病感染艾滋病患者维权行动和输血感染艾滋病患者维权抗争行动进行了比较分析。此外,杨雄研究全球背景下的新社会运动、叶江和徐步华研究跨国社会运动以及何平立和沈瑞英研究中国式环保社会运动也采用了多案例比较分析方法。采用个案研究分析方法的主要包括:侧重研究劝善运动的吴震以及重点研究民主教育与占领华尔街运动之关系的韩映雄。

第三,注重理论研究与实证研究的结合。2012 年上海地区社会运动研究成果中,绝大多数学者采用了理论研究方法,如吴震主要采用文献研究方法对云起社劝善运动的制度和运作方式进行了考察。又如,范斌和赵欣"将社区动员放在社会运动的理论范式下进行考察,从中提取出动员结构、组织与话语的三维分析框架",属于典型的理论研究。相对别具一格的是俞志元对三个健康政策领域的集体行动案例进行了长时期的实证研究。由于前面对俞志元的研究成果已有较多描述,故在此不再赘述。

五　对 2012 年上海地区社会运动研究的评价与展望

(一) 研究局限性

通过比较 2011—2012 年上海地区社会运动的研究议题不难发现,2012 年上海地区社会运动研究具有概念多元性、研究视角前沿性以及研究方法多样性的特点。但当前该专题研究的局限性同样不容忽视，主要包括以下三个方面：

其一，在研究方法上，以定性研究为主，定量研究几乎没有。其中的原因有多种：第一，定量研究的技术性门槛较高；第二，有关社会运动的数据收集比较困难，收集到的数据能否有效转化为可操作的变量亦是一大难题；第三，西方学术界对社会运动的研究发轫于定性研究方法，近十年才逐步融入量化研究。整体而言，中国社会运动研究目前还不具备由定性研究转向定量研究的技术条件，因而在定量研究方面落后于西方学术界。此外，当前研究重视基于经验的案例研究而轻视理论研究。

其二，在研究内容上，不同类型的研究比重差异较大。从社会运动性质种类划分的角度来看，当前研究社会转型期改良型社会运动的成果较多，而对中国历史时期的革命型社会运动演变研究较少。从社会运动内容种类划分的角度来看，2012年上海地区对公益社会运动的研究较多（如环境保护社会运动），对非公共利益社会运动的研究较少。笔者认为，中国公益社会运动之所以聚焦了更多学者的目光，可能是因为这类运动在当前的中国政治环境下更容易生长发展并取得成果。从更深层面而言，公益运动的生成、发展以及学术界对其展开的理论研究，与中国政府近几年加强对民生问题的关注密切相关。

其三，在研究理路上，采用西方理论—中国经验的研究较多，以中国本土化理论分析框架进行研究的成果较少。事实上，中国集体抗争行动的多元性和复杂性特征造成了难以形成一个或几个具有普遍适用性的本土化理论研究范式。因而，大多数国内学者倾向于借用西方理论研究中国现实，但不同的国情和历史背景正在向"西方理论—中国经验"这一研究理路的科学性与适应性提出挑战，同时，中国社会问题的日益凸显也向本土化理论分析工具发出了呼吁之声。

（二）研究趋势展望

综上所述，笔者认为未来国内社会运动研究具有以下几个特点：

首先，社会运动宏观和中观机制研究较微观机制研究将受到更多的关注。早期社会运动研究主要分为美国和欧洲两种派系，美国派重视社会运动的微观机制研究，欧洲派注重对宏观文本的研究。将微观机制与宏观文本连接起来，加强对社会运动中观结构的研究将是未来国内外学者从事社会运动研究的共同目标。

其次,基于经验的案例研究较纯粹的理论研究占据优势地位。中国本土化社会运动理论范式发展较缓慢,虽然自20世纪末以来国内学者先后提出了依法抗争、以法抗争、以理抗争、以气抗争、以身抗争、表演式抗争等多种本土化分析框架,但通常适合于解释某一种类型的集体行动。由于中国不同形态的社会运动之间的演变机制、组织构成等存在较大差异,因而,以某一种类型的社会运动为研究对象进行深入研究在社会转型阶段具有一定合理性。此外,加强基于经验的案例研究同时也有助于形成符合中国国情的社会运动理论体系。

再次,全球化视野下的社会运动研究继续保持快速发展。全球化视野下的社会运动研究又可以细分为两大议题:一是跨国性社会运动;二是国外非跨国性社会运动。前者主要涉及国际关系领域,而后者则偏重于政治社会学研究。从近三年的研究趋势来看,前者受到了持续的关注,而后者随着21世纪以来国外社会运动的爆发日益进入国内学者的视野。考察域外社会运动的形态特征、组织构成、演变趋势及政治影响,有助于认识全球化与后现代化背景下国家与社会关系的变迁,对中国现代化建设起到了警示的作用。因此,国际化视角下的社会运动研究将继续保持快速发展。

最后,小规模的都市社区运动将出其不意地成为社会运动研究的新高地。长期以来,中国公民的社会关系通常是依托"单位制"建立并维护的,由此形成了一种自上而下、归属感强、信任度低的组织关系结构。随着城市化的发展,基于公共利益设立的社区日渐成为社会公众联接彼此的新型纽带。越来越多社区建立起业主委员会,社区业主们试图通过业委会来维护自身的合法权益。并且,由于社区规模相对较小,居民社区认同感相对较高,组织动员相对容易,因而社区运动往往也易于形成。桂勇和黄荣贵经研究发现,新商品房小区邻里间关系较传统公房小区邻里关系而言相对薄弱,这原本不利于抗争组织动员,但是在线业主论坛等互联网动员工具的发展赋予了社区抗争以新的动员手段。①基于此,笔者认为都市社区运动将成为中国社会运动研究的新领域。

① 黄荣贵、桂勇:《互联网与业主集体抗争:一项基于定性比较分析方法的研究》,《社会学研究》2009年第5期。

青年论坛

吴新叶

农村社会管理中的结构性问题及其表现
——基于整体性治理的分析*

吴新叶 华东政法大学政治学与公共管理学院教授、上海市政治学会副秘书长、上海市党建文化研究中心研究员,研究方向:基层政治、基层公共管理。

内容摘要 相比较于城市而言,农村社会管理不但任务繁重,而且充满矛盾和挑战,尤以结构性的碎片化问题最为突出。其中,价值取向是根本性问题,位于结构的核心,表现为农民主体价值的缺省。与此对应的是农村公共文化,位于价值的外网,突出表现为公共精神的结构性缺失;而农村社区建设的共同体取向所面对的重大挑战是社区认同渐行渐远。在农村社会管理的动力层面,社会与国家间关系仍有待理顺。社会功能开发同农村自主性的共时性也是亟待解决的问题。这五大碎片化问题的解决思路是采取渐进的策略,以整体性治理整合资源,使农村社会管理从局部走向整体、从断裂走向连续、从破碎走向整合、从分散走向集中。

关键词 农村 社会管理 碎片化 整体性治理

在结构性的角度理解农村社会管理所面对的困难,有助于从总体上把握优先次序。本质上,农村社会管理的困境是由于孤立地肢解了这一整体,表现为结构性网络的碎片化。在行为逻辑上,产生这一难局的原因是通常采取"头疼医头、脚痛医脚"的做法,没有充分利用结构性思维,社会管理整体性不足,被分割到彼此少有联系的局部状态之中。那么,与农村社会管理相联结和结合的诸要素之间关系的复杂网络是一种怎样的状态?比如,农村社会保障与社会福利、社会秩序与社会认同、社区建设与村镇规划、农村文化与精神文明建设、交通与公共事业等基础设施、社会发展与社会稳定等,这些不同结构性问题之间的相互关系如何?是否存在"共

* 本文为吴新叶主持的国家社科项目"城市化进程中的农村社会管理研究"(项目编号:09BZZ021)的阶段性成果。

时性”的逻辑？唯有把握一系列问题链条中的关键环节，才能够提升农村社会管理的绩效水平。本文试图以整体性治理理论为分析工具，把这些结构性问题作一区分，并试图厘清这些不同要素之间的关系，为农村社会管理的展开提供建设性的思路。

一 农村社会管理的价值归宿是核心

哲学意义上价值是指事物的规定性和本质，是不同事物间相互作用、相互联系的性质和能力。相应地，社会管理的价值就是指各要素间相互作用、相互联系的机制性作用与潜在性功能，其性质在相互影响和相互统一中体现出来。在当下的实践过程中，农村社会管理的价值取向有远离中心的边缘化倾向。表现在以下几个方面：

第一，保持农村稳定的价值。这是根据事物“有用属性”而做出的判断，源于政治发展的现实需要。“稳定”是“秩序”的代名词，是任何政体都致力于追求的政治状态。表现在农村社会管理上，“稳定的价值”意味着存在“不稳定的可能”：我国的改革开放对于农村发展的拉动作用有限，非但“重管理轻服务”的痼疾并未有所改观①，在城市化的背景下，城乡二元体制反倒有强化的趋势，公共服务的公平问题不能得到有效解决，存在着引发社会对立的隐患性矛盾。②再加上利益多元化与效率导向的发展观使得社会公正问题被延后，带来了很多社会负效应，社会问题成为农村社会管理的重大任务。无疑，社会管理追求“稳定价值”是自然的，但价值的结构性地位同社会管理的功能没有体现相合性，尤其是没有解决“为什么”和“为了谁”的目的指向问题。

第二，社会存在的价值。社会管理作为政治治理的结构性要素，其地位表明其存在的价值，缺乏社会管理的农村治理便不是全面的整体性治理。按照系统论的

---

① 徐勇、项继权：《农村综合改革：改革重心的转移》，《华中师范大学学报》（人文社会科学版）2006年第5期。

② 王再兴：《农村公共服务概论》，四川大学出版社2008年版，第26—27页。

逻辑,社会管理子系统为必需的结构,否则便无法实现资源输入和输出,社会功能便是残缺的。值得一提的是,社会管理的这种"存在价值"仅仅针对政治治理体系而言,强调治理结构诸要素之间的关系,既不涉及与其他系统要素之间的关系,也不涉及"为什么"和"为了谁"等目的指向问题。因此社会管理的存在价值是结构性的,涉及主观与客观的结合与构造,而农村发展却是整体性的,既需要整合社会结构,也需要从社会结构的角度设计和规划农村社会管理①,否则社会管理的存在价值便会大打折扣。

第三,规制价值的片面化。社会管理不仅仅要依赖正式法律制度的强制性约束机制,因为社会管理的关键是人对社会事务的管理,所以与人相关的信念、理想、规范、标准、关系、倾向、爱好、选择等,都能够在管理过程中时时处处起作用,对管理者和社会群体都能够起到指导思想、支配行动的作用。尽管这一观点仍然属于"有用"范畴,但对人的关注则已经显现出来,工具理性得到彰显,目的是克服农村发展中的外部性。在实践中,农村社会管理的规制体系出现了碎片化的现象,不但存在规制不力的消极性,而且广大村民也有罔顾规制的倾向。因此,如何通过制度整合秩序成为农村治理的关键之一。

第四,农民主体价值的缺省。这一观点凸显了价值的核心本质,即人的价值属性问题。胡锦涛指出,社会管理说到底是对人的管理和服务。②归根结蒂,人是社会管理的目的指向,是为了满足人的需要、体现人的平等、服务于人的发展。把人作为价值结果,不但要求处理好人与人的关系、人与组织的关系,还要处理好人与自然的关系,这是整体性发展的路径。

无疑,在这个社会管理价值取向中,农民的主体性价值是最具有主观能动性,是农村社会管理价值取向的核心。农民作为社会管理价值的核心和归宿,扮演着社会管理的协作者、参与者与受益者的角色。

---

① 谭明方:《论农村社会结构与农村体制改革》,《中南民族大学学报》(人文社会科学版)2005年第1期。

② 李章军:《胡锦涛在省部级主要领导干部社会管理及其创新专题研讨班开班式上发表重要讲话强调:扎扎实实提高社会管理科学化水平,建设中国特色社会主义社会管理体系》,《人民日报》2011年2月20日第1版。

二　公共文化在农村社会管理中如何定位?

作为公共服务的有机构成,公共文化已经被纳入到社会管理体系之中。在经验的层面判断,农村社会管理中存在着重视物质文明建设的倾向,再加上政府作为不力,农村文化建设长期处于滞后状态。在政治治理的角度,这是由于我国基层绩效考核机制采取了不甚科学的量化管理使然,因为自上而下的绩效考核大多以物化的成果为标准,客观上诱发一些官员热衷于建设物化的实体,否则政绩不容易体现出来。①新农村建设开展以来,物化的基础设施建设如火如荼,强制性的行政主导特征越来越明显,若非如此,乡镇领导干部将受到问责:不但道路、通讯、卫星电视等基础设施建设的"硬化工程"需要问责,而且学校、图书室、卫生院等公共事业等硬件工程,也都有指标和进度考核。无疑,这些"政绩工程"能够满足农村社会管理的需要,有些甚至是农村急需的,但是,当这些工程同政绩挂钩的时候,便难免会走样,难免会出现重形式而轻内容、重载体而轻实质的悖论性结果。

这种倾向同农民自己的物质建设取向产生了"共鸣"。有些基层政府为了村容村貌而号召村民参与建设自己的家园,行政命令与经济刺激加速了农民建房的积极性。②当下,大多数农民外出务工,基本是每年春节才回家一次,他们把挣来的钱用于盖房、买家具,而用于文化生活的投资基本可以忽略不计。当下,农村社会普遍存在新型空壳化现象,一边是造型现代的小楼房,一边是由政府主导的基础设施,彼此相互映衬,特别是建设过程中,农村轰轰烈烈、热闹非凡,但由于大多数青壮年平时并不在家,而农村又缺少足够的文化生活。在农村,村民的文化生活基本是以电视为主,有些村民因此文化贫瘠而接受了邪教(农村的宗教信仰也在城市化过程中出现快速发展的态势),还有些人因为无聊而开始赌博,对社会公共安全提出了新课题。这已经成为农村非常普遍的现象。

---

① 吴新叶:《党在基层的执政绩效研究》,东方出版中心 2011 年版,第 14—15 页。

② 严惠麒、谷中原:《行政村与基层政府的村容整洁建设——基于石江镇江潭村的调查》,《郑州航空工业管理学院学报》(社会科学版)2009 年第 2 期。

农村的公共文化建设正在出现断裂的非连续性，由于对公共文化建设的认知存在片面化现象，导致政策执行过程中的目标不确定。在农村，农民的文化生活的匮乏是体制的。①大多数农村的乡镇级文化站基本没有办公地点、社区普遍缺少图书馆、村级的文艺队只存在于人们的记忆中……偶尔出现的“送电影下乡”、“送戏下乡”要么因为内容高雅且脱离农村生活而被拒之千里，要么因为周期太长而显得杯水车薪。比如，政府动员下的文化资源发掘政策，多集中于尚存的对传统文化的层面，公共文化建设流于工程性的整理，客观上造成农村文化产品比较单一。比如，在有些农村地方的乡土文化、民间艺术、地方曲艺、乡村文学、传统工艺等，基本构成了农村公共文化的内容体系，民间自发成立的票友会、剧团等群众性自组织，还没有成为丰富社区文化的主力军。②总之，农村公共文化的结构是不完整的，如果不能尽快加以纠正将出现文化断层。

当下农村公共文化建设偏离公共文化核心的最明显表现是鲜有倡导公共精神。一定意义上，公共文化的核心结构是村民的公共精神。整体性治理所强调的文化整合有赖于公共精神的养成与内化。其中，以规范、信任、网络为要素的社会资本影响最为明显。比如，不同社会资本存量对社会秩序的维护功能差异显著，特别是在利益协调、矛盾化解、排忧解难等方面，文化的整合作用是无法替代的。在社会资本的框架下，农村社会管理所面临的四大任务：一是农村社会组织的发育与成长，既要有增量的发展，也要有存量的提升与积累，根本目标是促进社会管理的自主性；二是农村非正式制度的改造与利用，既要破除不合时宜的滞后制度，也要适时发掘和适用符合现代社会发展趋势的各项积极的非正式制度，比如新式村规民约等；三是缔造符合新时代特征的农村信任关系，让和谐的人际关系成为农村发展的润滑剂，最大程度地减少社会冲突与社会排斥；四是营建农村社会关系的新网络，把以血缘为纽带的家族—宗族—亲属等传统网络拓展开来，缔结围绕公共生活和现代交通通讯技术的新网络关系。比如，在部分地区的农村，互联网的接入开辟了农民对外联系的虚拟化空间，他们在卖出农产品的同时，也建立起了包括物流在

---

① 吴理财、李世敏：《农村公共文化的陷落与重构》，《中共浙江省委党校学报》2009 年第 3 期。

② 中央党校党建部课题组：《农村社区化发展与巩固党的执政基础——山东省诸城市创新农村发展方式构建农民新生活的实践探索》，人民出版社 2009 年版，第 219—222 页。

内的新网络关系。总之,农村社会力量的成长与壮大符合马克思主义关于社会蕴含政治、政治国家与社会相互依存的结论,即社会的发育与成长是农村治理的趋势。

三 农村社区建设:共同体的定位与取向

农村社区建设早有制度安排。2003 年 10 月,党的十六届三中全会通过《关于完善社会主义市场经济体制若干问题的决定》指明了"农村社区服务"、"社区保障"及"城乡社区自我管理、自我服务"的发展方向;2006 年 10 月,《中共中央关于构建社会主义和谐社会若干重大问题的决定》又进一步明确了建设目标:"积极推进农村社区建设,健全新型社区管理和服务体制,把社区建设成为管理有序、服务完善、文明祥和的社会生活共同体。"但是,农村社区的治理碎片化并没有因为制度供给而有所减轻,反倒有加剧的态势。比如:社区治理的责任碎片化、社区治理的政策碎片化、社区治理的信息孤岛化等困境,一定程度上反映了当下农村治理的难题。

在实践上,这些碎片化的治理表现在创新上就是盲目推陈出新,容易产生不一致的冲突结果。在全国大多数农村地区推广的"合并村"、"中心村"等改革尝试,由于强调组织载体的职责同构,社区改革被赋予了更多的行政化成分,尽管这种模式能够给农村社会管理带来效率,但社区服务精神和内容的缺失使农民守望相助的"社区共同体"目标却渐行渐远。农村社区的这种设计同政府主导的社会管理体制有关。政府比较倾向于在农村基层建立一个能够承接政府职能的科层制单位做依托,而乡镇政府的惰性又不利于这种职能的转移,作为新生事物的社区便成为政府的选择。这种简单化的社区改革使得社区成为政府从事社会管理的一个层级。典型的做法是以交通条件较好、集体经济基础强、人口多、群众基础好的村建成中心村,并以此为圆心吸纳周围 3—5 个行政村,建成具有政府强制色彩的社区。比如,山东诸城市把全市 1257 个行政村整合成为 208 个社区,由社区来承担政府延伸的社会管理职责。①在安徽宣城农村,社区成立的社会保障工作站等机构,就是用来

① 中央党校党建部课题组:《农村社区化发展与巩固党的执政基础——山东省诸城市创新农村发展方式构建农民新生活的实践探索》,人民出版社 2009 年版,第 118 页。

承接县级政府的公共服务和福利职能，成为事实上的横亘于县、乡两级政府之间的管理层级。①无疑，社区的这种行政化趋势有悖于农民公共生活"共同体"的意涵，不能代表农村社区发展的方向。

根据联合国 1956 年的定义："社区发展是指依靠人们自身和政府当局的共同努力，改善社区的经济、社会和文化状况，使社区融入国家生活并对国家进步做出充分贡献的过程。"实际上，联合国这个指导性文件的实质是国家对于公民享有均等化公共服务权利的责任，是为了实现国家与社会的统一。威尔·金里卡(Will Kymilicka)关于社群的研究认为，"共同善是合并个人偏好的结果，所有的偏好都得到同等的考虑(如果它们与正义原则相一致)。"②在我国学术界，学者们使用社区概念研究农村社会管理，超越了城乡二元体制的所谓"中心与边缘"、"客观与主观"、"传统与现代"等结构主义方法论的局限性，关注社会管理的属地化和心理归属等问题，在一定意义上已经超越了地缘社区、经济社区的思维窠臼，是很值得的理论创新尝试。③但是，社区作为社会管理的重要机制，如何把社区建设成为村民公共生活的共同体，我国的理论界与实践部门都还没有准备充分，仍然有很长的路要走。

四　国家与社会的关系：社会管理的动力机制及其取向

整体性治理的特征是从分散走向集中、从部分走向整体、从破碎走向整合，其有效的实施需要高效的组织载体。④在某种意义上，组织载体的实质就是社会管理动力，是权力配置管理资源的支撑。而要寻找农村社会管理的动力源头，需要考察中国的传统乡村社会。在这个被称为散漫的自然社会里，国家的作用很弱，"在人民实际生活上看，是松弛和微弱的，是挂名的，是无为的。"⑤1949 年新中国成立后，

---

① 吴新叶：《农村社会保障代理：制度绩效背后的风险及其克服》，《探索与争鸣》2008 年第 6 期。

② [加]威尔·金里卡：《自由主义、社群与文化》，应奇、葛水林译，上海译文出版社 2005 年版，第 74 页。

③ 同春芬、党晓虹、王书明：《农村社区管理学》，知识产权出版社 2010 年版，第 31、38—39 页。

④ 竺乾威：《从新公共管理到整体性治理》，《中国行政管理》2008 年第 10 期。

⑤ 费孝通：《乡土中国生育制度》，北京大学出版社 1998 年版，第 63 页。

这种状况得到革命性的消解，取而代之的是以国家为中心的、高度整合的公共权力空间格局："要想建立一个完整的国家政治体系，政府就必须以一种前所未有的方式渗入社会的各个角落。"①有研究将这种政治思维总结为"党建国家"和"党建社会"模式："国家制度建设是围绕共产党领导下的人民民主专政进行的。党的领导不仅体现在重大问题的决策上，而且体现在为国家的运行提供了主要的组织基础、官僚队伍和组织方法上，从而消除了传统国家依靠'非正式组织'实现意志的局限，保证了国家控制的彻底性和行动效率。"②在党和国家消解传统乡村社会的努力下，农村社会发生了重大的根本性变革：一方面，通过国家政权的正式组织形式将一盘散沙的原子化农民个体组织化起来；另一方面，利用国家的正式制度替代农村传统的非正式制度，农村的一些根深蒂固的约束性规范被视为"四旧"或者"封建迷信"而受到声讨，特别是年轻人更容易接受新社会的制度规范。在这种一元化的整体性政治治理模式下，国家直接面对社会，社会被政治吸纳，社会管理成为国家一统到底的责任，客观上抑制了包括社会组织在内的多元主体参与的可能性和积极性，结果陷入社会困顿的窘境之中。③

学术界普遍认为，农村的国家与社会关系格局是"强政府弱社会"，在社会管理的很多领域甚至还出现了政府替代社会的现象：一方面，公共决策是政府的一枝独秀，不愿或不能调动社会参与，特别是关于农村社会管理基础设施的决策带有很强的行政色彩；另一方面，政府包办现象仍然普遍存在，这里既有农村社会组织能力欠缺无法承担使命的原因，也不能排除政府不信任农村基层自治组织和社会组织的因素；再一方面，政府行为具有明显的行政强制性，尤其是关于公共服务体系的供给，政府主导下行政区划整合方式并不符合社区发展的规律。因此，学术界提出建设"小政府大社会"、"向社会授权"、"让社会自主"等④吁求，本质上是为了去除

---

① 参见[美]费正清、罗德里克·麦克法夸尔主编：《剑桥中华人民共和国史——革命的中国的兴起(1949—1965)》，王建朗等译，上海人民出版社1990年版，第72页。

② 参见杨雪冬：《市场发育、社会成长和公共权力构建：以县为微观分析单位》，河南人民出版社2002年版，第49页。

③ 吴新叶：《转型农村的政治空间研究》，中央编译出版社2008年版，第2页。

④ 张丽曼：《国家与社会关系的基本原理是马克思主义国家学说的真髓》，《社会科学研究》2001年第3期。

整体性治理中"国家覆盖社会"的不和谐关系。在农村的国家与社会关系发展历程中能够发现整体性整合的轨迹。当下,激发农村社会管理的动力机制需要解决三大问题:

第一,要明确国家对农村组织参与治理的政治期待。权力从国家向社会的让渡是政治权衡的结果,分权程度有赖于农村的社会功能发挥情况。换句话说,当农村社会功能尚不能承接从国家让渡的权力,国家如何促进农村组织的功能整合?过去的经验是,国家将自然的、分散的乡土社会变为一个行政的、有组织的乡土社会,使乡土社会融入国家体系。①这种整合方式无疑难以体现权力配置的趋势,国家权力在社会管理领域的分享既有任务期待,也有政治期待。

第二,农村治理中的国家与社会责任分别是怎样的?一般说来,国家的责任主要集中在制度供给与整合,以及提供公共服务等两个方面。前者表现为国家必需创设完整的社会规则体系,制订切实的社会政策,维护社会公正;后者则要求突出政府在公共服务功能中的责任定位。②国家要完善农村社会保障体系,确保公共服务均等化的实现,尤其是能够为农村特殊群体,如失地农民、留守儿童、五保老人、残疾人等提供起码的公正性服务。但是,迄今为止我们尚未有社会层面的责任确立,这恰恰是国家权力让渡不力的原因之所在,至少目前的社会协同方式不是整体性治理的理想形态,因为国家依然扮演着绝对性作用的角色。

第三,锻造连接国家与社会的新纽带,尤其是国家需要发育社会,再造社会功能,激活农村的社会自主性。以农村社会组织为例,国家的作用不是要坐视农村"自然"生长出农村的公民社会,而是要为农村可能出现的新经济组织、新社会组织提供服务,为公民社会的成长创造适宜的环境,最终为社会管理多元主体格局的形成创造条件和基础。

---

① 参见徐勇的系列文章。徐勇:《"政党下乡":现代国家对乡土的整合》,《学术月刊》2007 年第 8 期;徐勇:《政权下乡:现代国家对乡土社会的整合》,《贵州社会科学》2007 年第 11 期;徐勇:《"行政下乡":动员、任务与命令——现代国家向乡土社会渗透的行政机制》,《华中师范大学学报》(人文社会科学版)2007 年第 5 期。

② 《中共中央政治局召开会议,研究加强和创新社会管理问题》,《人民日报》2011 年 5 月 31 日第 1 版。

五 社会功能的开发与农村社会自主性的成长

在结构—功能范式下，一定的社会结构总是同一定的社会功能相对应而存在。因此，考察社会功能如何促进社会管理，必需研究社会的各要素成分是如何被整合、被协调成为社会管理的支撑性要件。在整体性治理的视角，这种整合与协调就是一种共时性的治理模式。具体说来，各种社会功能关系的耦合与社会自主性的成长至少包括以下几个方面：

第一，农村组织功能与社会发展的动力。社会管理中的农村组织包括权力组织和非权力组织，作为政治权力代表的政党、政府是当然的动力主体，而各类社会组织也是不可或缺的主体构成。在这个意义上，不同主体间的互补关系、对社会发展的作用机制、组织资源的配置与开发等，是农村社会管理需要解决的根本性问题。

第二，农村自主性成长与社会稳定的关系。新中国成立以来，农村社会稳定状况一直较为理想，即使在20世纪60年代初的自然灾害和"文革"的动乱时期，农村也能够保持高度的政治稳定。但是，改革开放以来的城市化催生了经济与利益的分化，带来了社会的急剧转型，一些新问题诱发了不利于农村稳定的隐患，其中以农村自主性成长而产生的矛盾最为突出。从最初的集体资产处置、宗族矛盾、选举冲突，到后来的失地农民、外出务工人员、特殊群体等主体性矛盾，农村不稳定的因素越来越多。特别是当这些因素叠加起来的时候，在组织化的集体谈判背景下，党和政府要有积极的应对策略。近年来，由于交通与通讯技术的广泛运用和普及，农村对外联系电子化的趋势也带来了社会稳定的新挑战。比如，在以往的抗争性群体性事件中，农民通过电话、网络等渠道，就征地、拆迁、补偿和其他事务能够顺利达成沟通，并很容易就达成集体行动的共识。这是农村社会管理需要正视的新动向。

第三，社会激励功能的利用与开发。在农村的传统公共伦理中，社会激励的最大动力来自于政府，但是社会惩罚的最大压力则来自于乡村组织。这一"悖论"的依据是：前者是因为中国传统的儒家将"家国天下"的伦理顺序已经内化于村民的行动中,“臣民文化”中对官方权威的认可和服从仍然是主流趋势;后者则是由农村社会资本机制造成的。在农村,村民“被认可”的需求遵循着“差序格局”的规律,一旦被乡里乡亲所排斥,那么即使有官方“硬”的激励约束机制也大多没有效果。因此,在农村社会管理中,这两种机制要区别使用,通过引导村民的价值观和社会行为,并按照“软”与“硬”的不同标准分配社会资源,对符合社会倡导的行为予以激励,充分体现社会惩罚的机制效力。

第四,渐进发展与农村社会秩序的维系。改革与发展打破了农村固有的社会秩序,在“破而未立”的当前背景下,如何实现农村的“有序”或“动态平衡”,要解决的问题有三:一是农村社会结构的相对稳定,即村民各得其所。农村的社会结构尽管相对简单,但仍然充满很大变数,宗族血缘关系、利益关系、行政隶属关系等将村民分割为不同的群体,并有所演变;二是农村社会生活中的制度化规范的适用与维系。国家法律法规与农村的非正式制度都能够对村民行为产生约束作用,这也是农村社会组织能够发挥作用的制度前提;三是对社会矛盾与社会冲突的控制能力。任何社会都不可能没有冲突和无序的现象,但把它们控制在一定的范围内,也是一种社会秩序。当前,导致农村社会无序的因素很多,只要能够实现有效的化解,就仍然能够维持农村的社会秩序。总之,开放、动态、发展、多样、自由、民主、平等、间接和精神心理控制都是有效的社会管理原则与管理机制,值得研究和利用。①

第五,社会管理如何有助于激发农村社会的活力?党的十六届六中全会号召全党:“必须最大限度地激发社会活力”,“要增强全社会的创造活力,形成万众一心共创伟业的生动局面”。农村的社会活力体现在两个方面:一是农村各个阶层和群体的积极性和创造性,即村民在社会生产生活中的创造力;二是社会发展动力的更新具有可持续性,即农村发展具有外在动力与内在动力的耦合机制,能够促进农村的可持续发展,而不是运动式的阶段性发展。应该说,农村社会越发展,生活方式越多样,现代化程度越高,则社会管理难度便也越高。

---

① 刘继同:《由静态管理到动态管理:中国社会管理模式的战略转变》,《管理世界》2002 年第 10 期。

肖存良

契合与转型：民主党派社会基础的政治学考察*

肖存良 复旦大学统战理论研究基地学术秘书、助理研究员。

内容摘要 民主党派的社会基础自诞生之日起就居于革命型政党与宪政型政党之间，社会基础虽然以阶级和意识形态为主要内容，但是相较于中国共产党而言，存在社会基础先天不足的问题。新中国成立后，民主党派由社会性存在转变为制度性存在，民主党派的社会基础建设要在国家制度框架下实现两个契合：一是要与执政党建设及其执政党的社会基础相契合；二是要与执政党所领导的国家中心工作相契合。两个契合推动了民主党派社会基础的转型与发展。

关键词 民主党派 社会基础 契合 转型

在现代政党政治中，任何现代政党都拥有自己相应的社会基础，并在谋求政党发展过程中试图不断扩大自己的社会基础。但是不同政党社会基础建设的目标和方向并不一致，这就形成了政党社会基础的多样性。此外，由于政党最终的根基在社会，随着社会结构的变化，政党要生存发展就需要适应社会结构的变化，政党的社会基础也会发生相应的变化。民主党派作为我国政治体系中特殊的政党，具有其自身特殊的社会基础。在我国社会主义革命和社会结构由计划经济向市场经济转型的过程中，民主党派的社会基础也经历了契合与转型的嬗变问题。

一 政党的社会基础与民主党派的社会基础

现代政党的根基在社会，国家与社会二元分化所形成的社会自主性与社会

* 本文受到浙江省社会主义学院招标课题“市场化条件下民主党派社会基础问题研究”（课题编号：11ZSYZB07）的资助，并已发表于《岭南学刊》2013年第1期，本书收录时略作修改。

利益分化所形成的社会多元化催生了现代政党。但是现代政党最初诞生的场所却不是直接在社会中而是在议会之中，因为政党是在国家政权向社会开放的条件下，社会利益集团借以表达自身利益并参与或掌握国家政权以实现自身利益的政治组织。政党的政治指向非常明确，就是国家政权。在现代政治中，国家政权通过代议制向社会开放的重要政治场所就是议会。在议会中不同利益集团为了实现自身的利益而结合组成的政治组织，就成为了现代政党，所以现代政党的直接诞生地是议会。早期政党产生于议会之后，就以议会为政党活动中心，政党的存在只是服务于议会中的政党利益。所以早期的政党没有走出议会，而是属于以议会为基础的骨干党。①因此，早期政党的影响也只限于议会，并没有扩散到社会中去，即使一些政党诞生于议会之外，诞生之后为了参与或掌握国家政权也要进入议会，成为议会中的骨干党，如英国的工党就是这样的典型政党。

从 19 世纪以来，社会大众经过长期的抗争，推动了民主从精英民主向大众民主的转型，其重要标志就是公民选举权的扩大和群众选民的发展。普选推动成年公民成为选民之后，政党要掌握国家政权，就要赢得选民的支持。因此，“需要是发明之母，现代的政党发展起来，以迎合组织、教育和动员全国广大的选民的需要。”②正是基于赢得选举以掌握国家政权的内在需要推动了政党走向社会，政党的一项重要任务就是争取尽可能多的选票，所以“选举市场对政党组织产生的影响及其重大”③，“选举权的扩展给政党造成很多压力，特别是面临要进行选举动员的压力，政党便须建立一种正式的全国性政党组织。”④这就推动政党为了追求选票而走出议会，走向社会，并在社会中成长壮大为全国性政党，由议会中的骨干党转型成为社会中的群众党。政党走向社会之后，为了赢得选民的固定支持以赢得选举，就开始代表特定阶层和社会群体的利益，并通过意识形态和相关公共政策进行

---

① 参见[英]比尔·考克瑟、林顿·罗宾斯、罗伯特·里奇：《当代英国政治》(第四版)，孔新峰、蒋鲲译，北京大学出版社 2009 年版，第 189 页。

② [美]史蒂芬·E. 弗兰泽奇：《技术年代的政党》，李秀梅译，商务印书馆 2010 年版，第 38 页。

③ [英]艾伦·韦尔：《政党与政党制度》，谢峰译，北京大学出版社 2011 年版，第 92 页。

④ 同上书，第 82 页。

政治表达,供选举人在选举中进行有效的政治选择。这样,在选举中基于特定的阶层、利益、公共政策和意识形态表达而形成的固定支持某一政党的选民就成为了政党的社会基础。政党培育社会基础的目标都是为了在选举市场中获胜,“最终在一个民主国家决定政党组织未来的主要因素是选举竞争逻辑,这一逻辑推动政党调整组织结构,以尽可能增强自身的竞争力。”①而与选举市场相配套,在这样的政党政治国家中都具有议会政治结构和宪政基础,缺乏二者就难以进行公平有效的选举,因而这样的政党也可以称为宪政型政党。其诞生于议会内,成长壮大于议会外,而且社会基础的主体是选民,核心是选举,表现方式是竞争。这是政党社会基础的一种类型。从政党与政治制度的关系来看,上述政党都是以承认现有政治制度为存在基础,承认现有政治制度并在国家制度制约下开展选举竞争是这类政党存在的前提。

马克思指出,资产阶级在创造社会财富的同时也创造了自身的对立面,即无产阶级,无产阶级以推翻资产阶级的阶级统治、实现人类的全面解放为己任。“共产党人到处支持一切反对现存的社会制度和政治制度的革命运动。”②“共产党人不屑于隐瞒自己的观点和意图。他们公开宣布:他们的目的只有用暴力推翻全部现存的社会制度才能达到。”③这样无产阶级政党就是以推翻现有政治制度即资产阶级政治制度为存在基础的政党,也就是与宪政型政党相反的革命型政党。革命型政党以推翻资产阶级的议会、宪政制度为基础,资产阶级也决不会允许在议会中存在反对自身的力量,因而这样的政党不能产生于议会,而是直接产生于社会。这样的政党没有像早期政党那样有一个由议会走向社会的历程,也不可能以选举、选民和竞争来实现自身的社会基础。这样的政党以意识形态为基础进行阶级动员和阶级斗争,因而基于阶级和意识形态表达而形成的固定支持无产阶级政党的成员就成为了无产阶级政党的社会基础。无产阶级政党通过代表一定阶级的利益来进行社会和政治动员,组织自身的阶级力量进行社会革命,推翻现存政治制度,因而其社会基础的主体是阶级和意识形态。所以我们通常把无产阶级政党的社会基础与

---

① [英]艾伦·韦尔:《政党与政党制度》,北京大学出版社 2011 年版,谢峰译,第 84 页。

②③ 《马克思恩格斯选集》第 1 卷,人民出版社 1995 年版,第 307 页。

阶级基础并列。

综合上述两个方面，我们认为政党的社会基础可以分为两类：一类是革命型政党的社会基础，其核心是阶级和意识形态，表现方式是基于社会和政治动员而形成的社会革命；一类是宪政型政党的社会基础，其核心是阶层和公共政策，表现方式是选举竞争。从这两类政党与社会的关系来看，政党的社会基础越强，政党渗透社会的程度就越高，组织社会的能力就越强；反之则越弱。就互相比较而言，革命型政党渗透社会的程度要高于选举型政党，因而对于革命型政党而言，不能渗透社会、适应社会即意味着灭亡。而宪政型政党还具有国家制度的依托。而从 20 世纪末以来的政党发展趋势看，西方宪政型政党存在着一种越来越依附于国家制度而逐渐疏离社会的卡特尔政党化倾向，这是西方宪政型政党及其社会基础衰弱的表征。

我们以此来审视 20 世纪上半叶的中国政党。在 20 世纪上半叶中国的社会政治环境中，由于并不存在宪政传统和议会政治制度，因而缺乏产生宪政型政党的制度基础。当时的主要政党是国民党和共产党，两者都是革命型政党，其社会基础主要是阶级和意识形态。国民党主要代表大地主大资产阶级的利益，其意识形态是三民主义，中国共产党主要代表无产阶级的利益，其意识形态主要是共产主义。而此外民主党派的诞生，一方面是基于阶级利益代表方面的需要，即代表国共两党之外的中间阶级的利益，另一方面是基于一定的宪政预期。前者如中国农工民主党，后者如中国民主促进会、中国民主建国会、九三学社等。

民主党派产生之后，作为中间性政党，政治上基于国共左右两极之间，在社会基础上也基于国共左右两极之间。从政治上看，往左走，就是与共产党类似的革命党，民主党派中往左走得最远、最有可能成长为革命党的是中国农工民主党，它长期以平民大众为发展对象，在政党纲领和意识形态方面类似于中国共产党。但是总体上，由于民主党派所代表的民族资产阶级和上层小资产阶级自身先天不足，自身力量并不强大，因而难以发展成为真正的拥有革命武装和强大意识形态的革命党。往右走，就是宪政型政党，即通常所谓的选举党。在抗日战争结束之后的国内和平运动中，如果政治协商会议能够最终促使国内走上民主宪政道路，那么民主党派就能够发展成为议会中的宪政型政党，其社会基础是代表知识分子和中小企业主的选民，并在议会斗争中成长为选举党。但是这条道路由于国民党撕毁政协决议、发动内战而夭折。所以周恩来指出，"各个民主党派，不论名称叫什么，仍然是政党，都有一定的代表性。但不能用英、美政党的标准来衡量他们。"①

总之，民主党派产生之后，由于自身代表的阶级和社会力量的薄弱，在中国政治生活中不但不能左右逢源，反而在左右分裂中被逼到做出选择的十字路口。最终，1947 年之后，民主党派在国民党的高压下转而全力支持中国共产党，自身也具有一定的革命性，但是其革命性自然无法与中国共产党相匹敌，这样民主党派由于偏向革命型政党而以阶级和意识形态为自身的社会基础。在阶级方面，民主党派主要代表民族资产阶级、上层小资产阶级及其知识分子。在意识形态上，民主党派接受中国共产党的政治领导，主张中国走新民主主义的政治发展道路。从而形成了民主党派的社会基础。但是从革命型政党的角度来看，它由于革命性不足而存在"政党化"程度不足的问题，由此存在社会基础不足的问题。从政党渗透社会的程度来看，它也由于革命性不足而存在渗透社会程度不高的问题。所以从总体上说，民主党派的社会基础并不十分巩固，与中国共产党相比，民主党派在社会基础上存在自身先天的不足之处。所以李维汉指出，"民主党派不可能发展成为群众性的政党，而只能成为干部性的集团。"②即不可能发展成为革命性政党。

二　从自发性存在转向制度性存在：民主党派社会基础的转型

全国解放前，民主党派是基于社会的代表性需求而自发产生的代表社会中间阶级利益的政党，其社会基础主要是民族资产阶级、上层小资产阶级及其知识分子，这些社会基础都是基于社会需求而自发产生的，并不是由国家制度配置的。全国解放后，中国共产党和民主党派的政党关系发生了变化，中国共产党成

① 周恩来：《周恩来统一战线文选》，人民出版社 1984 年版，第 171 页。

② 中共中央统一战线工作部编：《中国共产党统一战线文献选编》第十四卷，内部刊物，第 348 页。

为了兼具领导党和执政党双重属性的政党，而民主党派也成为了参与国家政权并与中国共产党合作共事的参政党。民主党派自身的代表性发生了变化，它的立足之处不是基于自身的独特社会代表性，而是基于自身的政策能力和治理能力，它的存在基础依靠制度运作而不是靠鲜明的社会代表性。民主党派由自发性存在转变为制度性存在之后，民主党派的社会基础建设也由两个方面所决定，一个方面需要在全国整体性政治的视野下通过与中国共产党社会基础的相互契合来构建和培育自身的社会基础；另一方面要根据中国共产党领导的伟大事业的变化而对自身社会基础进行相应的调整。也就是说，民主党派要从执政党的社会基础和执政党所领导的伟大事业的视角来审视自身的社会基础，使其社会基础能与中国共产党在社会基础上的政治契合和中国共产党领导的伟大事业的政治契合。这两个政治契合是新中国建立后民主党派社会基础转型与重构的政治限度。

新中国建立初期，民主党派社会基础与中国共产党和国家制度相互契合并且最终达到互相适应的过程主要体现在社会主义革命过程之中，社会主义革命的过程是生产关系上所有制变革的过程，也是国家制度建设的过程，这一时期的重心是社会转型，中国共产党并没有在那时进行政党转型，与社会转型相适应，民主党派也进行了相应的转型。从 1949 年到 1956 年这七年间，中国共产党领导了社会主义革命，确定了以"一化三改造"为核心的过渡时期总路线，社会主义革命也就是在新民主主义革命结束之后无产阶级对民族资产阶级进行的革命，并通过社会主义革命最终消灭民族资产阶级。从这一宏观社会政治背景下来审视民主党派的社会基础，我们发现民主党派原有社会基础中的重要部分即民族资产阶级是社会主义革命需要消灭的对象。民主党派的社会基础与中国共产党领导的社会主义革命的冲突，决定了一方面中国共产党要通过对民主党派社会基础进行政治调整来实现政党之间的互相契合，另一方面民主党派也要根据中国共产党和国家制度的需要进行社会基础转型，并通过这两个方面政治行为来进一步完成民主党派由自发性存在转变为制度性存在。

首先，规范了民主党派的社会发展范围和对象。解放之初，中国共产党指出各民主党派应长期存在，"故在政治上各民主党派皆不发生存废问题，但各党派在社会上应有适当的分工”①。此后中国共产党与各民主党派协商确定了各党派的发展范围。其次，规范了民主党派的发展层次，民主党派的发展对象经历了由中下层向中上层的转型。再次，在中国共产党领导的社会主义革命和确立的过渡时期总路线中，对知识分子进行思想改造，把知识分子改造成为了社会主义劳动者，与工农建立了坚固的联盟。对民族资产阶级进行了阶级消灭、个人解放，民族资产阶级成员进入公私合营企业进行劳动生产，虽然还拿着定息，但是整体上作为阶级已经消灭。上层小资产阶级的主体就是知识分子，他们随着知识分子的思想改造也改造成为了劳动者。这样民主党派原有社会基础中的民族资产阶级、上层小资产阶级都已经消灭，知识分子经过思想改造之后也转变成为了社会主义劳动者，这时候的民主党派实际上已经成为了劳动人民的政党，“已成为为社会主义服务的、为社会主义工作的政治团体”②。

这样，从社会基础来看，民主党派原有社会基础经过浴火重生之后进行了彻底的转型。原有社会基础中的阶级和意识形态都被消灭了，需要在此基础上确立新的社会基础以保持自身的政党性和对社会的影响力。从其所联系的对象来看，民主党派新的社会基础实际上已经是各自所联系的一部分劳动者和那些不直接参加劳动、依靠定息生活的党派成员（改革开放之后把他们称为拥护社会主义的爱国者）。民主党派的社会基础已经不再是阶级和意识形态，而主要是劳动人民中一定的阶层和社会群体。从政党契合关系来看，民主党派社会基础消灭之后契合了中国共产党的政治需求及其所领导的社会主义革命事业。从民主党派与国家制度的关系来看，民主党派此时已经彻底完成了从社会性存在向制度性存在的转型，民主党派彻底告别了政治自发性，纳入了政治计划的轨道。民主党派成为制度性存在之后，更加依靠国家制度汲取自身所需要的资源，民主党派的代表性更多地体现为一种政策能力而不是社会代表性。

社会主义革命完成之后我国进入了社会主义社会，民主党派的社会基础由阶级和意识形态转型为阶层和社会群体。但是 1957 年反右派运动之后至改革开放

① 中共中央统一战线工作部编：《中国共产党统一战线文献选编》第五卷，内部刊物，第 12 页。
② 中共中央统一战线工作部编：《中国共产党统一战线文献选编》第七卷，内部刊物，第 103 页。

之前这二十年间，由于左倾错误的不断发展，民主党派再次被认为是资产阶级政党，其社会基础再次被认定为民族资产阶级和上层小资产阶级。党的中心工作是以阶级斗争为纲，这个时期的中心工作和执政党建设对民主党派的社会基础建设造成毁灭性打击，这也从反面说明了民主党派社会基础与党的中心工作和执政党建设的相关关系。

三 政党转型与民主党派社会基础的发展

“文化大革命”结束之后，中国共产党领导人民开始了新一轮的现代化建设，现代需要市场、资金、技术和人才，而统一战线能够提供人才和技术，吸引资金，找到市场，因而统一战线是中国新一轮现代化的重要依靠力量，统一战线和民主党派在为新一轮现代化建设服务中找到了自身的新定位，并由此得到了恢复与发展。基于改革开放下党和国家的中心工作转移到以经济建设为中心的现代化逻辑，各民主党派也相继召开全国代表大会宣布以服务于现代化建设为自身工作中心。在社会基础上，民主党派也与执政党的中心工作相契合而恢复了二十年前社会主义革命完成后自身的社会基础定位。中共中央批转的 1979 年《新的历史时期统一战线的方针任务》文件指出，“我国各民主党派原来的社会基础，是民族资产阶级、城市上层小资产阶级和它们的知识分子。30 年来，它们的社会基础和政治面貌都发生了根本变化。各民主党派都已经成为各自所联系的一部分社会主义劳动者和一部分拥护社会主义爱国者的政治联盟。”①民主党派的社会基础转变成为了一部分社会主义劳动者和一部分拥护社会主义爱国者的联盟。民主党派的社会基础由阶级和意识形态正式转型为阶层和社会群体，社会基础的主体由劳动者和拥护社会主义的爱国者构成。这实际上是恢复了二十年前民主党派的社会基础定位。改革开放以来，中国共产党持续以经济建设为党和国家的工作中心不动摇，与此相契合，民主党派的社会基础建设也以服务于现代化建设为核心不动摇。

从执政党的视角来看，改革开放以来执政党的重大变化就是实现了由革命党

---

① 中共中央统一战线工作部编：《中国共产党统一战线文献选编》第十卷，内部刊物，第 235 页。

向执政党的转型，即由从领导人民为夺取全国政权而奋斗的革命党，转变为领导人民掌握全国政权并且长期执政的执政党，从在计划经济条件下执政的政党，转变为市场经济条件下执政的政党。中国共产党的政党转型和以经济建设为中心这两个方面为民主党派的社会基础在改革开放初期恢复基础上的发展和建设提供了基本政治框架，与这个政治框架相契合是民主党派组织拓展社会基础的前提。从民主党派社会基础发展的视角来看，民主党派社会基础建设要在与执政党建设相契合的过程中加强以下几个方面：

第一，与中国共产党基层党建相契合，推动民主党派社会基础向基层延伸。改革开放前，中国共产党与社会保持高度一体化，改革开放以来，中国共产党与社会开始存在一定的距离，由于权力转移、社会转型、个体主体地位的确立和社会权力的增长，基层出现了治理难题。与此同时，中国共产党也加强了基层党建工作。民主党派作为统一战线的重要组成部分，也要在促进基层社会治理、加强基层建设过程中与中国共产党的建设及其工作相契合。从这个角度来看，民主党派的组织发展要突破以大中城市为主的状况，要把组织发展到县这一级，首先在经济比较发达的县建立民主党派的基层组织。因为改革开放以来，在经济比较发达的县产生了大量的新阶层人士，民主党派的组织发展对象随着经济的发展而在基层社会大量涌现，因而民主党派具有在县级建立基层组织的社会基础。民主党派在县建立了基层组织之后，能够增强民主党派渗透社会的程度，拓展民主党派的社会基础，同时也可以协助中国共产党在县域范围内协调关系、化解矛盾、促进治理。

第二，与两新组织党建相契合，建立党派的社会组织基础。改革开放以来，产生了大量的社会组织。社会组织的大量涌现对中国共产党的领导和执政形成了挑战，主要表现为社会组织的发展挤占了政党的传统空间，在一些领域代替了政党的功能，影响着政党整合社会的能力。为了应对社会组织发展所带来的挑战，对这些社会组织加强党的工作，中国共产党开展了两新组织党建工作。与此相契合，民主党派与两新组织联系并不是要到其中去建立基层组织，而是一方面要把部分具有统战特色、也有统战人士参与其中的社会组织确定为民主党派的外围组织，另一方面要大力加强民主党派与社会组织的联系，赋予民主党派以社会组织统战功能，以民主党派为依托开展新社会组织统战工作。民主党派的外围组织和民主党派的社会组织统战功能建立起来之后，能够把民主党派的社会基础范围扩展为阶层、社会群体和社会组织，并最终与中国共产党的社会组织党建相契合。

第三，与社会结构变迁相适应，适当拓展党派发展的范围和对象。解放初期，中国共产党与民主党派在发展范围上进行了政治分工，这些发展范围实际上主要是围绕着当时的社会阶层和社会群体来划分的，但是随着社会结构变迁，特别是随着整个社会由计划经济体制向市场经济体制转型，社会中的阶层和群体不断分化组合，部分原有的社会阶层和社会群体消失了，大量新的社会阶层和社会群体产生了。民主党派的发展范围和对象也要随着阶层和社会群体的变迁而不断变化，因为有的民主党派如民革的发展对象如果拘泥于原国民党中上层人士，就会由于成员来源枯萎而削弱，因而民主党派要适应社会结构变化来拓展自身的发展范围和对象，同时把社会结构变迁中产生的大量新的但是没有得到代表的社会阶层和社会群体划为民主党派的发展范围，这样一方面能够扩展民主党派的社会基础，另一方面也能够增强整个社会的代表性，让新产生的社会群体和社会阶层得到政治代表。

四 结论

民主党派的社会基础自诞生之日起就居于革命型政党与宪政型政党之间，社会基础虽然以阶级和意识形态为主要内容，但是相较于中国共产党而言，存在社会基础先天不足的问题。全国解放，民主党派由社会性存在向制度性存在转型之后，改变了民主党派的行为方式、交往方式和社会影响方式。在制度性存在情况下，民主党派的社会基础建设要在国家制度框架下实现两个契合：一是与执政党建设及其执政党的社会基础相契合；二是要与执政党所领导的国家中心工作相契合。两个契合推动了民主党派社会基础的重建与转型。社会主义革命时期，民主党派社会基础中的阶级和意识形态都被消灭，成员经过改造之后留下来，民主党派的社会基础由阶级和意识形态转型为阶层和社会群体。但是反右之后至改革开放之前的这二十年间，民主党派的社会基础不但没有在转型基础上进行重建，而是继续在阶级斗争的政治逻辑下被扭曲和压制。改革开放之后，民主党派社会基础重新得到恢复。并且随着执政党的转型和国家中心工作的转型而在契合二者的过程中得到了发展,民主党派与新阶层实现对接之后,就把一部分建设者作为自身的社会基础,民主党派社会基础的主体就发展成为了劳动者、建设者和爱国者的一部分。在契合与适应的过程中,民主党派社会基础的发展还要求扩大发展的范围、程度和层次,并且在组织化社会中正确处理好与社会组织的关系,发展自身的社会组织,把民主党派社会组织基础的范围发展为阶层、社会群体和社会组织,以适应执政党转型的深入和彻底。

吴晓锋

论强制投票的影响与意义

吴晓锋　上海对外贸易学院法学院副教授,研究方向:社会公正与公共治理。

内容摘要　强制投票是一项规定有选举权的公民必须参加投票的法律或准则。因与“秘密投票”原则相结合,强制投票的强制程度比较有限,同时,它在一定程度上提高了选民投票率。围绕强制投票的论争主要发生在如下三个方面:一是,高投票率增强还是侵蚀了当选者的合法性;二是,废票的出现增强还是削弱了民主;三是,投票应是公民权利还是公民义务?维系共同体的关键在于处理好政治权利与义务的互补关系,强制投票则是平衡二者关系的首选方案。

关键词　强制投票　合法性　政治权利　政治义务

全球目前共有32个国家实行强制投票,涵盖了世界人口的9.6%。其中最为著名的要属澳大利亚,其他国家和地区则有奥地利(两个省)、希腊、比利时、意大利、卢森堡、列支敦士登和瑞士(仅在一个州),以及盛行强制投票制的拉丁美洲国家,如阿根廷、哥斯达黎加、巴西、厄瓜多尔、洪都拉斯、危地马拉、巴拿马、乌拉圭、秘鲁和委内瑞拉。美国的个别州内,也有一些关于强制投票制的尝试:北达科他州(1898年)和马萨诸塞州(1918年)修改了它们的宪法以实行强制投票制,但是它们的立法机关都没有要求执行该制度。此外,塞浦路斯、埃及、斐济、土耳其、泰国、新加坡和菲律宾也都有强制投票制。①

什么是强制投票呢?强制投票,英文称Compulsory Voting或Mandatory Voting,指的是一项规定有选举权的公民必须参加投票的法律或准则。通常来说,强制投票都有与之相配套的一整套制度,包括强制选民登记制度和惩罚制度,后者通常是罚款或者拒绝提供国家津贴。②强制投票已在世界上多个国家实行,产生了投票率提

① Simon Jackman, “Compulsory Voting,” in *The International Encyclopedia of the Social and Behavioral Sciences*(Elsiver), http://jackman.stanford.edu/papers/, 2010-2-10.

② 王勇:《强制投票制的宪政意涵》,《人大研究》2003年第7期。

高、金钱在选举中的作用下降等诸多影响,同时也引发了各种关于公民政治自由被剥夺、权利与义务关系对等的争论。因此,考察强制投票在主要国家的实施状况,梳理其基本特征,分析各种争论的来龙去脉,能帮助我们理解强制投票的内涵,有助于我们更好地推进中国特色的社会主义民主事业。

一 强制投票的实施与效果

澳大利亚是最早实施强制投票的国家之一,其强制投票也经历了一个漫长的演变过程。1911 年,澳大利亚联邦选举实行强制登记。1915 年,强制投票(州选举)在昆士兰州实施,成为大英帝国范围内的首创。此时,正逢联邦选举的投票率不断下降,1919 年为 71%,1922 年则降到 60% 以下。这一状况促成了 1924 年对《联邦选举法》的修正,即规定在联邦选举中实行强制投票。统计结果显示,强制投票效果十分显著,次年(1925 年)投票率就高达 91%,并从此没有跌落到 90% 以下。随后,各州纷纷在州选举中实行强制投票,维多利亚州于 1926 年,新南威尔士州和塔斯马尼亚于 1928 年,西澳和南澳于 1942 年纷纷制订相关法律。唯一的例外是原住民,他们于 1949 年获得选举权后,一直实行自愿登记和自愿投票,直到 1984 年,澳大利亚才对全民实行强制登记与强制投票。①

通过考察澳大利亚等国家实施强制投票的演变过程,分析各种对强制投票的研究,我们可以从中了解该制度的一些基本特征和实际效果。

首先,由于强制投票与"秘密投票"原则相结合,其强制程度比较有限。强制投票制度要求投票人到达投票现场并按既定规则投票,但因为"秘密投票"的民主原则,投票人是循规投票,还是随意在候选人名单上划勾,甚至在选票上乱涂乱画形成废票,都是投票人的自由。换句话说,强制投票在本质上仅仅是强制选民参与"投"票,却不强制选民"写"票。选民的投票意愿,包括投空白票和在选票上书写政治口号,基本不受"强制投票"的影响。

---

① 闻声:《强制投票是个好东西》,《南方周末》2007 年 12 月 5 日。

因此，强制投票虽在形式上有效，却在一定程度上增加了废票，多了很多随意勾选的所谓“驴子票”(Donkey Votes)。可以说，强制投票只是强制了公民在选举日的选举行为，但并未干涉公民的具体投票意愿，公民甚至可以通过随意投票来对强制投票表示“抗议”。

其次，强制投票一般都以强制选民登记制度和惩罚制度作为实施保证。在澳大利亚，凡年满 18 岁以上的澳大利亚公民，都被要求进行选民登记并参加投票。在全球实行强制投票的 32 个国家中，有 19 个国家实行对不投票者进行处罚的制度，澳大利亚就是其中之一。根据澳大利亚的选举法，凡没有注册登记或没有正当理由而不参加投票的人会被处以最高 50 澳元的罚款。

再次，从各国的施行经验和各种研究结论看，强制投票对提高选民投票率产生了显著的直接影响。然而，跨国研究和国内研究的各自发现也表明，这种影响是比较温和的。就跨国研究而言，据一项综述研究的发现，强制投票对提高选民投票率的贡献为 7～16 个百分点①；另一项对 171 个国家投票率进行的研究则表明，即便控制了其他影响投票率的制度和政治因素，实行强制投票的 24 个国家的投票率也只比其他国家高出 6～7 个百分点②。可见，事实上这种影响并不是很大，跨国研究的发现并不吻合我们想象中的逻辑，即强制投票能极大提高选民投票率。

就国内研究而言，对澳大利亚的研究发现，以实行强制投票的 1924 年为界，之前 9 次联邦众议院选举的平均投票率为 64.2%，实行之后的 9 次则为 94.6%，提高了 30.4 个百分点③；在荷兰，1970 年强制投票的取消直接导致了投票率下降了约 10 个百分点直至 84%④；在委内瑞拉，1993 年对不投票行为施行的罚款制度

---

① Arend Lijphart, “Unequal Participation: Democracy's Unresovled Dilemma,” *American Political Science Review*, Vol. 91, 1997, pp. 11-14.

② IDEA. *Voter Turnout from 1945 to 1997: A Global Report on Political Participation*, Stockholm: International Institute for Democracy and Electoral Assistance, 1997.

③ Colin Hughes and B. D. Graham, *A Handbook of Australian Government and Politics, 1890—1964*, Canberra: Australian National University Press, 1968.

④ Galen Irwin, “Compulsory Voting Legislation: Impact on Voter Turnout in the Netherlands,” *Comparative Political Studies*, Vol. 7, 1974, pp. 292-314.

一取消,随后的选民投票率直线下降,达30%①。单看这些数据,我们可能会据此认为,国内研究支持强制投票能显著影响投票率的结论。但对奥地利的一项跨省纵向研究表明,在1953年到1987年的11次联邦议会选举中,未实行强制投票省份的平均投票率为92.7%,而实行强制投票省份的平均投票率则为95.7%,仅高出3个百分点。这种较弱影响显示了强制投票的天花板效应,即强制投票的总体影响是有限的,它取决于一国选举参与的基础水平。换言之,当一国的投票率因其他因素导致低下时,那么实行强制投票时就能较大提高投票率。②这在某种程度上也呼应了跨国研究关于强制投票对提高投票率仅有温和影响的结论。

二 强制投票论争之评析

强制投票自实施以来就一直争议不断,一方面,它产生了提高投票率、削弱金钱在选举中的作用等积极影响,另一方面,它与现代民主精神相悖的强制特征也引起了诸多质疑和批判,甚至引发了学术界对一些民主理论的核心命题的论争。举例来说,通过经济或社会制裁的手段胁迫公民参加投票符合"民主"精神吗?当一定比例的选民虽然参加了投票但实际上都弃权(如投废票或驴子票)时,当选的代表及其政策还具有多少合法性呢?因此,部分政治学者认为,将强制投票仅视为提高选民投票率的一个有效手段就足够了。③

总体来说,赞成和反对的各方都有充足的证据和理由,他们的争论或聚焦于某个议题,或各自就关心的议题展开攻辩。

(一)高投票率:合法性的增强还是侵蚀?

经验研究表明,强制投票确实有效提高了投票率,尽管提高的程度因各国的情

---

①③ Simon Jackman, "Compulsory Voting," in *The International Encyclopedia of the Social and Behavioral Sciences* (Elsiver), http://jackman.stanford.edu/papers/, 2010-2-10.

② Wolfgang Hirczy, "The Impact of Mandatory Voting Laws on Turnout: A Quasi-Experimental Approach," *Electoral Studies*, Vol. 13, 1994, pp. 64-76.

况而异。但是,我们能否由此得出高投票率能增强当选政府或代表的合法性的结论呢?赞成的一方认为,强制手段确保了投票的广泛性,扩大了胜选者的代表性,令选举能最大限度地反映民意。同时,高投票率也给参选的各党派及其候选人以巨大压力,迫使他们必须考虑到最广大民众的利益。尤其是,“高投票率可以有效应对政治参与中的不平等问题,它意味着政党不能忽视目前尚没有参与选举的数以百万计的公民”①。

以美国为例,美国各类选举的投票率始终不高,总统选举的选民投票率也始终徘徊在60%左右。例如,2004年的大选投票率仅为55%,2008年因各种因素提高到近65%,已经算是达到1960年以来的最高水平了。而地方选举有15%的投票率就不错了。不论导致低投票率的其他各种因素如何,若投票率低到“不及格”,是否影响当选者的政治威望乃至合法性呢?

反对的一方承认,强制手段确实提高了选民投票率,在数量上“增加”了当选者的合法性。但所谓合法性,乃是公民基于某种价值信仰对政治统治的一种自愿认同。如果一个政府的合法性是通过强制手段得来,岂不成为了合法性的最大悖论——“强制”的合法性?据此,强制手段非但没有增强合法性,而是对合法性的侵蚀甚至削弱。

我们可以进一步发问:在实行强制投票的国家里,有多少比例的选民是真正自愿或被强制的呢?如前所述,委内瑞拉在1993年取消对不投票行为施行的罚款制度后,导致选民投票率直线下降达30%。但奥地利的一项跨省纵向研究表明,在1953年到1987年的11次联邦议会选举中,未实行强制投票省份的平均投票率与实行强制投票省份的平均投票率仅相差3个百分点。在澳大利亚,尽管争议不断,近几年的民调持续显示,澳大利亚有74%的人赞成强制投票。

综上所述,高投票率的合法性意义也是因地而异的。从各国投票率持续低迷的现状来看,强制投票促使投票率提高,至少增强了当选者在数量意义上的合法性。但是,本质上到底提高了当选者多少程度的合法性,还取决于实施强制投票国家的自身情况,即选民中有多少比例是赞成强制投票或者自愿投票的。

---

① [美]基思·福克斯:《公民身份》,郭忠华译,吉林人民出版社2009年版,第65页。

(二) 投而废票:民主的增强还是削弱?

如前所述,强制投票增加了废票以及虽在形式上有效但却是随意勾选的“驴子票”。反对的一方据此认为,它们实际上降低了选举的有效性。据统计,在2001年的澳大利亚联邦议会选举中,废票中就有22%是空白票,6%还被加写了标语和其他记号。此外,惩罚制度该如何执行?如何界定“合理有效的不投票理由”以及处罚那些不投票人,决定权应该在谁的手里,都是悬而未决的问题。

赞成的一方则认为,由于“公民的选举权利常常被以各种方式侵害和剥夺,而这种侵害和剥夺又被混合在‘不投票的自由’中,难以分辨。即使一部分人果真宣称对政治毫无兴趣,其自身亦难以分辨其源于先天的厌恶、抑或只是出自后天的‘失望’。因此,如能实行强制投票,则选民可以通过选票来完全表达自己的意愿,包括空白票和抗议票”①。诚如斯言,“空白票和抗议票”的公开亮相,将如同当头棒喝,比“有效的”选票更能警醒当选者从而有力地推动善政与善治。

如此看来,强制投票中出现的废票并不是对选票乃至选举资源的简单浪费,事实上,它们“强制”地捍卫了那些投废票者的表达权利。不过,现在的问题倒是,如果当选者要认真对待这些废票,那么该如何区分那些政治冷漠者、政治异见者和抗议强制投票者的不同意愿呢?

(三) 强制投票:公民权利还是公民义务?

从前面的讨论可以看出,关于强制投票的争论,焦点是权利与义务之争,即强制投票是侵犯了公民权利还是履行了公民义务?进而,投票应被视为公民的政治权利还是公民义务?

反对者们认为,投票是公民的基本政治权利,人们既可以选择投票也可以选择不投票。因此,强制投票至少侵犯了个人不参与投票过程——不管出于冷淡还是抗议——的权利,尤其侵犯了那些对政治毫无兴趣的人的权利。他们坚称公民有“放弃权利的自由”,也有不服从的权利。其实,我们可以把公民的投票权利分为两个层次,第一层次为“取”票权,即在选举日取得选票的权利;第二层次为“写”票权,

---

① 闻声:《强制投票是个好东西》,《南方周末》2007年12月5日。

即根据自己的意愿填写选票的权利。据此,强制投票确实侵犯了选民不"取"票的权利。但是,在选民被迫"取"得选票后,由于秘密投票原则的保护,他们完全可以根据自己的意愿来"写"票。通过勾选"都不同意"的选项、投空白票甚至加写标语或其他记号,选民可以充分表达自己的各种政治意愿。如此一来,强制投票虽然形式上侵犯了公民投票权利中的"取"票权,实质上却捍卫了其"写"票权,从而事实上保证了公民的利益表达权利。

拥护者们提出,投票的义务,如同纳税、接受义务教育和参加陪审团一样,是公民义务和责任。为了维系我们赖以生存的共同体,人们大多赞成纳税甚至强制征兵,又有什么理由对强制投票说不呢?"共同体的维系纽带不可能是文化性的,因为我们没有理由指望不同的个体都会对族群产生归属感。因此,我们必须通过普遍公民身份理想的承诺,在政治上促进公民之间的沟通渠道。"①以互补的权利和义务作为联结公民的方式,可以通过加强社会成员的团结和落实公民身份的教育过程来加强政治共同体的基础。

如果一国大部分公民都放弃投票的权利,而仅仅依靠协商或讨论,那么,民主这台机器会否因此失灵甚至停止运转呢?共同体的维护离不开好公民,但首先需要公民履行投票义务,启动民主机器。在维系共同体的意义上,投票不仅是公民的政治权利,更应当是公民的政治义务。强制投票正是实现权利与义务平衡的一种公共政策,它坚定地保证了民主机器的启动和运转。

三　结论

各国经验表明,实施强制投票的制度有效提高了选民投票率,尽管各国之间存在较大差异。高投票率的保障使所有参选人不必将精力浪费到动员选民参加投票上,而是将竞选资源更多地集中在其施政纲领上,因此,强制投票在很大程度上降低了金钱的作用,削弱了选举腐败。另外,由于秘密投票原则的制约,强制投票虽

① Wolfgang Hirczy, "The Impact of Mandatory Voting Laws on Turnout: A Quasi-Experimental Approach," *Electoral Studies*, Vol. 13, 1994, pp. 64-76.

然迫使选民行使“取”票权，却未干涉选民的“写”票权，其强制程度是有限的。

对于高投票率的政治义涵，赞成者们认为它扩大了胜选者的代表性，令选举能最大限度地反映民意，因而增强了当选者的合法性基础。反对者们则认为，“强制”得来的合法性乃是合法性的悖论，更不用说在那些虽实施强制投票但自愿投票比例甚高的国家。对于废票，双方同样产生了针锋相对的观点。反对者们提出了废票降低选举有效性的观点，而赞成者们争辩，形形色色废票的出现恰好表明，强制投票使各种声音和意见都能平等地表达，反过来证明了强制投票的政治正当性。

实质上，双方最根本的分歧在于对投票本质的认识。反对者们倾向于仅将投票视为公民的政治权利，从而公民可以根据自己的意愿选择投票或不投票。在这个意义上，强制投票显然侵犯了公民的“不”投票权。拥护者们则更深入一步，论证投票既是公民的政治权利，更是公民的政治义务。而维系共同体的关键在于处理好政治权利与义务的互补关系，就目前的运作和实施效果来看，强制投票仍是平衡二者关系的首选方案。

张晨　韩舒立

后发国家赶超型现代化进程中的政府转型
——基于新国家主义发展观视角*

张晨　苏州大学政治与公共管理学院副教授，研究方向：政治转型、地方治理；韩舒立　苏州大学政治与公共管理学院政治学理论专业博士研究生。

内容摘要　良性互动的政府与市场关系，是构建现代国家的基础。对先天不足的后发国家赶超型现代化而言，正确处理政府与市场，直接关系着治理有效性和政权合法性，并为进一步的国家成长提供必要条件和可能机遇。政府主导市场下的东亚经济奇迹打破了西方自由经济传统，成为新国家主义基本理论的有力佐证。从“失败国家”到“找回国家”，政府与市场“嵌入式发展”带来的显著绩效，说明后发国家的赶超型现代化历程，无处不需一个有效政府的主导作用。中国三十年的改革开放，作为经济发展的强力推手，各级政府，尤其是地方政府的职能角色正逐步实现从发展型政府向服务型政府转变，为政治发展、社会发育营造了新的成长空间。

关键词　后发国家　新国家主义　政府转型　赶超型现代化

18世纪发生在英国的工业革命，引导人类从封闭、落后、贫穷的传统文明走向开放、先进、富裕的现代文明。欧美发达国家中自生自发的经济、社会和政治秩序，成为了其他后发国家迈向现代文明的标杆。在市场化和全球化的推动下，激烈的国际竞争和迫切的国内需求，使任何有发展指向的后起之秀，在本质上不可避免都被打上了“赶超”的烙印。然而，对于大多数发展中国家来说，通往现代社会的那条道路依然模糊不清。现在仅有的一条由西方国家走通了的强调自由秩序的路径，对于后发国家来说不仅来不及，而且充满不确定性。在现代化历程中，后发国家如何实现“赶超”，国家政府在其中扮演怎样的角色，成为学界普遍长期关心的话题。

* 本文已发表于《中共四川省委省级机关党校学报》2013年第2期，本书收录时略作修改。

20 世纪八九十年代，亚洲“四小龙”和“三小虎”在经济上取得了迅猛发展，引发学术界的热烈关注。与此同时，早期发达工业国家，透过拉美被证明是失败了的治理试验，以及本国自身发展所遭遇的障碍，已经预感到某种危机。由新自由主义倡导的，构建开放市场、鼓励自由贸易，减少政府干预的发展理念受到前所未有的挑战，而新国家主义发展观逐渐受到肯定。尤其对后发国家来说，重新发现并找回国家，几乎已经形成普遍遵循的共识。梳理这些转变，对于理解当下中国地方政府管理创新，全面深刻理解、把握和指导中国改革开放的深入推进，具有重要意义。

一 “失败国家”:“华盛顿共识”的困境

长期以来，英、美等早发国家的主流经济学观点始终认为，以价格调节机制为核心的市场能及时回应社会的供需变化，政府以任何形式干预经济，都将打乱原本自生自发的秩序，破坏经济平衡。因此，只有管得少的政府，才能促进国家经济发展；只有管得少的政府，才是现代社会的好政府。而以新自由主义为理论基础的“华盛顿共识”，作为一项经济政策几乎风靡全世界，对包括拉美在内的诸多发展中国家产生了深远影响，成为新自由主义带有原教旨色彩的巅峰宣言。

新自由主义思想从 20 世纪 70 年代起在西方社会备受追捧。在政治上，他们从个人主义角度出发，否定国家是公共利益的守护者；经济上强调无形之手是实现发展的唯一路径，因而不能受国家干预；他们建议在完全开放的市场中，大规模地实行经济自由化，同时确保经济政策的非政治化。总而言之，任何来自政府的计划不仅不能推动经济发展，反而可能会把整个社会引导到“通往奴役之路”①上。

“华盛顿共识”最早是 1989 年，约翰·威廉姆森(John Williamson)在分析拉丁美洲经济改革时提出“小政府、大市场”的总结。1990 年，在由美国国际经济研究

① [英]弗里德利希·冯·哈耶克:《通往奴役之路》，王明毅、冯兴元译，中国社会科学出版社 1994 年版。

所组织的关于拉美经济调整研讨会结束时，威廉姆森再提“华盛顿共识”，并具体细化为十大处方：降低通货膨胀、平衡预算；优化政府开支结构；税制改革，扩大税基；资本市场化；建立有竞争、可变动的汇率制度；放松外资管制；贸易自由化；国企私有化；放松政府管制；明确和保护私人产权。

然而实践证明，“华盛顿共识”不仅没有药到病除，新自由主义的祸患还深埋在西方本土，直到 2008 年信贷危机席卷全球，影响至今仍在蔓延时，才展现出其破坏性一面。在拉美，尽管推行新自由主义的经济改革取得了一些积极成效，但一系列问题也随之产生。主要表现在五个方面：第一，盲目的私有化产生行业垄断，使失业更加严重，国有企业陷入困境；第二，收入分配不公的问题越来越严重；第三，本国企业竞争力弱，难以适应开放市场；第四，国家减少公共设施供给，推行公共服务市场化，社会发展面临困境；第五，不成熟的金融自由化和过早开放资本项目增加了金融风险。①

为什么拉美国家遵循“华盛顿共识”，却没有取得预期效果，反而衰变为贫富差距大、社会矛盾多的“失败国家”？实际问题出在“华盛顿共识”固有的困境中。在其刚出炉的时候，所谓“共识”就受到一些学者的批判。美国学者约瑟夫·E.斯蒂格利茨(Joseph E. Stiglitz)指出“华盛顿共识”不提政府作用，不涉及人力资本和科技水平的进步，因而忽视了影响经济发展的重要因素。片面强调市场化是“不完整”的，甚至“有误导性”。②热若尔·罗兰(Gerard Roland)进一步指出，削减政府规模，放松政府管制，并不是市场成长和经济发展的充要条件，两者不存在必然的因果关系。③我国学者钱颖一认为，从计划经济向市场经济转轨的后发国家，需要的是创造市场制度。④而“华盛顿共识”这剂药方是开给“已建立市场经济体系但其市场

---

① 由中国社会科学院的多位专家学者组成的“新自由主义研究”课题组认为，“华盛顿共识”的错误指导造就了以阿根廷为主要代表的拉美“失败国家”。参见《马克思主义研究》2003 年第 6 期的特稿《新自由主义研究》；江时学：《新自由主义、“华盛顿共识”与拉美国家的改革》，《当代世界与社会主义》2003 年第 6 期，第 33 页。

② 斯蒂格利茨在 1998 年的著名文章中指出，“华盛顿共识”是一种“市场原教旨主义”理论：政府角色最小化、快速私有化和自由化，是其核心信仰。

③ 参见[比]热若尔·罗兰：《转型与经济学：政治、市场与企业》，《比较》2002 年第 3 辑。

④ 钱颖一：《目标与过程》，《经济社会体制比较》1999 年第 2 期。

体系扭曲的发展中国家,而不是针对市场经济体系完全缺失的转型经济国家"①。

既然拉美仿照西方的模式,走进了死胡同,那么对于后发国家来说,要快速提升综合国力,提高国际竞争力,除了步发达国家后尘之外——这需要很长时间的积累,还有其他发展路径吗?

二 "找回国家":"后发优势"中的政府功能

二战以后,日本经济得到迅速恢复。20 世纪 80 年代韩国、新加坡、中国台湾、中国香港等国家和地区经济取得飞跃式发展。东亚奇迹般的经济增长,引起全世界的瞩目。对此,学术界尝试从不同角度作出解释,具有代表性的观点主要有三类:主张文化论的学者认为,儒家思想重视教育、敬畏权威、提倡勤奋和节俭,对东亚获得成功有重要作用。但问题在于,儒家文化早就存在却没有使东亚国家和地区成为最早的工业国?并且儒家文化并不止影响四小龙,其他相对落后的东亚国家和地区如何解释呢?主张经济自由的学者则把东亚的成功归因于有效推行市场开放、贸易自由和减少政府干预的经济政策。然而事实证明在没有相应政治制度和领导机构的情况下,单纯消解指令性经济,只会造成经济和社会混乱,并伴随高度的结构性腐败,典型案例如泰国和印度尼西亚。同时,很多学者的研究证明日本人"并不信奉看不见的手"②。第三种主张属于国际经济视野,认为东亚国家和地区的发展更多受益于外部环境因素,如美国的援助和海外贸易优势。然而,最令持这类观点的学者感到尴尬的,恐怕还是拉美"失败国家"的例子。

上述理论在解释后发国家经济社会发展绩效差异性上乏力,而新国家主义则逐渐成为解释后发国家经济发展最有效的理论工具。新国家主义的"新"首先表现在对国家的不同理解,他们主张"必须将国家视作比'政府'(Government)还要宽广的范畴。只有持续性的行政、立法、官僚和强制系统,才会不仅要尝试构造某个政体中的公民社会与公共权力之间的关系,还会力图构造公民社会内部的诸多重大

① 田春生:《"华盛顿共识"及其政策评析》,《南开经济研究》2004 年第 5 期,第 3 页。

② Ronald Dore, *Flexible Rigidities: Industrial Policy and Structural Adjustment in the Japanese Economy, 1970-1980*, Stanford: Stanford University, 1986, p. 1.

关系纽带"①。他们认为单纯的国家中心或市场中心都不足以理解东亚经验，恰是国家和市场的协同作用(the synergy of state and market)或"被引导的市场"(guided markets)才是东亚发展的最重要特征。因此新国家主义的核心要义在于"否定国家与市场是相互分裂的看法；反过来说，这种理论强调政府与工业之间协同竞争合作的重要性和为追求发展目标而指导市场所带来的独特动态结果。总之，要把国家找回来，但并不把社会踢出去"②。以此为基础，大多数新国家主义者都把新兴工业国的发展模式归纳为"发展型国家"③。

"发展型国家"一词最早由查默斯·约翰逊(Chalmers Johnson)在1982年，为具体阐述日本经济发展的特殊性，特别是与以英、美为代表的"常规国家"相区别而提出。他指出，发展型国家通过将有能力、有道德的官僚凝聚在一个指导性机构，与商业精英建立密切联系，推行制度化政府与工业网络相结合的发展政策，来控制社会关键资源，以促进经济生产为国家行为的基本目标；同时，特别强调把政策网络与个别利益集团压力相隔离。总结起来，小规模、廉价的精英官僚，有效运行的政治空间，完善的干预市场方法和导航组织是"发展型国家"的四大要素。

"发展型国家"在后发国家经济社会发展中的作用，主要体现在：第一，协作应变，具体是指政府通过协调互补性投资决策的产业政策，鼓励技术革命和新兴产业；第二，国家"应当通过提供一个未来经济'远景'的方式构建那些决策所需的选择集(choice set)"④，即发展型国家必须提供"企业家远景"；第三，发展型国家的另外一个重要功能在于通过构建新制度工具以实现前述的远景；最后也是至关重要的功能是冲突管理功能，发展中经济社会结构不断进行重组和调整，这是一个充满

---

① [美]彼得·埃文斯、迪特里希·鲁施迈耶、西达·斯考克波编：《找回国家》，方力维、莫宜端、黄琪轩等译，三联书店2009年版，第8页。

② [澳]琳达·维斯、约翰·M.霍布森：《国家与经济发展：一个比较及历史性的分析》，黄兆辉、廖志强译，吉林出版集团有限责任公司2009年版，第155页。

③ Chalmers Johnson, *MITI and the Japanese Miracle: The Growth of Industrial Policy, 1925—1975*, Stanford: Stanford University Press, 1982.

④ Ha-Joon Chang, "State, Institutions, and Structural Change," *Structural Change and Economic Dynamics*, Vol. 5, Dec. 1994; Ha-Joon Chang and Bob Rowthorn, "Role of the State in Economic Change: Entrepreneurship and Conflict Management," in Ha-Joon Chang and Bob Rowthorn(eds.), *Role of the State in Economic Change*, Oxford University Press, USA, 1997.

利益纠葛的因而显得矛盾重重的过程。此时,国家如果能以适当的方式管理冲突,就可能确保经济活动所受的干扰降到最低,得以继续进行。从上面归纳的这些基本功能来看,发展型国家并不意味着取代市场机制,而是通过竞争性合作强化干预以支持企业决策。

"找回国家"的理念为后发国家打开一条新的赶超之路,这条道路的特点在于两个:首先,新的发展路径强调政治优先性,国家政府成为经济交易的关键塑造者。"政府更加关心国家在世界产出中占据的份额","把单个国家视作活跃的经济单位","只要能够为国民提供更多财富",就可以经常性"违反市场规则,干预经济交易"。①其次,改变新古典经济学倡导的以价格机制为标准的短期经济行为,强调关注经济的长期效益。"当国家官僚为不同的经济行为体设定不同价格,那么在国际市场创造的长期投资就显得有利可图",而不会出现传统认定发展型国家"故意错误定价"的风险。②

那么,新国家主义发展观对我国改革开放能带来什么有益的启示呢?

三 "嵌入式发展":"政府之手"与"市场之手"对握的启示

自鸦片战争以来,我国一直自强不息,艰难地摸索着实现现代化的路径,其核心就是国家构建(state-building③)。杜赞奇(Prasenjit Duara)认为现代国家构建主要是指"政权的官僚化与合理化,为军事和民政而扩大财源"④。弗朗西斯・福山(Francis Fukuyama)则从国家职能的范围和国家力量的强度两个视角关注国家构建问题,并指出国家治理绩效是衡量国家构建的成败的重要指标。⑤新国家主义强

---

① Michael Mandelbaum, *The Fate of Nations*, Cambridge: Cambridge University Press, 1988, p. 332.

② Alice H. Amsden, *Asia's Next Giant*: *South Korea and Late Industrialization*, New York: Oxford University Press, 1989, pp. 13-14.

③ Charles Tilly(ed.), *The Formation of National States in Western Europe*, Princeton N. U. : Princeton University Press, 1975.

④ [美]杜赞奇:《文化、权力与国家:1900—1942 年的华北农村》,王福明译,江苏人民出版社1996 年版,第 1—2 页。

⑤ [美]弗朗西斯・福山:《国家构建:21 世纪的国家治理与世界秩序》,黄胜强、许铭原译,中国社会科学出版社 1997 年版,第 11 页。

调从政府功能的发挥出发,以有效的治理绩效作为分析现代国家建构的依据。他们认为,问题不在于国家对市场有没有进行干预,或者以怎样的力度进行干预,关键在于国家的经济政策有没有取得实际治理市场的积极效果。所谓强国家,不等于拥有绝对专制性权力的国家,建制性权力才是国家力量的真正来源。

澳大利亚的琳达·M. 维斯(Linda M. Weiss)和约翰·M. 霍布森(John M. Hobson)认为建制性权力包括三个维度:第一,渗透力量,是指国家政权深入社会底层与人民直接互动的能力。渗透力能够帮助政府将国家意志传达到社会的每个角落,有利于社会共识的培育。第二,汲取力量,是指国家为了战争、国防、生产发展或社会福利从社会中汲取资本、人才和各种能源的能力。一个国家的汲取能力通常与其渗透力量以及事前进行协商的能力有着直接关系。第三,就是协商能力。国家行为的本质是统治者与被统治者之间的互换互惠关系。早期的政社互动是一种对等合作,支持者以税款换服务;现在的协商能力则表现为更为复杂的竞争性合作机制。他们两人认为,"国家力量取决于建制性权力的发展程度",能否构成有机国家,能否形成"治理式互赖"(Governed Interdependence)。简言之,国家"拥有有效的嵌入式自主性(embedded autonomy)时,国家力量就会增强"①。

如果把新国家主义的理论放到中国语境中,我们发现虽然该理论对于解释和指导中国的经济改革具有重要的现实和理论价值,但并不完全互相契合。首先,东亚的新型工业化国家基本上都是小国,在地域上具有有限性和同质性,加上以信息、通讯和交通技术为支撑的现代管理技术的运用,国家的经济政策可以落实到每个地方。而中国改革的核心内容在各个差异的地方。尽管地方政府的每一步创新都必须确保在新中国成立以来60多年所构建的体制空间内,但由于各地的资源禀赋、历史文化不同,地方核心行动者的战略选择和运作机制也千差万别,因此各地改革实践对整个现代化进程都具有重要作用。简言之,就是说针对中央的国家经济政策理论,不适宜直接套用来解释地方性经济行为。

其次,此"发展"非彼"发展"。所有具有经济发展指向的后发国家从实质上都

---

① [澳]琳达·M. 维斯、约翰·M. 霍布森:《国家与经济发展:一个比较及历史性的分析》,黄兆辉、廖志强译,吉林出版集团有限责任公司2009年版,第8页。

是"赶超型国家"①,然而由于赶超的起跑线参差不齐,每个国家的体制空间也互不相同,因此,即使都属于"发展型国家",但寻求经济发展的具体策略和手段也会有所不同。大多数中国学者在讨论改革开放以来中国行政改革时都关注到了从管制型政府到服务型政府的转变②,却忽视了在强调回应性、责任性和参与性的服务型政府之前,有近三十年发展型政府的存在。与新国家主义理论中"发展型国家"最大的区别在于,中国发展型地方政府以"政府公司主义"的形式完全替代市场,通过引入竞争性商业机制以实现经济的快速发展。

尽管分析对象和核心概念存在差异,但不代表新国家主义的"找回国家"理论没有借鉴意义。相反,"华盛顿共识"提倡的"休克疗法"使苏联解体、拉美衰退,而东亚崛起则证明了"嵌入式发展"这一理念对后发国家的切实可行性。实际上,中国改革中许多地方政府的成功经验同样表明只有真正实现"政府之手"与"市场之手"的对握,经济才可能实现良好的可持续发展。

四 从发展型政府到服务型政府:政府主导逻辑的转变

中国现代化的"赶超路径"是政府主导型经济社会发展模式的必然逻辑与选择。这和我国的文明传统、革命经验和建国实践有密切关系。新中国建立60多年来,中国各级政府,尤其是地方政府经历了由管制型政府,到发展型政府,再到服务型政府的角色转变与功能转换。

新中国成立后,国际国内的恶劣形势以及革命和历史传统塑造出的管制型政府,是以计划经济体制为基础,中央通过高度集权、垄断资源和意识形态对社会进

---

① 本文所指的"赶超型国家"与林毅夫先生分析发展型国家主要采用的两种经济战略:一是"赶超型战略",二是"比较优势战略"(参见林毅夫:《中国的奇迹:发展战略与经济改革》),其涵义有所不同。本文以为所有有经济发展指向的发展型国家,从本质上都是"赶超型"的。

② 参见詹国彬:《从管制型政府到服务型政府——中国行政改革的新取向》,《江西社会科学》2003年第6期;李景鹏:《从管制型政府向服务型政府的转变》,《新视野》2004年第5期;周光辉:《从管制转向服务:中国政府的管理革命——中国行政管理改革30年》,《吉林大学社会科学学报》2008年第3期。

行严密监控;地方政府只不过是“中央到乡镇整条行政链条上的中介,是中央政策的传声筒”①。然而,高度集中的中央集权造成地方政府能动性低下,社会成长缓慢。1978 年,为了应对经济的困境,中央开始赋予地方政府一定自主权,通过分权化改革重新梳理中央与地方关系。一系列改革在事实上承认了地方政府的利益,使地方政府具有了双重身份:一方面,它依然是中央政府在一个地区的代表,是中央政府政策得以贯彻和执行的代理人,在压力型体制下必须服从中央指示;另一方面,它又是地方利益的代表者,维护地方利益和促进地方发展,地方政府在决定和处理本行政区域内的政治、经济和社会事务方面拥有了越来越多的自主权。地方政府自主性的提升,极大地调动了地方政府发展地区经济的积极性,发展型政府逐步替代了计划经济时代管制型政府的角色。所谓发展型政府,是指发展中国家在向现代化工业社会转变的过程中,以推动经济发展为主要目标,以长期担当经济发展的主体力量为主要方式,以经济增长作为政治合法性主要来源的政府模式。②由此,地方政府在以举国体制为基础的发展主义导向下实现“公司化”转型,从中央到地方,造就了 7 万多个具有强烈经济激励机制的政府经济主体③,也构成了改革开放 30 多年来中国经济增长绩效的基本动力。

没有市场的时候,政府不得不替代市场、培育市场;没有社会的时候,政府不得不“全能”,不得不“管制”。然而三十多年的改革开放,市场即便发育不良,也已经从无到有;社会即便还很幼稚,也已经蹒跚学步。对东部沿海发达地区的地方政府来说,仅仅停留在“发展”层面已经无法满足市场和社会的需求,“服务型政府”的提出成为政府主导逻辑转变的必然结果。20 世纪 80 年代以来,强调技术理性的新公共管理在西方风靡一时,然而随着诸多社会管理问题的出现,人们发现新公共管理运动过于强调效率,缺乏对人自身价值的关怀,因此 20 世纪 90 年代兴起了以公民权为核心的新公共服务理论。进入 21 世纪以后,随着加入世贸组织的客观要求,2003 年以来又接连遭遇了“非典”、地震等重大公共突发性事件,构建服务型政

① 徐邦友:《中国政府传统行政的逻辑》,中国经济出版社 2005 年版,第 343 页。

② 郁建兴、徐越倩:《从发展型政府到公共服务型政府——以浙江省为个案》,《马克思主义与现实》2004 年第 5 期,第 65 页。

③ 温铁军:《解读苏南》,苏州大学出版社 2011 年版,第 201 页。

府的呼声日渐高涨。2004 年初,温家宝在中央党校省部级主要领导干部"树立和落实科学发展观"的专题研究班结业式上第一次明确提出要"建设服务型政府"。2005 年的十届三次人大会议的《政府工作报告》中又再次强调"在社会主义市场经济条件下,政府的主要职能是经济调节、市场监管、社会管理和公共服务","公共服务就是提供公共产品和服务,包括加强城乡公共设施建设,发展社会就业、社会保障服务和教育、科技、文化、卫生、体育等公共事业,发布公共信息等,为社会公众生活和参与社会经济、政治、文化活动提供保障和创造条件,努力建设服务型政府"。2006 年 10 月,《中共中央关于构建社会主义和谐社会若干重大问题的决定》再一次明确提出:"建设服务型政府,强化社会管理和公共服务职能";2007 年党的十七大提出"加快行政管理体制改革,建设服务型政府";2012 年党的十八大更是提出了"建设职能科学、结构优化、廉洁高效、人民满意的服务型政府"的行政改革目标。逐步推动各级政府从发展型政府到服务型政府角色的转变,已成为今后中国政府改革与转型的基本任务。

但是,国内众多学者借鉴和引入新公共服务理念来理解中国语境下的服务型政府在内涵上是有出入的①,两者最大的差异在于,我国服务型政府概念的提出,从根本上还是服务于把蛋糕做大的既定目标,尽管由于经济增长过程中的诸多问题逐步积压和呈现,使得政府职能的转变中已经出现对"分蛋糕"的关注,而且建立和完善公平正义的社会分配体系也将是服务型政府的最终归宿。但目前来说,我国地方政府的"分蛋糕"仍然是为了更好地"做蛋糕"。因此,从本质上讲,服务型政府可以被称为"后发展型政府",是对早期发展型政府的扬弃。具体说来,从目标来看,政府对经济发展的重视依旧不变:强调服务是为了更好地发展经济;只不过,推动发展的手段发生了变化:"发展型政府"是以政府替代市场,而"服务型政府"侧重于为企业搭建有效(快捷、实惠、公正、透明、法制)的成长平台,从替代更多走向引导。当然我们也要看到,在政治制度空间没有发生根本变化的前提下,以"全员招

---

① 参见郁建兴、徐越倩:《从发展型政府到公共服务型政府——以浙江省为个案》,《马克思主义与现实》2004 年第 5 期;杨雪冬:《公共权力、合法性与公共服务型政府建设》,《华中师范大学学报》(人文社会科学版)2007 年第 2 期;张康之、张皓:《在后工业化背景下思考服务型政府》,《四川大学学报》2009 年第 1 期。

商"为核心的"动员—压力—运动治理"传统治理逻辑依旧发挥重要的激励和撬动作用,并且具体落实表现为"领导挂帅、部门联动、对外驻点、目标倒逼、强化考核、责任管理、合力招商"的具体行动策略。①这进一步说明了,我国的服务型政府其内在根本逻辑依旧没有改变的事实。

五 结语

政府、市场和社会是人类在寻求生存和繁衍的艰难历程中,逐渐演化生长出来,与自然世界相对应的多维度发展空间。公正、效率和多元是三者不同的指向,据此为标准,人类得以顺利开展和处理各项公共事务:有效组织生产、合理分配产品、积极参与社区互动。然而,三个指标之间往往存在着冲突,因此,人们不得不在一次次发展危机中,像钟摆一样调整方向,以达到动态平衡。螺旋式上升、波浪式前进的历史发展轨迹,同样适用于政府职能的变迁。后发国家在推动市场发展的同时,随着人口结构的改变、现代技术的进步,社会也面临着转型的阵痛。现有转型相对成功的案例,以及我国已经走过的发展历程来看,一个有效的政府在社会转型中将起到至关重要的作用。

---

① 张晨:《"动员—压力—运动治理"体制下后发地区的治理策略与绩效——基于昆明市2008—2011年的发展经验分析》,《领导科学》2012年第11期。

杨小辉　顾闻

选拔制下干部年轻化的挑战与极限

——以改革开放以来中央委员会平均年龄变化为例*

杨小辉　上海政法学院国际事务与公共管理系讲师，海权战略与国防政策研究所研究人员，研究方向：近代中国知识阶层转型与中国政治、近代中国文武关系的演变；顾闻　上海师范大学政治学理论专业硕士研究生。

内容摘要　20世纪70年代末80年代初，在干部严重老化的背景下，中共中央自上而下大力推动干部年轻化政策，通过"年龄限制"与"任期制"的配合结束了实际上存在的"领导职务终身制"，较好地解决了政治继承问题。但现阶段由于对"职务历练"和"逐级晋升"的强调，尤其是为选拔体制自身所束缚，干部年轻化也面临在中央委员层级难以继续深入推进、破格提拔的年轻干部遭遇合法性质疑等诸多问题与挑战。其实，这一切均植根于现行选拔制度的内在逻辑。从根本上来说，只有减少行政层级，实现从自上而下的选拔制向自下而上的选举制的转变，上述问题和挑战才能迎刃而解。

关键词　选拔制　干部年轻化　年龄限制　职务历练　逐级晋升

精英问题是了解社会和政治变化的核心问题。因此，哈罗德·拉斯韦尔(Harold Lasswell)一针见血地指出："政治研究就是对权势和权势人物的研究。"①史天健在《中华人民共和国的文化价值与民主》一文中也强调：中国政治的未来既不是由全球化的力量塑造的，也不是由市场化的逻辑来改变的，而是由中国的

* 本文得到了2010年教育部人文社会科学基金项目"对中国模式的挑战：纵向民主与中产阶层发展问题研究"(项目编号：10YJA810011)以及2009年上海市教委科研创新项目"踯躅于'革命'与'宪政'之间"(项目编号：10YS225)的资助。

① [美]哈罗德·拉斯韦尔：《政治学——谁得到了什么？何时和如何得到？》，杨昌裕译，商务印书馆1992年版，第3页。

政治精英来左右的。"正是中国的精英，在中国未来是否发生政治变化上发挥关键作用。"①如果我们接受史天健的观点，并认可乔万尼·布西诺(Giovanni Busino)"更加专业化的政治精英始终是政治权力的垄断者，并领导着社会生活中所有重大的变革"的论断②，那么要了解中国改革开放以来的巨变，我们就必须密切关注中国政治精英的新陈代谢问题。而在中国语境里，官员年龄与干部年轻化政策则是观察这一问题的一个能够量化的关键指标。③有鉴于此，本文以改革开放以来中央委员会平均年龄演变为例，聚焦选拔制度下的干部年轻化问题，重点讨论"年轻化"政策所面临的挑战以及选拔制下这一政策的极限。

一　以党管干部为核心的组织人事制度

1949年中华人民共和国成立之后，中共沿用武装斗争时期根据地政权建设的经验，短时间内即在全国范围内建立起了党国同构、党国一体、党国一家的党的体制④，

① Tianjian Shi, "Cultural Values and Democracy in the People's Republic of China," *The China Quarterly*, Vol. 162, 2000, p. 558.

② 转引自[法]艾米莉·唐:《中国的党校与领导精英的培养》，载吕增奎主编:《执政的转型:海外学者论中国共产党的建设》，中央编译出版社2011年版，第169页。

③ 国内对于干部年轻化问题的研究主要聚焦于以下两个方面:其一是梳理邓小平、陈云等作为这一政策倡导者对于干部年轻化问题的论述和思考，其二是从理论上讨论干部年轻化的问题，越来越多的学者注意到其中存在的一刀切倾向所带来的负面效应，提议用"合理化"代替"年轻化"。既往研究存在的问题一方面是缺乏经验研究尤其是数据上的支撑，另一方面则是对于干部年轻化问题的讨论并未将之放置到整个组织人事制度当中去分析，进而过于强调其负面效应，相对忽略了其在政治继承层面的意义。海外研究中最有代表性的学者当推台湾政治大学的寇健文，他将中共干部年轻化政策放到了政治继承的理论脉络中来讨论。他以"梯队接班"模式为核心，通过"年龄限制"、"任期制"、"职务历练"、"逐级晋升"等关键词，着重从制度化的角度分析了干部年轻化政策，相关论述细致、深入、到位。唯一令人遗憾的是他的讨论更多聚焦政治局委员这一层级以上的党和国家领导人，并未深入分析中央委员这一群体。有鉴于此，本文聚焦中央委员这一政治精英群体，重点讨论选拔制下干部年轻化政策的挑战与极限问题。

④ 陈明明:《党治国家的理由、形态与限度》，载陈明明主编:《共和国制度成长的政治基础》，上海人民出版社2009年版;[匈]雅诺什·科尔奈:《社会主义体制——共产主义政治经济学》，张安译，中央编译出版社2007年版，第37页。

形成了“党的中央集权”①。为了更好地实现党政合一，新中国成立初期中共在中央政府的内部建立了党委和党组，以保证党对中央政府工作进行有效监控，并管理中央政府内部的党员。地方则仿照中央的模式设立了党的各级委员会，与之对应的各级地方政府成为其政策执行机构。通过各级党委，中共建立了集权的组织基础，并逐步形成了一整套干部人事管理制度，编织出一个严密的权力网络。整个制度中，第一位的是党管干部的原则，中共在干部任免方面具有决定性的权力，干部提名、考核、任免等管理权限集中到组织部门。其次是“分部分级管理”，“分部管理”就是按照工作需要把全体干部分为九类，在中央及各级党委组织部的统一管理下，由中央及各级党委的各部分别进行具体管理；“分级管理”则是指在中央和地方各级党委之间，建立分工管理各级干部的制度。在 1984 年 7 月之前，中国推行的是“下管两级”的政策，中央负责省和地区一级干部的任命，省级政府负责县乡两级干部的任命，之后改为下管一级的管理体制。②2002 年 7 月颁布的《党政领导干部选拔任用工作条例》适应新时代的需要进一步明确了上下级党委的权限。该条例规定：“选拔任用党政领导干部，应当按照干部管理权限由党委（党组）集体讨论作出任免决定，或者决定提出推荐、提名的意见。属于上级党委（党组）管理的，本级党委（党组）可以提出选拔任用建议。”③

党政干部选拔任用制度是现行干部人事制度最重要的组成部分之一。从遴选规则和条件看，现行干部选拔制度设置了严格细致的标准，既包括选拔对象的政治素质、政治信仰，也包括年龄、学历、职级等，门槛较高，入口较严。从起点看，它是自上而下进行的，贯彻上峰意图、体现上层意志是其本意。从政治动员过程和性质来看，它重视上级意志。从组织机关扮演的角色来看，在选拔制度下，组织机关实行控制性管理，对选拔人才的方式、步骤乃至具体人选，事先都做好了安排，整个过程都要贯彻组织机关的意图。从选民的角色看，在选拔制度中，由于候选人一般都

---

① 林尚立：《中国共产党与国家建设》，天津人民出版社 2009 年版，第 170 页。

② 参见周黎安：《转型中的地方政府：官员激励与治理》，格致出版社、上海人民出版社 2008 年版，第 102 页。

③ 《党政领导干部选拔任用工作条例》，http://news.xinhuanet.com/ziliao/2003-01/18/content_695422_1.htm。

是预定的,因此选民很被动,很多情况下,选民均无从了解候选人及其政治倾向、施政纲领和目标;此外,民众也没有有效办法对选拔产生的官员进行有效监督。从候选人的角色看,在选拔制度中,候选人倾向于接近领导、上级。从性质看,它是一种定性的、主观的人才选拔制度,随意性较强,透明度不高,人治色彩浓厚,体现的是统治者的意志。综合言之,选拔制度具有很强的计划性、目标性和针对性,可以根据需要进行培养和选拔,从整体上保证了人才的配置能够实现上层的意图。用好这一制度,可以选拔出一批有治国能力的技术官僚。但是,现行党政干部选拔任用制度也有难以克服的弊端:即它一般是自上而下的单向行为。①

综合来看,中国现行的党政领导干部选拔任用制度实质上是一种干部任命制。它使从中央到地方的各级党委在各自管理权限范围内对于各种职位官员的选拔具有排他性权力②,而且政治层级体系中的提拔机会往往会被领导们作为激励手段来回馈支持者,用以建立支持者团队。简而言之,现行的党政领导干部选拔任用机制是作为中国唯一执政党的中共按照自己的意志和需要,设定程序,挑选代理人的过程。现行选拔制度最大的症结就在于自下而上的"权为民所赋"的过程缺失,以及由此衍生出来的各种问题,尤其是合法性上的挑战。可以说,干部年轻化政策所面临的挑战与极限问题均植根于现行选拔制度的内在逻辑。

二　改革前中央委员老龄化问题与改革之初干部年轻化的举措

中共建立政权之后,中央委员的年龄逐步增大,"文革"结束之初已经出现严重的老龄化问题。1945 年中共七大选出的中央委员会的平均年龄是 46.3 岁,1956 年八大上升到 56.4 岁,1969 年九大则达到 61.4 岁。③20 世纪 70 年代选出的两届

---

① 参见唐元松:《选拔制度与选举制度辨析及启示》,载黄卫平主编:《当代中国政治研究报告Ⅰ》,社会科学文献出版社 2002 年版,第 210—222 页。

② John P. Burns, *The Chinese Communist Party's Nomenklatura System*, Armonk, NY: M. E. Sharpe, 1989.

③ 年龄数据是笔者根据贺国强主编、中共党史出版社 2004 年 11 月出版的《中国共产党历届中央委员大辞典(1921—2003)》统计计算而来。中共七届中央委员会 77 名成员中有 67 名当选为八届中央委员,这一事实即能大体解释中央委员会的平均年龄从 1945 年的 46.3 岁上升到 1956 年的 56.4 岁。

中央委员会的平均年龄分别是 62.1 岁(1973 年第十届)和 64.4 岁(1977 年第十一届),这一精英群体当选时的平均年龄继续增大,只是增加幅度稍小一些罢了。而且 60 岁和 70 岁以上的委员比例在 1969 年、1973 年和 1977 年的中央委员会中稳步上升。①1976 年,78 岁的国务院总理周恩来、90 岁的全国人大常委会委员长朱德、83 岁的党中央主席毛泽东先后辞世,他们的平均年龄达到 83.7 岁,执政长达 27 年,再加上 1975 年去世的两位政治局常委董必武(89 岁)和康生(77 岁),此时十届一中全会选出的政治局常委会仅剩下王洪文、叶剑英、李德生、张春桥 4 人。另据统计,1965 年,国家机关 30 多个单位主要领导人的平均年龄是 55 岁,其中 55 岁以下的占 70%,66 岁以上的只占 5.7%。而到了 1980 年,平均年龄变成了 63 岁,其中 55 岁以下的仅占 9%,66 岁以上的占了 40% 以上。②这一切均表明这样一个不容回避的事实,即中共建立新中国 30 多年之后,由于事实上的领导职务终身制,包括整个中央委员会在内的整个干部队伍的上层已经严重老龄化了。因此,1979 年 9 月,叶剑英在国庆 30 周年大会讲话中批评当时的干部人事制度存在严重缺陷,不利于人才选拔和培养,并呼吁各级领导班子多增加中青年干部。③1980 年 8 月,邓小平在会见意大利记者奥琳埃娜·法拉奇(Orana Fallaci)的谈话中也坦陈:“我们存在一个领导层需要逐渐年轻化的问题。……过去没有规定,但实际上存在领导职务终身制。这不利于领导层更新,不利于年轻人上来,这是我们制度上的缺陷。这个缺陷在六十年代还看不出来,那时我们还年轻。这不是一个人的问题,是整个制度的问题。”④

这种选拔培养年轻干部的紧迫性在当时两位主要领导同志邓小平和陈云的诸多讲话及文章中得到了淋漓尽致的体现。简单统计《邓小平文选》第 2 卷和《陈云文选》第 3 卷,我们就发现陈云同志至少 3 次专门强调这一问题,如果将涉及的也包括在内则有 5 次,而邓小平同志在讲话中强调这一问题的地方也有 5 次。其中,

---

① 数据来源同上,同时亦可参见[美]詹姆斯·R.汤森、布兰特利·沃马克:《中国政治》,顾速、董方译,江苏人民出版社 2007 年版,第 193—195 页。

② 陈凤楼:《中国共产党干部工作史纲》,党建读物出版社 2003 年版,第 223 页。

③ 叶剑英:《向着四个现代化的宏伟目标前进》(1979 年 2 月 19 日),载中共中央文献研究室主编:《十一届三中全会以来重要文献选读》上册,人民出版社 1987 年版,第 794 页。

④ 《邓小平文选》第 2 卷,人民出版社 1994 年版,第 350 页。

陈云同志一篇题为《提拔培养中青年干部是当务之急》的文稿还曾印发 1981 年 6 月举行的中共中央政治局扩大会议和十一届六中全会。①在邓小平和陈云的大力推动之下，当时组织人事工作的重心很快就转移到了甄别提拔有能力、教育水平相对较高的年轻梯队上来。

为了缓解当时干部队伍“青黄不接”的严重状况，中央开始成千上万地选拔和培养中青年干部。在陈云的建议下，1980 年 2 月 28 日，十一届五中全会重新设立了书记处。由此，中共中央形成了中央书记处、中央政治局和中央政治局常委会三个层次的领导体制。②但当时书记处 11 名成员的平均年龄也超过 65 岁，不算年轻。于是，陈云郑重提出：“书记处和全党的一个重要任务，是要在各级选择合格的年轻干部。”③1980 年，邓小平在著名的“8・18 讲话”中，强调指出：“组织上，迫切需要大量培养、发现、提拔、使用坚持四项基本原则的、比较年轻的、有专业知识的社会主义现代化建设人才。”“但是目前的主要任务，是善于发现、提拔以至大胆破格提拔中青年优秀干部。这是国家现代化建设事业客观存在的迫切需要，并不是一些老同志心血来潮提出的问题。”④1981 年 5 月，陈云写了一份建议，分送邓小平、胡耀邦。他在建议中提出：“从现在起，就成千上万地提拔中青年干部。”⑤“我们所要提拔培养的干部，不仅是年龄在 50 岁左右的人，而且在数量上占多数的应该是 40 岁左右的人、40 岁以内的人。让他们在各级领导岗位上经过几年以至十来年的锻炼，就可以成为大量提拔高级领导干部的后备力量。”⑥这里所说的后备

---

① 《陈云文选》第 3 卷，人民出版社 1995 年版，第 292—297 页。

② 叶剑英同志在当时的讲话中指出：“中央书记处，我考虑就是准备接中央的班的。(《三中全会以来重要文献选编》上，人民出版社 1982 年版，第 388 页。)并要集体交接班，而不是个人交接班，因此，中央书记处要成为培养锻炼党的高级干部的场所。”《关于成立中央书记处的决议》(一九八〇年二月二十八日通过)也解释说：重设书记处的目的是“为了便于中央政治局和它的常务委员会能够集中精力，考虑和决定国内外事务中的重大问题，同时使党的各方面大量日常工作能够及时地有效率地得到处理”，http://cpc.people.com.cn/GB/64162/64168/64563/65373/4441912.html。有关中央书记处的组织沿革与功能变迁请参见李林：《中共中央书记处的组织沿革与功能变迁》，《中共党史研究》2007 年第 3 期。

③ 《陈云文选》第 3 卷，人民出版社 1995 年版，第 270 页。

④ 邓小平：《党和国家领导制度的改革》(一九八〇年八月十八日)，载《邓小平文选》第 2 卷，人民出版社 1994 年版，第 322—327 页。

⑤ 陈云：《提拔培养中青年干部是党务之急》，载《陈云文选》第 3 卷，人民出版社 1995 年版，第 293 页。

⑥ 同上书，第 294 页。

力量，就是后来提出的“第三梯队”。1981 年 7 月 2 日，邓小平在中共省、市、自治区委员会书记座谈会上的讲话中，再次提出选拔培养年轻干部是个战略问题，是决定我们命运的问题。老干部第一位的任务“是选拔中青年干部”；“我们两个人（邓小平、陈云——引者注）的主要任务是要解决这个问题”；“解决干部年轻化这样一个大问题，我们老同志要开明，要带头。”①

据统计，截至 1982 年，在大革命时期、土地革命时期、抗日战争时期和解放战争时期参加革命的老干部还有 250 万人健在，其中绝大部分还在工作岗位上。②有鉴于此，1982 年 2 月，中共中央作出了《关于建立老干部退休制度的决定》，规定担任中央或地方省部级领导干部的同志，正职一般不超过 65 岁，副职一般不超过 60 岁。③基于现实考虑，该决定替邓小平、陈云、叶剑英等人保留了不受退休年龄限制的权利。其中写道：“在党和国家领导人中，需要保留少量超过离休退休年龄界限的老革命家。特别是当前和今后一个时期的历史条件下，……更需要有若干位经验丰富、德高望重，能够深谋远虑、统筹全局，而且精力上能工作的老同志，留在党和国家的中枢领导岗位上。”④换言之，中共干部退休制度在创立之时并不是一个完整、完善的制度。但从制度层面来说，《关于建立老干部退休制度的决定》是中共

① 邓小平：《老干部第一位的任务是选拔中青年干部》（一九八一年七月二日），载《邓小平文选》第 2 卷，人民出版社 1994 年版，第 388、385 页。

② 陈凤楼：《中国共产党干部工作史纲》，党建读物出版社 2003 年版，第 231 页。

③ 《中共中央关于建立老干部退休制度的决定》（1982 年 2 月 20 日），载中共中央文献研究室编：《十一届三中全会以来重要文献选读》上册，人民出版社 1987 年版，第 414 页。其实在该决定正式出台之前，以邓小平、陈云两位元老为首的中共中央已经做了不少工作。1979 年 7 月，邓小平提出建立党的退休制度。1980 年 4 月 23 日，中共中央政治局会议通过《关于丧失工作能力老同志不当十二大代表和中央候选人的决定》。决定指出，为了使出席中共十二大的代表和大会选举的中央委员会中，有相当比例的年富力强的同志，使党的领导机构能够适应社会主义现代化建设繁重任务的需要，保证党的路线、方针、政策的长期连续性，中央决定，凡年事已高，丧失工作能力和生活自理能力的老同志，不能当中央的十二大代表和中央委员会候选人。这是废除实际上存在的干部职务终身制和逐步更新领导班子的前奏。1980 年 12 月，邓小平在中央工作会议上再次提出实行干部离休、退休制度。1981 年 6 月 8 日，陈云主持起草了《关于老干部离退休座谈会纪要》。纪要指出干部实行离退休制度是根本办法，这是一件十分重要而且必须做好的大事，它关系到成千上万应该离退休的干部，而且也关系到每个干部将来所必须面对的现实。纪要还提议制定干部离退休的条例。

④ 《中共中央关于建立老干部退休制度的决定》（1982 年 2 月 20 日），载中共中央文献研究室编：《十一届三中全会以来重要文献选读》上册，人民出版社 1987 年版，第 415 页。

建立党政干部退休制度、推进干部年轻化政策所迈出的第一步，也是最重要的一步。根据这一决定，大批老干部退出领导班子，大量中青年干部走上了领导岗位。①

1982 年 3 月，中央政治局常委会举行会议，再次讨论培养提拔中青年干部问题。邓小平在会上表示，他对中组部提交的优秀中青年干部名单不满意，认为存在两大问题：第一，年龄偏高；第二，文化程度太低。大学毕业的很少，没有几个大学毕业生。②陈云同意邓小平的意见，要求组织部门在知识分子中多选拔培养一些中青年干部。③1982 年 3 月，根据陈云的提议，中组部内新成立了具体落实这一政策的机构"青年干部局"，首任局长李锐。④是年 6 月，十一届六中全会通过的《关于建国以来党的若干历史问题的决议》正式确定："废除干部领导职务实际上存在的终身制，改变权力过分集中的状况，要求在坚持革命化的前提下逐步实现各级领导人员的年轻化、知识化和专业化。"⑤《关于建立老干部退休制度的决定》和《关于建国以来党的若干历史问题的决议》，从制度层面废除了领导职务实际上存在的终身制，为实现干部的年轻化、知识化、专业化奠定了人事管理的制度基础，进而为党和国家政治权力稳定的代际转移奠定了基础，同时也有利于从根本上保障党和国家政治生活正常进行和健康发展，保持领导机构的生机与活力。

1982 年 9 月召开的中共十二大，顺理成章地将"革命化、年轻化、知识化和专业化"作为干部队伍的培养目标写入了党章⑥，并设立顾问委员会作为必要的过渡性措施。中共十二大通过的党章明确规定，党的各级领导干部，无论是选举

---

① 据统计到 1986 年底，全国共有 137 万 1949 年前参加工作的老干部离休或退休。参见陈凤楼：《中国共产党干部工作史纲》，党建读物出版社 2003 年版，第 233 页。

② 有统计数据表明：1980 年，在全国 2 000 多万干部中，大学毕业的只占 20%左右，初中文化以下的在 40%以上。参见陈凤楼：《中国共产党干部工作史纲》，党建读物出版社 2003 年版，第 223 页。

③ 参见熊亮华：《十一届三中全会后中央高层决策选拔年轻干部内幕》，http://leaders.people.com.cn/GB/107021/9398333.html。

④ 崔武年：《我的八十三个月》，香港高文出版社 2003 年版，第 4 页。

⑤ 《关于建国以来党的若干历史问题的决议》（一九八一年六月二十七日中国共产党第十一届中央委员会第六次全体会议一致通过），http://cpc.people.com.cn/GB/64162/64168/64563/65374/4526454.html。

⑥ 参见中共十二大通过的《中国共产党章程》第三十四条，http://cpc.people.com.cn/GB/64162/64168/64565/65448/6415246.html。

产生的还是由领导机关任命的,他们的职务都不是终身的,都可以变动或解除。年龄和健康状况不适宜继续担任工作的干部,应当按照党和国家的规定年龄离休和退休。但是党章并没有规定中央领导人的退休年龄,也没有对领导人的任期作严格的限制。根据胡乔木当时的解释,这种针对领导人个人的工作任期"因人因事而异"的做法,是经过反复认真考虑的,是在党章修改过程中最后作出的慎重决定。①中共十二大的决议和党章的修改均表明党内领导人人事变动、离休和退休开始趋于制度化,但还没有彻底规范化和程序化,这一切还需要有一个过渡阶段。②

领导干部的"四化",尤其是"年轻化"首先是从中央领导机构开始的。中共十二大上,一大批德高望重的老同志退出第一线,一大批相对年轻、精力充沛的干部进入了中央委员会。在中共十二大选出的348名中央委员和候补委员的名单中,新当选的委员和候补委员有211人,占60.6%,其中三分之二年龄在60岁以下,具有大专以上学历的有120人,专业技术人员增加到159人。③中共十二大结束不久,根据中央的安排,由政治局委员宋任穷任组长、中央委员李锐任副组长的省市机构改革领导小组旋即挂牌并开展工作。为了保证干部调整工作的顺利开展,领导小组采取了两个"三分之一"的强硬措施,规定省委常委中50岁以下的要占三分之一,大学文化程度的要占三分之一。④此后,全国各级领导班子按照"四化"的标准进行了调整。中央和国家机关率先进行,国务院所属41部委的正副部长、主任平均年龄由原来的65.7岁下降到54岁,具有大专以上文化程度的人数由原来的35.5%提高到52%。经过此次调整,省级领导班子的平均年龄由原来的62.3岁下降到55.5岁,其中55岁以下的由原来的15%提高到48%,40岁以下的有9人。具有大专以上文化程度的由原来的20%提高到43%,其中新进班子的人员中,大

① 《胡乔木同志就党章修改问题答新华社记者问》,《人民日报》1982年9月14日。

② 参见胡鞍钢:《中国领导人新老交替的制度化、规范化和程序化》,载胡鞍钢、王绍光、周建明主编:《第二次转型:国家制度建设》(增订版),清华大学出版社2009年版,第176页。

③ 上述数字根据贺国强主编、中共党史出版社出版的《中国共产党历届中央委员大辞典(1921—2003)》统计计算而来;另参见周黎安:《转型中的地方政府:官员激励与治理》,格致出版社、上海人民出版社2008年版,第104页。

④ 参见周荣初:《李锐:仍骑虎背进诤言》,《名人传记》2005年第6期。

专以上文化程度的占71%。①1984年4月,中共进一步调整省级党政领导班子,"调整后的省、区、市党委常委和正副省长、主席、市长,平均年龄由57岁降为53岁。绝大多数省、区、市的领导班子都有40岁左右、50岁左右、60岁左右的干部,初步形成梯形的年龄结构。具有大专文化程度的人,从上次调整后占43%上升到60%。"②

三 中央委员会平均年龄的演变趋势

在回顾了改革开放之初中共所面临的领导干部老龄化问题,以及解决上述问题的种种应对举措(即提出干部"四化"方针,废除实际上存在的领导职务终身制,逐步建立以年龄限制为基础的离退休制度,大力推动并落实"干部年轻化"政策的来龙去脉)之后,我们便可以展开对于中共建立新中国以来历届中央委员会平均年龄演变趋势的分析,并透过这种分析揭示"年轻化"政策所面临的各种障碍和挑战。

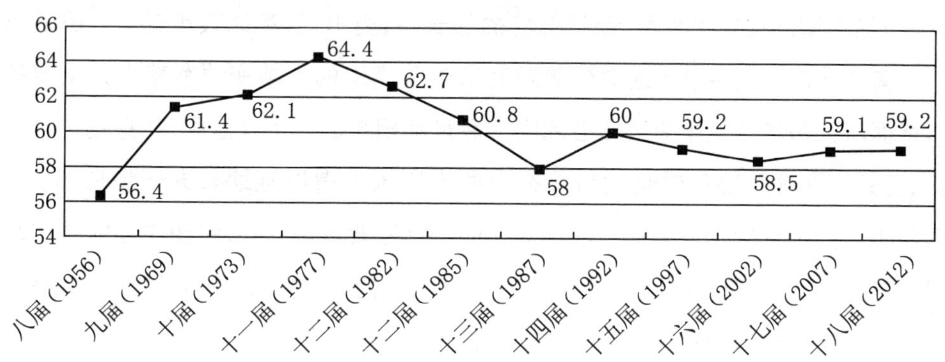

图1 中共建立新中国以来历届中央委员会平均年龄演变趋势③

① 参见陈凤楼:《中国共产党干部工作史纲》,党建读物出版社2003年版,第234页。另参见周黎安:《转型中的地方政府:官员激励与治理》,格致出版社、上海人民出版社2008年版,第104页。

② 《人民日报》1985年9月9日,载"政治体制改革资料选编"编写组:《政治体制改革资料选编》,南京大学出版社1987年版,第264页。

③ 中共十二届中央委员会至中共十六届中央委员会数据根据贺国强主编、中共党史出版社2004年11月出版的《中国共产党历届中央委员大辞典(1921—2003)》统计计算得到。而中共十七届、十八届中央委员会的数据则来源于新华网、人民网等发布中央委员简历的权威网站。下文图表中的数据出处也和此处一样,恕不再一一注明。

从图1中我们不难看出，自1956年中共八大之后，中央委员会的平均年龄不断上升并在1977年达到64.4岁这一中共历史上的顶峰，如果不考虑其中的人员变动，十一届中委任期届满时的平均年龄则更是达到惊人的69.4岁。也就是说，从平均年龄的角度来看，十一届中央委员会是老龄化最严重的一届。此后，由于邓小平和陈云两位元老以及时任总书记胡耀邦大力推动“干部四化”方针，尤其是落实其中的“年轻化”政策，中央委员会的平均年龄逐届下降。1985年和1987年是其中值得特别注意的两个时间节点。1985年9月，叶剑英、邓颖超、徐向前、聂荣臻等54位德高望重的老同志在十二届四中全会上辞去了中央委员的职务。在与此同时召开的中国共产党全国代表会议上，丁关根、李铁映、邹家华、迟浩田、胡锦涛、钱其琛、尉健行等56位相对年轻、精力充沛的干部被增选为中央委员。这一退一进之间便使得增选、递补后的十二届中央委员会比之前的平均年龄降低了差不多2岁。对于1985年全国代表会议的增选，邓小平同志十分满意，他表示：“这次三个委员会成员的进退，工作做得很好，特别是中央委员会的年轻化，前进了一大步……这次增选的中央委员，新近上任的部长、省委书记，都比较年轻。一般是五十多岁，有的才四十出头。”①这次增选对后来中共高层的人事变动有着十分重要的影响，前面所列被增选进中央委员会的同志后来都相继进入了政治局，跻身党和国家领导人行列。这种干部年轻化的势头在中共十三大上得以延续和进一步加强。1986年，邓小平提出党的十三大领导层年轻化的目标还要前进一步，希望中国能够出现一大批三四十岁的政治家、经济管理家、军事家、外交家。②他还表示说：“如果有一天……，四十岁左右的占了主导地位，那是我们的事业兴旺发达的标志。”③因此，中共十三大人事安排贯彻了一个重要原则，即中共十二届中央委员和候补中央委员，年龄在66岁(含66岁)者，一般不再提名。④结果150名中央委员和候补中央委员没有进入十三届中央委员会，这使得该届中央委员会的平均年龄达到改革开放以来的最

---

① 《邓小平文选》第3卷，人民出版社1993年版，第145—146页。

② 参见《关于政治体制改革问题》(一九八六年九月—十一月)第四部分，载《邓小平文选》第3卷，人民出版社1993年版，第179页。

③ 《邓小平文选》第2卷，人民出版社1994年版，第265页。

④ 周黎安：《转型中的地方政府：官员激励与治理》，格致出版社、上海人民出版社2008年版，第105页。

低点58岁,如果把候补中央委员也算进来,平均年龄则为55.2岁,比上一届降低了近4岁,有大专学历的人数增加了18%。①十三届中央委员会因此也就成为了改革开放以来最年轻的一届。如果缩小范围,只计算政治局常委会、政治局和中央书记处的平均年龄的话,年轻化趋势更明显。1987年选举产生的十三届中央政治局常委平均年龄由上一届的73.8岁下降为63.6岁,下降了10.2岁,其中胡启立58岁,李鹏59岁,乔石63岁;政治局委员由71.8岁下降为64岁,年轻了约8岁,江泽民(61岁)、李瑞环(53岁)进入了政治局;中央书记处成员由63.4岁下降为56.2岁,下降了7.5岁,温家宝(45岁)开始担任书记处候补书记。

尽管此后中央也高度重视干部年轻化问题,但由于现行干部人事制度所限,十四届至十八届中央委员会的平均年龄无法继续下降,始终在58—60岁的狭小区间窄幅波动。其制度层面的原因,我们大致可以在2002年7月23日中共中央印发的《党政领导干部选拔任用工作条例》中找到些许端倪。该条例明确了拟提拔担任县(处)级以上党政领导职务的干部所应具备的诸种资格:(一)应当具有五年以上工龄和两年以上基层工作经历。(二)一般应当具有在下一级两个以上职位任职的经历。(三)由副职提任正职的,应当在副职岗位工作两年以上,由下级正职提任上级副职的,应当在下级正职岗位工作三年以上。(四)一般应当具有大学专科以上文化程度,其中地(厅)、司(局)级以上领导干部一般应当具有大学本科以上文化程度。(五)应当经过党校、行政院校或者组织(人事)部门认可的其他培训机构五年内累计三个月以上的培训,确因特殊情况在提任前未达到培训要求的,应当在提任后一年内完成培训。②此外《党政领导干部选拔任用工作条例》第八条还强调:"党政领导干部应当逐级提拔。越级提拔的,应当报经上级组织(人事)部门同意。"③也就是说,在目前行政层级过多的大背景下,现行选拔任用体制对"职务历练"与

---

① 数字根据贺国强主编、中共党史出版社2004年11月出版的《中国共产党历届中央委员大辞典(1921—2003)》统计计算而来,并参见周黎安:《转型中的地方政府:官员激励与治理》,格致出版社、上海人民出版社2008年版,第105页。

② 参见《党政领导干部选拔任用工作条例》第七条,http://www.people.com.cn/GB/shizheng/16/20020723/782504.html。

③ 《党政领导干部选拔任用工作条例》,http://www.people.com.cn/GB/shizheng/16/20020723/782504.html。

“逐级晋升”的强调是导致年轻化在中央委员会这一层级踯躅不前的主要原因。具体来说就是，现有的选拔体制一方面强调被选拔的干部要有一定的基层工作经验、经历，另一方面又强调要按部就班一个台阶、一个台阶地上，这两者无疑有它们的合理性，但却直接导致了中央委员层级的领导干部的平均年龄难以进一步下降。举例来说，一名干部 40 岁左右当上县委书记，应该说是比较年轻的了。但要从县委书记提拔到省委书记，通常要经过副市长、常务副市长/市委副书记、市长、市委书记，再到副省长、常务副省长/省委副书记、省长最后到省委书记这 8 个台阶。顺利的话，副职一级台阶 2 年，正职一级台阶 3 年，到省委书记这个位置已经 60 岁左右，算不上年轻了。从上述《党政领导干部选拔任用工作条例》的规定和相关例子的分析中，我们基本上找到了中共十三大之后中央委员会平均年龄大致在 58—60 岁这一狭小区间窄幅波动的体制根源。

江泽民和胡锦涛同志担任总书记期间，干部年轻化主要是在以下两个方面取得了进展：其一是在省部级以下加大了力度，不同级别干部的年龄限制已经完全规范化、程序化，干部到点即退居二线或退休；其二是年龄限制从中央委员层级一步一步向上延伸至党和国家领导人行列，对最高层的领导人来说，年龄红线也逐渐从“软性约束”发展成了“硬性规定”，而且“七上八下”亦成为领导人普遍遵守的“共识”，此前“因人因事而异”的变通做法成为了历史。①

如果我们对中共十二大以来历届中央委员会的年龄结构（见图 2）进行分析，所得到的结论亦与前面从图 1 得到的结果大致类似。从图 2 我们可以看出 54 位老同志辞职之前的十二届中央委员会和 1985 年全国代表会议补选 56 位年轻同志之后的年龄结构柱状图均显示：61 岁以上的中央委员是十二届的“主力军”，分别占 69.9%和 54.7%。十三届中央委员会的年龄结构则变得较为合理，呈中间大两头小的格局，位于中间的 51—60 岁年龄段共有中央委员 100 人，占 55.4%，是改革开放以来梯队结构最为理想的一届。十四届中央委员会中，61—65 岁的委员占比达到 40.7%，是拉高这一届年龄平均数的主要人群，而且像刘华清、张震这两位在

① 所谓“七上八下”即 67 岁及以下的政治局委员以上的领导人可以寻求连任而 68 岁及以上的领导人必须退休，这是社会上对这一年龄红线的通俗说法。

1985 年曾辞去中央委员职务的老将军又重新回到了中央委员会,而此时他们分别已有76 岁、78 岁高龄。十五、十六、十七、十八这四届中央委员会中56—65 岁的委员占绝大多数,这是导致这几届平均年龄在 59 岁上下徘徊的主要原因。十七、十八届中央委会由于65 岁以上中央委员所占比例有所增加,所以平均年龄对比十六届的 58.5 岁有所反弹,重新回到了 59.1 岁和 59.2 岁。

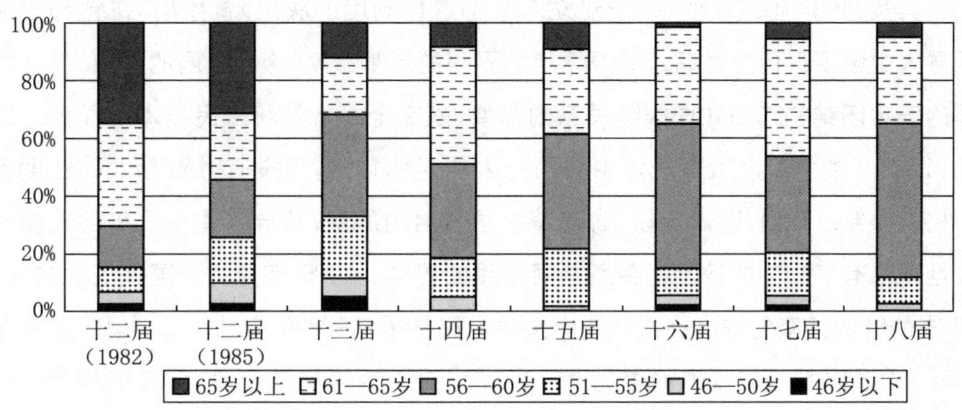

图 2 十二大以来历届中央委员会年龄结构图

最后,如果我们将每一届中央委员会中年龄最大的那(几)位成员单独罗列出来(见表 1)也可以看出,历届中央委员中最年长者的年龄逐渐降低,及至十六届、

表 1 十二届至十八届中央委员年龄最长者①

届 别	年龄(岁)	姓 名
十二届(1982)	85	叶剑英
十二届(1985)	83	彭真
十三届	80	杨尚昆
十四届	78	张震
十五届	71	江泽民
十六届	67	司马义·艾买提、罗干、曹刚川
十七届	67	梁光烈、华建敏、何勇、贾庆林、廖锡龙
十八届	67	俞正声、吴胜利、刘延东

① 十五届中央委员中年龄最大的是 76 岁的华国锋,但此时他已不担任除中央委员之外的任何实际职务,其进入本届中央委员会的象征意义大过实际意义,故此处列出的是 71 岁的江泽民同志。

十七届和十八届，中央委员最年长者都是67岁。这表明自1982年2月，中共中央作出《关于建立老干部退休制度的决定》，规定“担任中央或地方省部级领导干部的同志，正职一般不超过65岁，副职一般不超过60岁”以来，年龄限制逐渐从一般原则发展成硬性规定，并演变成任何领导人都不能逾越的“年龄红线”。

其实，1982年通过的《关于建立老干部退休制度的决定》曾指出，在党和国家领导人中需要保留少量超过离退休年龄界限的老革命家，这是全局的需要，是保持国内安定团结和正确处理国际关系的需要，是完全符合党和人民根本利益的。因此，1982年的党章既没有规定中央领导人的退休年龄，也没有对领导人的任期作严格的限制。但自1985年以来，随着中国政治的发展，领导人的退休年龄一步一步地逐渐有了一个为政治精英所共同接受的界限。1985年党的全国代表大会上，88岁的叶剑英率先提出不再担任中央政治局常委；1987年中共十三大，83岁的邓小平、82岁的陈云、78岁的李先念一同退出中央政治局常委会，平均年龄81岁；1992年中共十四大，75岁的姚依林和宋平退出中央政治局常委会；1997年中共十五大，73岁的乔石和81岁的刘华清退出中央政治局常委会；2002年中共十六大，江泽民(76岁)、李鹏(74岁)、朱镕基(74岁)、李瑞环(68岁)、尉健行(71岁)、李岚清(70岁)共6人退出中央政治局常委会，平均年龄降至72.2岁。而且中共十六大首次确立了超过67周岁的中央政治局常委不再寻求连任，而应退休的惯例。2007年中共十七大，68岁及以上的原第十六届中央政治局常委曾庆红(68岁)、吴官正(69岁)、罗干(72岁)共3人退出了新的中央委员会和中央政治局及其常务委员会，平均年龄为69.7岁，这再次表明68岁正是原中央政治局常委不再谋求连任的退休年龄。①2012年中共十八大，除习近平和李克强两位同志以外，68岁及以上的原十七届中央政治局常委胡锦涛(69岁)、吴邦国(70岁)、温家宝(70岁)、贾庆林(72岁)、李长春(68岁)、贺国强(68岁)、周永康(69岁)共7人退出了新的领导班子。由此可见，68岁作为中共领导人的“年龄红线”从党的十六大开始正式成为了

---

① 参见胡鞍钢：《中国领导人新老交替的制度化、规范化和程序化》，载胡鞍钢、王绍光、周建明主编：《第二次转型：国家制度建设》(增订版)，清华大学出版社2009年版，第183—184页。

一条任何人都不能突破的“硬规则”。①这是中共十四大以来领导人新老交替在规范化、制度化、程序化层面最大的进展。此外,观察中央政治局常委会、政治局和书记处成员的平均年龄的演变趋势(见表2),我们也会发现,1987年的中共十三大是一个分水岭,十三大之后这三个机构成员的平均年龄对比此前有明显的下降,而且同一领导机构内部成员的年龄相对接近,不像之前成员的年龄差距那么大。

表2　十二届至十八届中央领导机构成员平均年龄　　单位:岁

	十二届	十三届	十四届	十五届	十六届	十七届	十八届
政治局常委	73.8	63.6	63.4	65.1	62.1	62.1	63.4
政治局委员	71.8	64	61.9	62.9	60.7	61.4	61.2
中央书记处书记	63.4	56.2	59.3	62.9	59.7	56.7	61.9

综合前面的分析,中共建立新中国以来中央委员会平均年龄的演变趋势,简单归纳起来就是,前三十年由于革命氛围高涨,干部离退休意识的缺失与实际上的领导职务终身制导致包括中央委员在内的中共政治精英日渐老化,及至十一届三中全会召开之时,十一届中央委员会的平均年龄已经达到65.4岁。有鉴于此,邓小平和陈云两位元老率先提出“干部四化”方针,大力推动领导干部的年轻化,重点选拔“第三梯队”。从中共十二大开始,中央委员会的平均年龄稳步下降。1987年召开的中共十三大选举产生的中央委员平均年龄下降到58岁,成为改革开放以来最年轻的一届中央委员会。但此后中央委员会的年龄由于“职务历练”与“逐级晋升”等因素的约束而有所反弹,始终在58—60岁的狭小区间徘徊,最大的进展就是68岁的“年龄红线”逐渐从一般的“软约束”变成普遍的“硬规则”。也就是说在“退休

① 但上述“年龄红线”对于中央军委主席这一职位并不适用。1987年,中共十三大“因人因事而异”特意将党章第二十一条“中央军事委员会主席,必须从中央政治局常务委员会委员中产生”的条款修改为“党的中央军事委员会组成人员由中央委员会决定”,《中国共产党章程部分条文修正案》(1987年11月1日,中国共产党第十三次全国代表大会通过),http://cpc.people.com.cn/GB/64162/64168/64566/65447/4441815.html。这样邓小平以“一名普通党员的身份”在十三届一中全会上连任中央军事委员会主席,直到1989年85岁的邓小平辞去了这一职务。2002年,中共十六届一中全会上江泽民亦以普通党员的身份连任中央军事委员会主席,2004年9月,也是在两年之后78岁的江泽民辞去了这一职务。最新的发展是,中共十八大上,69岁的胡锦涛同志不仅退出了中央政治局及其常委会,更是高风亮节一步到位地退出了中央军事委员会。

制"和"任期制"的配合下,干部退休的"年龄红线"逐渐得到严格执行。

四 结语:"干部年轻化"的极限与挑战

在改革开放以来的政治发展过程中,中共领导人主要权力的来源逐渐从邓小平时代的"个人权威"转变为江泽民、胡锦涛时代的"职务性权力",这为"干部年轻化政策"的夯实与细化提供了主要动力。

20世纪80年代初期,"个人权威型"的政治人物邓小平、陈云等扮演了制度建立者的角色。拥有坚实个人权威与职务权力这两点使得他们比较容易维持多数联盟,足以强力推动"年轻化"这一对党和国家长期发展有利但损及"文革"之后复出的高级干部权益的改革。①作为第二代领导人的核心,邓小平以身作则,尽量鼓励自己的同辈、同事退休。通过日益细化的年龄限制并辅之以任期制,领导干部新陈代谢的机制初步确立起来了。

及至20世纪90年代中期制度建立者退场以后,"职务权力型"领导人真正接掌决策权力。但他们缺少坚实的个人权威,中央政治局(及其常委会)逐渐成为决策中心,集体领导与个人分工相结合的制度趋向稳定,权力格局相对平衡,这一切均有助于邓小平、陈云二人所奠定的、干部年轻化的制度精神的延续,以及相关规范的繁衍。②具体来说,一方面是制度密度不断增加,在这个过程中,个别细部规范不断新生、修正,制度精神得以延续;另一方面制度约束力逐渐增加,制度规范得以强化,因此干部退休、集体领导、分工负责等原则逐渐成为社会主流的价值标准,无形中增强了制度发展的力量。这两点,在"年龄红线"从"因人而异"的"软性约束"逐渐向上延伸至领导人层级并发展成具有普遍约束力的一般原则即"硬杠杠"的过程中,表现得十分明显。这一切均表明,20世纪80年代奠基的"梯队接班"模式与干部年轻化原则逐渐成为政治精英内部普遍遵守的共识。此一时期,年龄限制(强

① 参见寇健文等:《制度化对中共精英增补之影响:评估十七大政治局的新人选》,《东亚研究》2006年7月第2期。

② 同上;另参见寇健文:《中共与苏共高层政治的演变:轨迹、动力与影响》,《问题与研究》2006年第3期。

制性的退休年龄)、任期制、最低学历标准和相应的职务历练,这些在20世纪80年代逐步引入的干部人事制度得到了更为严格的执行。

但是由于政治体制改革在20世纪90年代以来进展不大,实际上还是沿用了传统的选拔任用体制,而且更加强调"职务历练"与"逐级晋升"等因素,因此"年轻化"在中央委员这一层级遭遇了体制"限度"问题。前面的图1即显示出自十四届中央委员会以来,历届中央委员的年轻化趋势已经停滞,中央委员会的平均年龄始终在58—60岁这一狭小区间徘徊。更让人担心的是年龄结构的优化势头也停滞了下来,具体来说就是60岁以上年龄段的比重对比20世纪80年代有所增加,而55岁以下者的比重则降低了,且十七、十八两届65岁以上者还有所增加。这似乎表明,在现行党政干部选拔体制下,中央委员这一层级的领导干部的年轻化遇到了瓶颈,压根无法实现邓小平当年设想的涌现出一大批30—40岁左右的政治家、外交家、经济管理家的愿景。

现行选拔体制的另外一个阿基利斯之踵就是无法回避的合法性挑战。由于竞争性选举的缺失,被破格提拔者,尤其是那些跻身中央委员和政治局委员序列的年轻干部,往往会陷入同僚和公共舆论质疑的风暴眼中,即便是正常的人事安排往往也面临着"有原则的任人唯亲"的政治的拷问,而且这种质疑之声此起彼伏,有向整个党和国家领导体制蔓延的趋势。所以通过民主制度来真正落实"权为民所赋"的理念是当前干部人事制度改革的第一要务。

余慧

同质性与社团参与积极性研究*

余慧　上海立信会计学院文法学院讲师，研究方向：社团研究、经济社会学。

内容摘要　社团伴随现代化而生，国内关于社团参与的研究较少，随着社会结构的变化这一主题将越来越重要。本研究对社团参与者回收了405份有效调查问卷，从"同质性偏好假说"与"异质性偏好假说"角度出发，运用统计技术分析两种偏好假说在提高社团参与积极性中的作用。结果表明，同质性能显著提高社团参与水平，同质性越高社团总体参与积极性越高，即"同质聚集"提高了社团总体参与水平。

关键词　社团参与　同质性　异质性　Logistic 回归分析

一　研究背景和问题

现代化产生了结构的变异，结构和功能专门化的子系统出现并且成为一个体系①，如社团。依照塔尔科特·帕森斯(Talcott Parsons)的理论，社会是由子系统和外部环境构成的一个开放性系统，子系统提供的社会制度性表征构成成员社会化的途径和内容。现实中，社团属于这一子系统范畴，是构成社会大系统的子系统，社会成员社团参与是社会化的途径和内容。从系统动态平衡的角度来看，社团成员积极参与社团活动，有助于社团内的成员在社团活动中达到心理契约，形成相互依存关系，进而对社团形成归属与依赖，推动社团子系统的良好运行。然而，在社团成员加入社团系统时，陌生的环境会引起新成员在角色和地位关系上的迷乱感、不安全感和忧虑感，产生不同程度的文化冲击阻碍心理契约的达成，降低社团

* 本文受教育部人文社会科学研究专项任务项目"高校社团活动管理研究"(项目编号：10JDSZ3065)的资助；并已发表于《大观周刊》2012年第50期，原文名为《同质性、异质性与社团参与》，本书收录时略作修改。

① [加]哈里·蒂根森、马元平：《社会工程与政策实施的理论探析》，《西安交通大学学报》(社会科学版)2007年第6期。

参与的积极性，从而威胁系统平衡。因此，降低文化冲击对心理契约达成的阻力是提高参与积极性的因素，从社会心理学来看，群体同质性能减少陌生感从而降低文化冲击阻力。麦克弗森等(McPherson et al)指出行动者是根据同质性原理(homophily principle)去建构各种类型的社会网络连接关系，如婚姻、朋友、社会交往、信息传递等。群体同质性高会促进群体参与，即"同质聚集"。①可以说，群体的同质性有助于形成支持、归属与认同，降低文化冲击的负效应，让新成员更容易形成归属感而不是陌生感，也就更容易在群体中达到心理契约激励参与积极性，据此，本文提出提高行动者社团参与积极性的"同质性偏好假说"。

然而，从社会网络的角度来看，同质性较强的社会网络产生"粘合性社会资本"(bonding social capital)，异质性较强的社会网络产生"连接性社会资本"(bridging social capital)。"连接性社会资本"能更好的连接外部的资产②，表现在成员的异质性使得可交换的信息和资源更加多样化，成员所能获取的潜在利益更高。异质性的社会网络能为群体成员提供更多的潜在利益，在求职行为的研究领域，马克·格兰诺维特(Mark Granovetter)提出弱连带优势理论(the strength of weak ties)，体现出异质性社会网络的优势。异质性群体为什么具有上述优势，可能的原因有两种：一是异质性成员组成的群体可以接近更为广阔的社会网络，使得可用的信息量大，更容易促进决策，从而提高了群体对快速变化的组织环境的适应能力；二是异质性成员组成的群体会产生更多的冲突，为了解决这些冲突，可能激发出普遍信任，促进群体合力制定出新的和更优的解决方案，增强群体对环境的适应能力。群体成员的异质性不仅能够降低信息的重复性，而且可以优化群体的资源配置，更有效地解决群体遇到的实际问题。

普特南(帕特南)提出一起参与社团活动不需要人们有同样的社会地位，异质性的行动者组织的群体也能通过团队运动创造"连接性社会资本"③。这在一定程度上

---

① Paul Ingram and Michael W. Morris, "Do People Mix at Mixers? Structure, Homophily, and the 'Life of the Party'," *Administrative Science Quarterly*, Vol. 52, No. 4, Dec. 2007, p. 558.

② [美]罗伯特·普特南：《独自去打保龄球》，刘波译，北京大学出版社 2011 年版，第 4 页。

③ R. D. Putnam, *Making Democracy Work: Civil Traditions in Modern Italy*, NY: Princeton University, 1993, p. 7.

肯定了通过社团活动可以构建异质性的社会网络,异质性能将自然状态下的行动者广泛地吸引进来,构建无社会地位差异的社会网络,伴随异质性的可交换的信息和资源将带来更多利益,异质性成为相互合作的动力,能促进互惠,从而提高群体成员整体的参与水平。因此,也能提出提高行动者社团参与积极性的"异质性偏好假说"。

综上所述,在提高行动者社团参与积极性上可以提出两种对立的争议性观点,一是行动者在寻找交往对象时存在同质性偏好①,支持"同质性偏好假说"能促进社团参与,即成员的同质性能减少陌生感增进归属感,从而降低文化冲击阻力提高社团参与积极性水平;二是行动者在寻找交往对象时倾向于建构异质性交往关系②,支持"异质性偏好假说"能促进社团参与,即成员的异质性能带来更多非重复性的信息和资源,也能促进互惠合作,从而提高社团参与积极性水平。本文将利用高校学生社团综合情况调查数据,运用统计分析软件 SPSS19.0 分析社团参与行为偏好,辨明上述两种对立的偏好假说中哪一种能提高社团参与积极性,为社团活动管理提供经验证据。

二 研究假设、数据和测量

(一)研究假设

针对行动者社团参与行为偏好的两种对立的观点,本文推出两个假设:在社会结构里,行动者的社团参与积极性水平:(1)"同质性偏好假说":基于认同与归属的需求,倾向于和自己背景相似的人交往,结成结构紧密、网络差异小的团体,获得较高的认同感和归属感,成员同质性高的社团参与水平越高;(2)"异质性偏好假说":基于"理性人"的基础,在异质性社会网络中能获得更多可交换的信息和资源,获得更多潜在的利益,成员异质性高的社团参与水平越高。

---

① P. V. McPherson, L. Smith Lovin, and J. M. Cook, "Birds of a Feather: Homophily in Social Networks," *Annual Review of Sociology*, Vol. 27, 2001, pp. 415-444.

② Zhen Zeng and Yu Xie, Statistical Models for Studying Inter-Group Friendship, Annual Winter/Spring Meeting of Sociological Methodology Section, American Sociological Association in Princeton NJ, March 2002.

（二）数据来源

本研究的数据来源于2011年上海市高校社团调查，将上海市高校分为综合类院校、师范类院校和理工类院校，样本以整群抽样的形式产生了复旦大学、华东师范大学、上海理工大学三所高校，被访者为这三所高校里参与学校社团组织的全日制在校生，共获得有效样本405个。样本年级分布与目前在校生社团参与年级分布趋同，有较好的代表性。

（三）变量测量

1. 因变量

社团参与积极性，“总体来说，该社团成员参与活动的积极性如何?”，采用被访者打分的方式，1～5分。在进行分析时，重新赋值，“1、2”代表“不积极”，“3”代表“一般”，“4、5”代表“积极”。

2. 解释变量

社团成员差异，“该社团内部的成员差异如何?”在“专业”、“年级”、“学校”、“地域”四个指标上，采用被访者打分的方式，1～5分。在进行分析时，重新赋值，“1、2”代表“有差异”赋值为“1”，“3”代表“一般” 赋值为“2”，“4、5”代表“相似” 赋值为“3”，将样本的以上四个指标加总得到“社团成员差异”变量（当“数值≥9”赋值“0”为“同质性”，“数值＜9”赋值“1”为“异质性”）。

3. 控制变量

（1）社团类型，“请问你所参加的社团属于何种类型?”，“兴趣爱好型”＋“社会公益型”＋“创业就业类”＝“1”，“理论学习型”＋“学术科研型”＝“0”。

（2）性别，“男”＝“1”，“女”＝“0”。数据来源于对参与社团组织在校生个人的调查，通过结构式访谈获得调查对象所参加的社团的总体参与积极性的主观认知，基于阿格妮塔·赫利兹（Agneta Herlitz）和约翰娜·洛文（Johanna Lovén）概述的认知功能的性别差异①，本文有必要将被访者性别作为控制变量。

① Agneta Herlitz and Johanna Lovén, “Sex Differences in Cognitive Functions,” *Personality and Individual Differences*, Vol. 35, Sept. 2003.

表 1　变量测量及分布

变　　量			N	百分比
因变量	社团参与积极性	不积极(=1)	265	65.4%
		一般(=2)	108	26.7%
		积极(=3)	32	7.9%
解释变量	社团成员差异	同质性(=0)	181	44.7%
		异质性(=1)	224	55.3%
控制变量	性别	女(=0)	224	55.3%
		男(=1)	181	44.7%
	社团类型	学术学习型(=0)	94	23.2%
		兴趣爱好型(=1)	311	76.8%
	总计		405	

三　研究分析与结果

(一)社团参与积极性与社团特征的相关分析

分析表明,社团参与积极性和社团成员差异、社团类型、性别具有显著相关关系,均达到 0.01 的显著性水平。其中,性别变量的引入,涉及被访者认知的性别差异的理论推断,在此次相关分析中呈显著关系,可能的原因有两种:一是证明了认知性别差异的理论推断,那么有必要进一步引入“社团成员差异”这一基于主观认知获得的解释变量与“性别”控制变量的交互项;二是性别与社团类型存在显著相关关系,男女偏好参与的社团类型有所不同,所以有必要带入控制变量“社团类型”与“性别”的交互项。然而,通过相关分析,社团参与积极性和交互项(性别 * 社团成员差异,性别 * 社团类型)不显著,没有达到 0.05 的显著性水平。

表 2　社团参与积极性与社团特征的相关矩阵(N = 405)

	性别	社团成员差异	社团类型	社团参与积极性	性别 * 社团成员差异
性别					
社团成员差异	-.041				
社团类型	-.118*	.129**			
社团参与积极性	.156**	-.176**	-.166**		
性别 * 社团成员差异	.620**	.501**	-.010	.007	
性别 * 社团类型	.761**	.018	.376**	.054	.529**

注:Spearman 非参数相关分析, * p≤.05; ** p≤.01。

(二) 社团参与积极性与社团特征的 Logistic 回归分析

如表 3 所示,本文估计了两个模型,模型一为包含控制变量"社团类型"和"性别"的多项 Logistic 回归分析输出结果,Cox 和 Snell R-square 为 0.047,模型二增加了解释变量"社团成员差异",Cox 和 Snell R-square 提高到 0.070。

表 3 Logistic 回归分析(N = 405)

	模型一(社团参与)		模型二(社团参与)	
	一般	积极	一般	积极
截距	-.728*** (.182)	-2.045*** (.302)	-.984*** (.213)	-2.476*** (.375)
控制变量				
社团类型(学术学习型=0)	.700** (.264)	.805* (.408)	.628* (.267)	.695 (.413)
性别(女=0)	-.655*** (.234)	-.509 (.380)	-.653** (.236)	-.507 (.382)
解释变量				
社团成员差异(同质性=0)			.587* (.236)	.907* (.391)
Cox 和 Snell R-square	.047		.070	

注:1. * p≤.05; ** p≤.01; *** p≤.005;
2. 表格中因变量的参考变量为:不积极,解释变量的参考变量为:异质性,控制变量的参考变量为:社团类型是"兴趣爱好型",性别是"男";
3. 表格内的数字为 B 系数,括号内的数字为标准误。

模型一的输出结果显示,社团参与积极性"一般"相对于"不积极"来说,"学术学习型"社团与"兴趣爱好型"社团相比,"女性"与"男性"相比,差异均有统计学意义(分别 p ≤ 0.01, p ≤ 0.005);社团参与积极性"积极"相对于"不积极"来说,"学术学习型"社团与"兴趣爱好型"社团相比差异具有统计学意义(p ≤ 0.05)。随着社团参与积极性的提高,社团类型对社团参与积极性的作用权重(B 系数)增大。

模型二的输出结果显示,增加了解释变量"社团成员差异"后,模型的拟合度提高,"同质性"社团与"异质性"社团相比,对社团参与积极性的影响具有统计学意义的显著差异(p ≤ 0.05),即"同质性"能显著提高社团参与积极性,并随着社团参与积极性的提高,作用权重(B 系数)明显增大。

四 结论与讨论

根据上述来自上海高校学生社团的数据分析,可以得出结论:社团成员差异对社团参与积极性具有显著影响,且同质性越高社团总体参与积极性越高。这说明了在社团参与积极性影响因素上,"同质性偏好假说"更具有解释力,认同感和归属感是驱动成员社团参与行为的动力,人们倾向和自己背景相似的人保持联系和交往。不仅在学生社团组织内,而且保罗·英格拉姆(Paul Ingram)和迈克尔·W.莫里斯(Michael W. Morris)对由100个商人组成的小群体开展了试验,在群体里,人们偏好和已认识或和自己相似的人交往,尽管人们加入群体的目的是结识新朋友,但是人们依然更多地和已认识的人交往。这也从侧面说明,社会结构里,人们社团参与存在"同质聚集"的情况,"同质聚集"的社团更能留住成员保持经常性活动,具有较长的生命周期,因此这类社团在社会系统中将更为普遍。

然而,从社团建设来看,陈福平指出现代社会中社团的实质,应该是一个能够将个体与外在世界连接起来,实现良性互动的组织平台,而不应仅仅成为各个群体孤立的"俱乐部"①。"同质聚集"虽然能很好地实现子系统内部良好运行,却面临连接性社会资本少或者缺失的问题,对系统的开放程度形成制约,不利于资源的优化配置,容易形成一个个"孤岛"。人们参与同质性社团的时间多了,自然参与异质性社团的时间就少了。普特南在《独自打保龄球》一书中也期望年轻一代创造更多的连接性社会资本,即创造更多异质性社会网络,打破"同质聚集"的桎梏。

最后,本研究仍有待完善,一是本研究在变量的测量上较为简化,尽管依据了理论和实地调查证据,仍然显得较为粗糙;二是模型的拟合优度较低,受样本量和变量设计的制约,引入的自变量数量偏少,存在大量没有被解释的部分,需要进一步充实,给研究问题一个翔实充分的解释。

---

① 陈福平:《市场社会中社会参与的路径问题:关系信任还是普遍信任》,《社会》2012年第2期。

李明　朱德米

经济学、政策分析及公共管理：契合与张力*

李明　同济大学经济与管理学院城市发展与管理专业博士生研究生，研究方向：公共管理与政策分析、环境政策与分析；朱德米　同济大学经济与管理学院教授、博士生导师，研究方向：公共管理与公共政策。

内容摘要　作为学科的政策分析以及公共管理，根源于政治学之母。而如今，无论是政策分析的研究，还是公共管理的实践，经济工具都在其中扮演着日益重要的作用，甚至为该领域贴上了“经济学制造”的标签。本文从供给与需求的视角出发，分析导致这一境况的缘由，阐释经济工具能够做出的独特贡献，然后从三个方面探索它们之间的内在张力。最后提出，运用经济学工具的政策分析实践应当严格遵循职业伦理，乃是调和此内在冲突的途径。

关键词　经济学　政策分析　公共管理　经济技术　成本收益分析

20世纪，作为学科的公共管理以及政策分析①，相继在美国兴起并发展壮大。而追根溯源，它们都是从政治学的母体中脱离出去并生成为独立的学科。不过经过几十年的发展，如今，倘若我们对全美最著名的公共管理学院的教员进行追踪的话，就会吃惊地发现，接受过经济学训练的学者占有半壁江山。而且，虽然其中穿插着其他各种专业背景（如政治学、社会学、历史学、行政学、人类学、国际关系学、

* 此文受教育部2010年人文社会科学研究规划基金项目“水污染防治中地方政府与企业合作关系研究”（项目编号：10YJA630230）资助。

① 无论在国内，还是在美国，公共行政（public administration）与公共管理（public management）之间的相互关系，都没有得到清楚的界说，而本文作者所持的观点是：公共行政（Public Administration）就是“公共管理”，对应于工商管理（Business Administration），而Public Management（公共管理）是传统的公共管理（Public Administration）在二十世纪后半期发展的新阶段。遵循此标准，本文将1926年怀特的《行政学导论》以及1951年拉斯维尔与勒纳的《政策科学》视为公共管理以及政策科学分别作为独立学科而存在的里程碑。

环境科学、地理学等)的教师,但是他们的研究方法通常明显地受到了各种经济分析的影响(见表 1)。

表 1 美国前十位公共管理学院中以经济学为背景的教员统计

排名	大学名称	学院(系部)名称	教员总人数	以经济学为背景的教员人数
1	锡拉丘兹大学	麦克斯韦尔公共管理学院	32 人	25 人
2	乔治亚大学	公共管理与政策学院	26 人	16 人
3	印第安纳大学	公共环境事务学院	76 人	50 人
4	哈佛大学	肯尼迪政府学院	254 人	124 人
5	南加州大学	政策、规划与发展学院	60 人	42 人
6	美国大学	公共事务学院	38 人	19 人
7	堪萨斯大学	公共管理学院	16 人	9 人
8	亚利桑那州立大学	公共项目学院	27 人	14 人
9	纽约州立大学阿尔巴尼分校	公共管理学院	35 人	22 人
10	新泽西州立大学纽瓦克校区	公共事务与管理学院	28 人	15 人

注:以上排名源于 2010 年的最新资料①,其他资料由作者通过访问各校网站的相关信息整理制作而成。

我国的公共管理学科(通常称为行政管理)自从 20 世纪 80 年代中期恢复重建以来,尽管只有二十多年的时间,但取得了较快的发展。近几年,无论从教员背景还是从研究方法来看,国内几所重要的公共管理学院,对经济学以及经济分析工具的重视都在逐步加强,这反映在新补充进来的教师的专业背景、博士生招考的要求以及相关分析方法研讨会(例如,高级计量经济学、成本收益分析等)的设置上。这里选择中国人民大学、中山大学、北京大学、清华大学、南京大学、复旦大学、武汉大学以及西安交通大学八所高校的公共管理学院为例,主要从教员背景以及博士生招生要求来看待经济学或经济分析工具在公共管理学科教育中日渐受重视的情况。

---

① 2010 年美国前十位公共管理学院的排名情况,http://master-degree-online.com/top-10-graduate-public-administration-schools/。

表 2 国内八所高校公共管理学院(或学科)①及对经济学的日渐重视

大学	分析单位	教员总人数	经济学背景的教员人数	博士招录中对经济学的要求
中国人民大学	公共管理学院	84 人	33 人	√
中山大学	政务学院	47 人	15 人	√
北京大学	政府管理学院	53 人	25 人	√
清华大学	公共管理学院	45 人	28 人	√
南京大学	政府管理学院	67 人	15 人	√
武汉大学	公共管理系	36 人	15 人	√
复旦大学	公共行政系	17 人	5 人	—
西安交通大学	公共政策与管理学院	48 人	23 人	√

注:以上八所院校的顺序并不为反映其公共管理学科在国内的排名情况。

尽管美国和中国公共管理以及公共政策研究的发展阶段以及背景都存在着很大的差别,但是上述表格的信息以及近年来公共管理和政策研究领域主要刊物运用经济分析工具的文章数量的迅速增长均表明:经济学对公共管理和政策分析的"入侵"已经开始,并且很可能"全面扩张"。由此,我们需要反思:经济学的分析工具、作为职业以及学科的政策分析和公共管理的实践,它们三者之间是如何联系在一起的?相比较其他学科,为什么经济学能够对政策分析以及公共管理做出更大的贡献?应用于政策分析以及公共管理实践的经济学和经济工具,面临着怎样的问题和困境?本文从需求与供给的视角出发,对以上问题进行探讨,并且认为遵循政策分析的职业伦理是理顺两者关系的关键。

一 当公共管理偶遇经济学研究:"相见恨晚"

一位经济学的研究者,可能正位于某个研究机构或者某所院校图书馆的偏僻角落里,运用计量经济学等技术工具,对经济现象进行探究。这样的工作或许出于兴趣,也或许纯粹出于对客观规律的追求,可能在他看来,这一切与政治无关,而纯

① 由于国内尚没有权威的公共管理学院排名资料,因此这里选择的八所高校仅以高校的地理位置(即包括东部、西部、北部、南部以及中部)以及代表性(即博士点、专业特色、公共管理学科的办学时间等为标准)。

粹是一项学术操练。他可能并不拥有与政府部门打交道的技能或渠道，也可能不屑于让“政治的肮脏”来玷污神圣的具有客观性的“经济科学”。而与此同时，一位在政府机关工作多年的公共部门管理者，在年终的某日，可能正在与同事进行协商，制定下一年度的部门预算。他的专业背景是工程专业，而且没有受过经济学的训练，但事实上他在日常工作中却时时刻刻实践着经济学的原理和准则。

从规范的意义上，公共管理的目标可以概括为：运用公共资源，解决公共问题，实现公共利益。实现公共管理目标的过程，在实践中，表现为公共政策的制定与执行。而公共政策是由公共权威部门所采取的有目的的行动过程，它包括为了解决公共问题或者实现期望的状态而专门设计的一系列行动。倘若没有政府的干预，这样的情况就不会发生。①在现实生活当中，除了极少数的象征性的公共政策之外，绝大多数公共政策的制定，都暗含着公共支出的承诺。而公共政策的执行，以及公共管理的实践，更直接地体现为人力、物力、财力以及时间在内的各种公共资源的消耗。于是，公共管理部门就开始陷入了两难处境：一方面，社会公众期待着政府能够解决日益增多而且十分复杂的公共问题，或者提供更多更好的公共服务；而另一方面，社会公众却希望政府能够精简规模、减少开支以及降低税收，所谓的“小政府”就是反映了公众的这种呼声。总而言之，政府应当做到“花钱少而且办事好”。在这样的困境之中，政府部门以及公共管理者必须做出判断：对于任何时候都“稀缺”或者“显得稀缺”的公共资源，如何能够最充分地或者最有效地加以利用？

面对各种竞争性需求主张可能会不知所措的公共管理，偶遇了经济学这样一位佳音以后，或许会有相见恨晚的感叹。经济学的自我介绍非常具有吸引力：“经济学研究的是社会（注：当然包括政府）如何利用稀缺的资源以生产有价值的商品，并将它们分配给不同的个人。”②接过名片以后，在姓名“经济学”的正下方，公共管理的注意力定格于两个极富杀伤力的头衔或者说职务：即“稀缺性”和“效率”。这里的稀缺性，与其说是资源、财富、物品、服务等方面的客观稀缺，倒不如说是面对

① [美]詹姆斯·E.安德森：《公共政策制定》，谢明等译，中国人民大学出版社2009年版，第3—6页。

② [美]保罗·萨缪尔森、威廉·诺德豪斯：《经济学》，萧琛等译，华夏出版社1999年版，第2—3页。

人的无限膨胀的需求而反照的相对短缺。稀缺性的派生结果,则衍生了对于效率的追求。所谓的效率,就是最有效地利用有限(或稀缺)的社会资源,从而更好地满足人们的愿望和需要。尽管经济学如此激动人心的告白让公共管理怦然心动甚至头晕目眩,但是见多识广、阅人无数的公共管理还是压制了内心的欣喜,萌生一条疑问:如何证明眼前这位就不是"江湖骗子"呢?经济学看破了公共管理潜藏内心的疑虑,主动提出到附近的一家客栈,边吃边聊,并且在酒桌上将自己的工具箱和盘托出:理性的行为主体、投入与产出、边际分析、市场机制、信息不对称、外部性、比较优势等。终于,公共管理再也无法抑制内心的冲动,紧紧握住了经济学的手。

当然,上段内容只是作者武侠小说式的杜撰。但现实当中,很多因素(可能是压力,也可能是动力)促使着公共管理对于公共政策做出经济分析的需求,尽管这样的供给不是必须由经济学家来完成。首先,从公众的角度来说,人们对政府的期望在不断发生改变,"高效能政府"与"负责任政府"成为新的呼声与追求。而体现"高效能"和"负责任"与否,最直接的标准,就是降低公共管理的成本,提高公共服务的收益,从而让最有限的资源解决公众最紧要的关切。其次,从政府的角度来说,如何实施政府再造并实现绩效管理,最简单的依据就是考核机构、部门、项目或人员花了多少钱办了多少事,也就是通常所说的绩效考核。再次,从政策的社会影响来看,过去公共管理往往只注重公共财政的投入,顶多关心政策的产出,而忽略了更加重要的政策结果。无论是分配性政策、再分配性政策还是管制政策,均应从政策产出(policy output)与政策结果(policy outcome)两方面做出更加全面的评估。最后,当现代政府越来越积极地介入到生态环境保护、公共卫生、反贫困以及提供就业培训服务等既陌生但又极其重要的领域时,却发现以往的经验对于政策方案的选择或效果评估差强人意或黔驴技穷,而经济学则在此时送来了看似包治百病的灵丹妙药。以上四项因素,既是政府和公共管理者迫切的需求领域,更是经济学或经济分析工具能够有所作为的供给区间。

二　帕累托效率和成本收益分析工具:"雪中送炭"

相比较其他学科,经济学之所以能够对公共管理以及政策分析做出更重要更加基础性的贡献,是因为经济学所开发并提供的大部分理论和分析工具,能够轻易地转换为政策分析的方法以及公共管理的方案。作为经济学的一个分支,福利经济学的主要目的,就是评估经济活动或者经济政策对于社会福利所产生的各种影响。与上述公共管理的目标相一致,福利经济学认为,政府制定公共政策的主要目的就是服务于公共利益并促进公众福利。同时,区别于实证经济学,福利经济学所持的观点是,经济学家有义务为政府实现公共利益并促进公众福利提供政策建议。即福利经济学的理论以及公共政策的分析应当有助于公共管理者回答如下问题:政府该如何利用有限的公共资源以实现公共利益?哪些政策行动最能够增进公众福利?

福利经济学对政策分析以及公共管理的贡献,依赖于两个规范性前提假设。首先,个体福利,最好并且仅仅通过个体进行界定。也就是说,个体能够更好地决定他们自己的需求及满足程度。而社会福利则是个体满足度的总和。其次,社会的基本目标是社会福利的最大化。①这两条假定,既构成福利经济学研究的基础,同时也在福利经济学与公共管理实践之间架起了一座桥梁:政策行动的判断,就是选择能实现个体层次效用最大化并进而促进社会福利最大化的备选方案。

为了让公共福利的理论转化为实践,福利经济学提出帕累托效率的原则,用于判断资源分配的结果。帕累托效率原则指的是,不存在一种替代性的分配方案,能够改善至少一个人的境况,而不让另一个人受损。经济学的核心观点是,当特定条件具备的时候,市场就能产生帕累托效率。实际中,完美信息、自由进出以及没有负的外部性等条件,绝不可能完全满足,但是这并不能抹杀帕累托效率原则的重要价值:它为判断市场对于社会福利最大化的程度提供了基准。

由于政府机制意味着集体决策、公共物品供给以及强制性,这和市场机制存在着重要差别,因此,在将原本设计用来判断市场交换结果的帕累托效率应用到公共管理领域之前,需要进行思考。不过,实际中,政府和市场之间的界限并不是泾渭分明。大量准公共物品的共同供给,即为例证。并且,它们之间存在着至关重要的

---

① Kevin B. Smith, "Economic Techniques," in Michael Moran, Martin Rein, and Robert E. Goodin(eds.), *The Oxford Handbook of Public Policy*, Oxford: OUP, 2008, pp. 729-745.

共性:市场和政府都是稀缺资源的配置途径。而帕累托效率则是判断资源配置结果的原则。

于是,依据帕累托效率原则,有效率的公共政策指的是,由此而产生的政策结果,能够至少让一个人的境况变得更好,并且没有人的境况因此而变得更糟。尽管有效率的市场到有效率的公共政策的过渡,只是概念上的切换,但实践中却困难重重。最根本的障碍在于,大部分的政府干预本质上是再分配性的。这意味着公共政策的施行,将为一部分人提供收益,而将成本施加给另外一部分人。这显然违反了帕累托效率的原则。

英国两位经济学家尼克拉斯·卡尔多(Nicholas Kalclor)和约翰·希克斯(John Hicks)提出的补偿原则,对于缓解这样的困境,做出了重要的贡献。他们认为,如果一项政策的受益者,能够运用他们的收益对受损者的成本进行适当补偿的话,那么这项政策具有潜在的帕累托最优。用更加通俗的话来说,卡尔多—希克斯改进的含义是,如果一项政策的收益超过了它的成本,那么便是有效率的,因为这有助于社会福利的最大化。①由于蕴含的高度主观性以及对少数派权利的可能忽略,卡尔多—希克斯改进不可避免地遭受部分人的质疑,然而,这一理论背后的高度实用性,使得它受到了更多人们的欢迎。

根据卡尔多—希克斯改进的指引,判断政策方案的合意性,就是判断该政策方案为社会福利所带来的相对变化,即测算政策方案的成本和收益。接下来,作为分析工具的成本收益分析,就成为卡尔多—希克斯改进在公共政策与管理实践中的主要应用。本质上,成本收益分析的核心目的在于,通过判断竞争性政策备选方案的相对效率,为判断政策方案之间的优劣提供参照。实际当中,分析任务就是去计算政策投入相对于结果的测量比率。投入代表着一项政策或项目所消耗的资源,而结果指的是政策或项目在现实世界中的影响或绩效。在这个过程中,它借助于经济学当中的机会成本和支付意愿,从而将政策备选方案的投入和结果转换为统一的货币价值表达。因此,任何类型的成本收益分析方法,都包含两项基本过程:成本和收益的识别;成本和收益的量化。一旦以上两个过程完成了,成本收益分析

---

① William K. Bellinger, *The Economic Analysis of Public Policy*, Routledge, 2007, pp. 87-93.

就能够为测量政策备选方案的经济效率提供答案。这可以通过计算收益成本的比率或者净收益来进行判断。对于前者,收益/成本的比率大于 1,意味着政策或项目是有效率的;对于后者,"收益 - 成本 > 0"则意味着有效率。

基于以上对成本收益分析方法的介绍,可以看出,它的巨大能量和明显优势在于:运用共同的经济效率标准去衡量任何一项政策方案,从而能够用来判断两种以上不同类型项目的相对价值。这一点,对于公共管理意义重大。实际中,稀缺的财政资源和竞争性的公众需求,使得公共管理者必须在不同类型的项目之间做出选择。而公共管理者的烦恼,正是成本收益分析的优势。

当然,在成本收益分析的过程中,尤其是成本和收益的定量化或货币化的环节,政策分析家也会遇到困难。原因在于,政府提供的物品或服务,很多不能在市场上进行交易,因而并没有市场价格。特别是环境、卫生、教育、交通以及安全管制等领域,例如如何将更清洁的水源、更低的出生死亡率、留守儿童学习成绩的提高、更少的交通阻塞等期望目标或政策结果转换为货币表达的收益,并不是一件容易的事。

经过几十年的努力,经济学家在上述领域的定量化道路上取得了重要进展,开发了一系列专门的评估工具。例如,借助影子价格为参照而用于估价的旅行成本法、机会成本法、享乐定价法,基于叙述性偏好来评估公共物品价值的条件评估法,以及用来评估生命效用的质量调整生命年等。借助于诸如此类的评估工具,拥有更清洁的环境或者更安全的工作场所,这些无法在市场上获得价格标签的期待结果,便能够转化为可定量化表达的政策收益。至此,简约的帕累托效率原则和强大的成本收益分析工具,为经济学借助政策分析的途径通往公共事务的殿堂打开了通道。

三 经济学与公共管理的内在张力:"渐行渐远"

公共管理对经济分析日益增长的需求,以及经济学通过成本收益分析向政策分析和公共管理领地的前进,并不能掩盖这个相合过程中所蕴含的内在张力。多方面的原因,促成了它们之间的这种张力。当然,这也不尽是坏消息。张力的存在，虽然可能妨碍经济分析改进公共管理效果的目标，不过也能够预防政策分析与公共管理领域彻底为“经济主义”所俘虏。

首先，张力的存在，是由于它们生活在不同的空间。经济学为自己贴上科学的标签，而公共管理无法抹去政治的烙印。政治语言的设计，就是想让谎言听上去像是真理一样。而科学则追求客观性和精确性：如果无法进行测量，那么这样的知识就是贫乏的。化解社会问题的共同目标，能够让它们短暂地聚集在一起，却终究不能掩盖它们的空间界限（见图 1）。人们通常认为，科学活动的纯粹形式就是定量化，其目标就是构建数学模型，从而描绘出所测量的系统内部所包含的各种定量关系的特征。为实现上述目标，科学家的任务就是通过系统的经验观察，以发现普遍性的真理。而分析的目标，则是运用智力资源，以系统和逻辑的方式，将问题或现象分解并分别加以研究，并最终建立与整体的关系。因此，分析活动包含了两种程序：引证和推理。分析的结果，是产生了能够付诸实践的解决问题的方案。相比较，政治的特征是无理性的和非逻辑的，由此决定了政治过程的核心元素是冲突。①当科学家的严谨和实证或政策分析家的冷静和逻辑，遭遇了政治领域的冲突和无序，就注定了无法避免的张力。

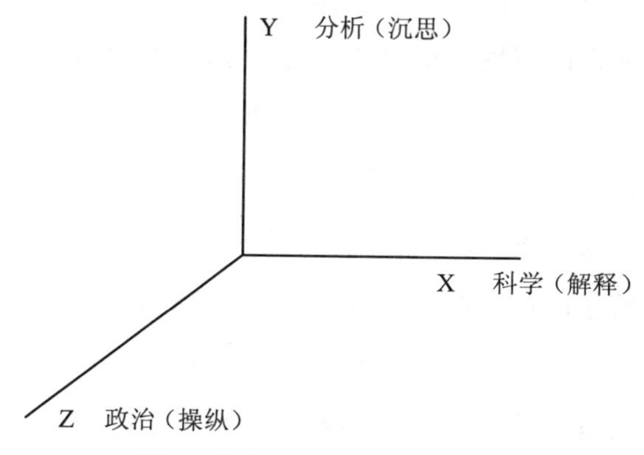

图 1 社会问题解决的概念空间

资料来源：G. D. Brewer, Where the Twain Meet: Reconciling Science and Politics in Analysis, *Policy Sciences*, 1981, Vol. 13, pp. 269-279.

---

① G. D. Brewer, “Where the Twain Meet: Reconciling Science and Politics in Analysis,” *Policy Sciences*, 1981, Vol. 13, pp. 269-279.

其次,张力的产生,是经济学的供给过度或者公共管理对经济分析过度期望的结果。从政策分析的角度,这可以归结为"经济主义",具体表现为如下几种情况:政策制定者或者政策分析的研究者过高估计了经济学领域能够为政策制定做出的贡献;将经济效率视为支配性的政策目标;借助精密的分析工具来确定实现政策目标的最佳方案;以及将市场作为设定理想制度框架的基础。①由此可见,对于向政策分析领域全面推进的经济工具来说,"经济主义"的标签,虽然潜在表明其已经占据了很大地盘,但指责或贬低却蕴含于此概念之中:经济工具超过了它理应发挥的作用范围。经济学家或者经济方法的崇拜者,对于拓展经济学疆域的期待,可以理解,但是盲目性和好大喜功而导致的逾矩,不仅违犯了专家治国的禁忌,而且从长远来看,反而不利于经济工具在公共管理中的运用。

最后,以成本收益分析为代表的经济工具,应用到公共领域之后,尽管在方法上持续创新或改进,但到目前为止,有三个方面的问题仍然没有得到很好解决,即估价问题、可通约性问题以及内在价值问题。估价问题指的是,借助前面提到的条件评估法等方法,虽然能够为市场上无法交易的公共物品贴上价格标签,但是这种基于叙述性偏好而不是显示性偏好所表达的支付意愿,只存在有限的可靠性。可通约性问题指的是,即便这种通过支付意愿权衡个体福利的方式是适当的,政策制定者也必须将表达幸福的属性转换为统一的单位,从而跨越不同的个体进行比较,但这种经济学的化简过程遭到了哲学和心理学的质疑。内在价值问题指的是,经济工具力图用单一的标准(通常是金钱)来对物品进行估价和比较,使得存在价值和使用价值均从属于交换价值,并由此可能引发的严重结果:人的内在价值将受到排挤。而人的内在价值的特性在于:我们都拥有自身继续存在的利益,不能够仅仅作为帮助其他个体实现其自身目标的手段。换句话说,我的内在价值,是我自身内部所拥有的以及我自身的价值。②然而,经济工具试图将包括个体在内的所有对象进行货币度量的简化,很可能导致对于内在价值的漠视。事实上,成本收益分析应

---

① H. Henderson, "Fighting Economism," *Futures*, 1996, Vol. 28, pp. 580-584.

② Jonathan Wolff and Dirk Haubrich, "Economism and Its Limits," in Michael Moran, Martin Rein, and Robert E. Goodin (eds.), *The Oxford Handbook of Public Policy*, Oxford: OUP, 2008, pp. 746-770.

用于公共政策领域引发的这三个方面的问题，集中反映了效率至上观念的道德贫困。

四 遵循职业伦理的政策分析："安分守己"

基于学科健康发展的需要以及公共管理绩效改进的目标，我们如何正视经济学对于公共管理的作用？如何看待经济工具在政策分析中扮演着日益重要的角色？如何看待经济学或经济分析方法在迅速"蚕食"政策分析以及公共管理领地的过程中所引起的部分人（如伦理学家、政治学家、法学家等）的担忧？如何调和公共政策的经济分析与公共管理实践之间可能存在的矛盾？一言以蔽之，借助经济工具参与政策分析并进而卷入公共议题领域的政策分析师，如何保障自己开展的政策分析实践是适当的？我们给出的建议是：严格遵循职业伦理。

职业伦理是责任与义务的体现。通常认为，责任可以分为主观责任和客观责任。反映到政策分析的具体情境中，这表现为分析师具有两个层面的责任。首先，是对于委托者的责任，这其中的要求与其他存在委托—代理关系的职业规范具有共性。其次，对于公共利益和公众福利的责任，这构成了政策分析职业伦理的核心。关注公众福利，既是"民主的政策科学"的应有之义，也是政策分析职业伦理与"医生—病患"以及"律师—顾客"关系的根本区别。以上两个层次上的责任，是所有政策分析者应当遵循的。对于运用经济学工具参与政策方案评估的政策分析者来说，需要遵守的职业伦理或责任主要体现以下几点。

首先，在从事具体分析工作之前，应当做到足够的坦率。也就是说，对于经济学以及经济学的分析工具能够做什么或者不能做什么，包括经济学的理论以及方法工具建立在怎样的前提假设基础之上，需要做到足够清晰的认识。成本收益分析虽然是一把利器，但是应用于政策领域，必须将伦理考虑融入进来。这让我们想起耶鲁大学开放课程中的一个例子：一家医院入住了四位病人，如果不能及时地寻找到合适的器官的话，他们都将会死亡。第二天早上，邮递员来到了医院，派发每日的信件和包裹。从先前的谈话中，护士回想起他是所有四位病人的合适捐赠者。作为一种可能的行动方案，她可以现在杀了他，然后取出他的器官，并且因此能够让四位病人存活下来。①如果我们看中数字并且进行成本收益分析的话，那么邮递员的牺牲是个上乘的方案。理由很简单：一个人的牺牲，换回了四条生命的延续，实现了总体福利的最大化。但是，我们多数人都会否决这一提议。在类似的情形中，倘若将没有任何伦理关切的成本收益分析应用到实践中，那么不仅不能为决策制定提供充分的依据，反而具有误导性和危害性。

其次，对于正在考虑当中的政策方案，政策分析者应当诚实地提供全部的信息：既包括支持方案的信息，也包括削弱方案的信息。也就是说，政策分析应当完整地指出政策方案付诸实施所引发的所有成本和收益。②当然，对于纯粹学术研究为目的的政策分析者，这条责任的履行，是十分容易的事。然而，由利益集团或权威部门委托的政策分析，往往暗示着某种期待。对于左右为难的政策分析者来说，阿伦·威尔达夫斯基(Aaron Wildavsky)提出的要求是：向掌权者说实话！也就是说，政策分析者需要明确告知的，不仅是政策选项的收益，还包括它的成本。

最后，在当代的经济学越来越追求“数学化”和“精确化”以彰显其科学本质的背景下，应用经济工具从事政策分析的实践者，始终需要关注真实的世界。政策建模的意图，是为了帮助政策制定者更好地理解复杂的现实世界，从而有助于让政策过程变得更加的理性。③然而，倘若抽象化本身被置换为目的，那么最终的结果是：不仅在政策分析与公共管理之间制造鸿沟，而且真实的问题被遮蔽了。或许，高度抽象拥有唯一的好处：向政策制定者展示一门“高深的学问”。

五　小结与思考：“恰到好处”

经济学对资源利用效率的追求，也是公共管理实践的重要目标。历经相当长时间而发展出来的经济学的理论、技术和方法，特别是福利经济学分支，为兴起于

① J. Harris, “The Survival Lottery,” *Philosophy*, 1975, Vol. 50, pp. 81-87.

② Paul R. Portney, “The Obligations of a Policy Economist,” *Agricultural and Resource Economics Review*, Vol. 33, No. 2, Oct. 2004, pp. 159-161.

③ Neta C. Crawford, “Policy Modeling,” in Michael Moran, Martin Rein, and Robert E. Goodin (eds.), *The Oxford Handbook of Public Policy*, Oxford: OUP, 2008, pp. 771-805.

20 世纪 70 年代的政策分析，提供了主要的工具输入。投射到实际中，这表现为成本收益分析、净收益、风险和不确定性分析、生命价值权衡以及经济影响分析等经济工具越来越多地应用于政策分析之中。从目前看来，这样的趋势还在继续，甚至不断扩大：很多法律规定，政府管制必须包含成本收益分析；经济学和经济学分析方法位列任何学校政策分析或公共管理专业培养方案的基础课程范畴；采用定量研究或经济分析方法，成为学科领域内不少学术核心刊物审稿的前件。

而与此同时，由于科学与政治的界限、政策分析者的过度供给或成本收益分析等经济工具自身存在的问题（或应用于公共领域而显现的困境），经济学与公共管理之间的张力则无法避免。伦理学家等在此刻“落井下石”，指责经济工具对公共事务领域的过度“入侵”。那么，热衷于经济工具的政策分析者或许发出抱怨：我们到底该做些什么？我们提出的建议是，遵循上述的职业伦理，通过更好的政策分析，从而帮助改进公共政策的结果。理由是，倘若将经济分析的理论与方法全部移除的话，那么政策分析者的工具箱将变得十分单薄。尽管成本收益分析等工具存在不可否认的缺陷，经济效率也不能作为选择政策方案的唯一标准，但是对于一项政策、项目或方案的成本和收益做出的全面分析，应当成为政策制定者制定决策之前的程序性输入。当然，政策分析者始终需要保持清醒的头脑，不能期待仅仅分析数据就能够指明复杂政策问题的最佳解决方案。对于一项待定的政策选择，政策分析并不能满足政府机构的全部需求。很多其他考虑必须进入到政府的行动当中，例如公众的需求、竞争性的需求、政策的合法性、街道层官僚的执行力、对相邻政策的影响，等等。解决这些问题的方案，则需要通过政治途径。①毕竟，无论经济因素是否成为选择的首要考虑，但是方案的抉择，则始终属于政策制定者的责任领域。

---

① Carol Hirschon Weiss and Johanna Birckmayer, “Social Experimentation for Public Policy,” in Michael Moran, Martin Rein, and Robert E. Goodin (eds.), *The Oxford Handbook of Public Policy*, Oxford: OUP, 2008, pp. 806-831.

袁倩

国家退出之后：基于农村自组织的公共产品供给机制
——对赵坝"农民议会"的案例研究

袁倩 北京大学政府管理学院博士研究生，研究方向：当代中国政府与政治、比较政治学。

内容摘要 在中央政府推行农村税费改革和基层自治制度的背景下，农村公共产品供给机制发生了变化。当前中国不少农村地区的公共产品供给一直处于短缺状态。尤其是农村在面临既没有政府管理，也没有企业、设计良好的自组织机制和连带团体的情况下，如何克服集体行动的困境，为自身提供公共产品？既有研究表明，基层民主选举与村民自组织提供公共产品之间存在正向关系。但这一正向关系的内部机制尚未被发现。而本文以新制度主义为视角，通过对自然村组赵坝"农民议会"的成立以及随后该村组内部实现公共产品供给这一过程的考察，发现民主选举出来的"小型集体"，能够综合乡村熟人社会网络和正式制度，通过小集体与低成本协商、广泛的利益卷入、共享规则与信息、长远眼光、共容性利益、正式问责、信任与互惠这一系列因素的联合机制，克服集体行动的困境达成合作，通过自组织来提供公共产品。

关键词 农民议会 自组织 集体行动的困境 公共产品

农村公共产品供给对"三农"问题的解决、农民生活水平的提高、农业的发展和农村社会的发展，乃至整个国家的可持续发展均有重要战略意义。当前中国某些农村地区的公共产品供给一直处于短缺状态，农民急需且涉及可持续发展的公共产品供给存在严重不足。①这一问题引起了本文对转型期农村公共产品供给的关注。现实案例已经证明，农村社区中存在自发组织提供公共产品的情况，并且这种情况能持续而有效地改进农村公共产品供给现状。②更重要的是，如果村

① 张静潇：《试论我国农村公共产品供给与农村公共财政建立》，《农业经济》2004年第4期。
② 赵坝村组通过"农民议会"形式自发组织起来提供公共产品即是其中一例。

民内部能通过沟通协商与民主选举等方式形成制度产出,并在制度运作中形成信任,那么村民自发合作提供小规模公共产品的行为过程,其意义就不仅仅在于能有效解决农村公共产品供给短缺问题,还在于能够培养农民"自主、参与、平等"的精神。

一 绪论

(一)背景:税费改革后的集体行动困境

中国农村地区实施的直接选举和税费改革,使农村社会的治理发生了巨大变化。①直接选举和税费改革是对农村既存利益分配格局的重新调整,尽管这两项变革皆由农民的自发行动触发,但整体上却是依靠中央政府权威"自上而下"发动和推进的强制性制度变迁。在经济方面,税费改革从最初的"清费并税"到后来的全面取消农业税及搭车收费的"三提五统",改革力度和影响程度均十分巨大;在政治方面,通过国家在农村推行的基层直接选举和自治制度,冲击了农村社会中"自上而下"的制度外供给模式,并开启了农村社会自主供给和变革制度的进程。

然而,伴随着农村自治程度提高,转型时期的农村社会也面临了诸多新问题。农村公共产品供给难题即是其中之一。伴随着中央政府对农村税费改革的推进,财政农业支出占财政总支出的比重也在不断下降,而且远低于农业 GDP 占全部 GDP 的比重(见表 1、表 2):

表 1 1978—2005 年国家财政用于农业支出的比重变化情况 (%)

年份	1978	1980	1985	1990	1995	2000	2005
比重	13.43	12.20	7.66	9.98	8.48	7.75	7.22

资料来源:《中国统计年鉴》(1978—2006 年)。

① Luo Renfu, Zhang Linxiu, Huang Jikun, and Scott Rozelle, "Elections, Fiscal Reform, and Public Goods Provision," *Journal of Comparative Economics*, 2007, Vol. 35, pp. 583-611.

表 2　农业 GDP 占总 GDP、财政农业支出占财政总支出的比重　　　(%)

年份	农业 GDP/GDP	财政农业支出/财政总支出
1978	38.3	13.43
1980	42.3	12.20
1985	40.1	7.66
1990	41.0	9.98
1992	33.7	10.05
1994	32.6	9.20
1996	31.4	8.82
1998	29.1	10.69
2000	25.1	7.75
2002	22.8	7.17
2004	22.6	9.67
2006	20.1	7.85

资料来源:《中国统计年鉴》(2007)。

农业税和"三提五统"的取消,削弱了农村公共产品"自上而下"的供给模式,并且农村地域的差异性和异质性决定了公共产品需求的多样性和复杂性。因此,国家确立了"一事一议"筹资筹劳的制度安排。①但在政策实践当中,"一事一议"制度却遭遇了"事难议、议难决、决难行"的制度困局。罗仁福等学者利用来自全国 6 个省份的 2 459 个村庄的调查数据来考察农村税费改革对农村公共产品投资的影响,发现农村税费改革以后,在灌溉和学校的建设维修上,完全由村里投资的项目从 6%下降到只有4%。②农村组织提供公共产品的困境在于,以自主、自愿供给的制度安排来替代原来"村提留"的公共产品供给模式,是以自组织方式来替代国家供给模式。在农村地区自治的社会基础还没有建立起来的情况下,国家公权力的收缩,极容易导致集体行动困境。

① 为了减轻农民负担,中央自 2000 年开始在安徽省推行税费改革试点,根据《中共中央、国务院关于进行农村税费改革试点工作的通知》精神,制定了《安徽省农村税费改革试点方案》,其中明确规定到 2003 年取消"两工",取消"两工"后村内兴办集体和公益事业,要通过村民大会或者村民代表大会集体讨论、研究,采取"一事一议"的办法筹集部分资金,地方政府应对村内实行"一事一议"的生产公益事业的投劳数额实行上限控制。至此,"一事一议"成为我国农村公共产品的提供形式。参见中华人民共和国中央人民政府网 http://www.gov.cn/gongbao/content/2007/content_534210.htm,2011-06-10。

② 罗仁福、张林秀、黄季焜、罗斯高、刘承芳:《村民自治、农村税费改革与农村公共投资》,《经济学》(季刊)2006 年第 5 卷第 4 期。

(二)农村公共产品及其供给

农村公共产品是公共产品①的一种特殊形式。陶勇将农村公共产品定义为相对于农民私人产品而言,用于满足农村公共需要,是具有非竞争性与非排他性的社会产品。②熊巍则认为农村公共产品是指由各级政府和其他公共组织提供的满足农村居民社会共同需要的、具有非排他性或非竞争性的社会产品。③综合考虑上述农村公共产品定义,本研究将农村公共产品界定为,在农村地域范畴内满足农业和农民需要的、具有程度不等的非竞争性和非排他性的社会产品。概言之,农村公共产品的内容涉及农村、农民和农业的各个方面(见表3)。

表3 农村公共产品分类

农村公共产品			
农村纯公共产品	农村混合产品		
	农村准公共产品	农村俱乐部产品	接近私人产品的农村混合产品
农村法律法规、农村政策制度、基层政府行政服务、农业发展战略研究、环境保护、大流域水域治理等	农村义务教育、公共卫生与医疗保障、小流域水利设施、农业科技推广、农田防护、病虫害防治等	农村高中与职业教育、乡村水利灌溉系统、农村道路建设、农村文化娱乐设施等	农村电信电网、成人教育、自来水、农业机械设备投入、农业多种经营等

资料来源:李华:《中国农村公共品供给与财政制度创新》,经济科学出版社2005年版,第139页;陶勇:《农村公共产品供给与农民负担》,上海财经大学出版社2005年版,第35页。

农村公共产品的供给则是指由政府部门、私人部门、第三部门和非政府组织来提供农村居民生产性或非生产性消费、享用的具有非竞争性和公益性特征的各类物质或服务产品。公共产品的供给机制通常以一国基本经济制度为基础,同时随着外部制度环境、技术进步、经济发展水平和公共产品性质的变化而演变。

---

① 关于公共产品的定义,保罗·萨缪尔森将公共产品界定为,“每个人对这种产品的消费,都不会导致其他人对该产品消费的减少。”参见 Paul Samuelson, “The Pure Theory of Public Expenditure,” *The Review of Economics and Statistics*, 1954, Vol.36, pp.387-389. 曼瑟尔·奥尔森把公共产品定义为,“任何物品,如果一个集团 X1, …, Xi, …, Xn 中的任何个人 Xi 能够消费它,它就不能不被那一集团中的其他人消费。”参见[美]曼瑟尔·奥尔森:《集体行动的逻辑》,陈郁等译,上海三联书店1995年版,第13页。

② 陶勇:《农村公共产品供给与农民负担问题探索》,《财贸经济》2001年第10期。

③ 熊巍:《使财富由农村流向城市的增值税制度》,《财经研究》2003年第3期。

(三) 问题与假设

在税费改革后,农民参与集体事务的强制性(如强行摊派等)已经消失,农民参与集体事务一般采用"一事一议"的方式进行。由于政府无法顾及全部地方公共产品,特别是基层社区级公共产品供给,这必然要求农民采取自愿合作的方式解决。在公共品自愿合作供给这样的集体行动中,农民在公共品的合作行动上是否如传统理论预测的"搭便车"行为那样悲观?尤其是,在中央政府推行农村税费改革和基层自治制度的背景下,农村社会在面临既没有政府管理、也没有企业和自主组织的情况下,共同体如何克服集体行动的困境,为自身提供公共产品?本文的假设是,代表性强的民主选举能够使共同体成员自我组织起来并提供公共产品。下文将通过现实案例,来阐述民主选举与农村集体合作提供公共产品之间的机制。

二 理论与文献综述

(一) 新制度主义:制度与行为者的互动

新制度主义尽管是一个内容庞杂的流派综合,但新制度主义者们通常持有以下共识:首先,新制度主义者们定义的"制度"不再局限在政治机构、法令等正式制度和实体制度上,而是将组织、规范、行动者、价值、道德和认知等都纳入制度分析的框架中;其次,制度不再是独立存在的,制度一方面与行动者的行为之间存在互动关系,另一方面制度自身又是"嵌入"①到历史环境中的。

基于对制度的开拓性理解,新制度主义建立了颇具特色的分析框架:其一,在个人、制度、环境互相"嵌入"的框架中展开分析;其二,采取动态和过程导向②的研

---

① 很多新制度主义者主张行动者是以各种方式"嵌入"制度之中的,甚至制度也是"嵌入"特定社会环境的。对"嵌入"概念的系统论述见 Mark Granovetter, "Economic Action and Social Structure: The Problem of Embeddedness," *American Journal of Sociology*, 1985, Vol. 91, pp. 481-510;对制度之间互相嵌套的"俄罗斯套娃路径"(Russian Doll Approach)的描述,见 Diermeier Daniel and Keith Krehbiel, "Institutionalism as a Methodology," *Journal of Theoretical Politics*, 2003, Vol. 15, pp. 123-144.

② 这种分析方法不同于静态分析、少数变量决定的分析方法,而是强调互动的、多变量影响的分析,因而创设了"路径依赖"等重要概念。

究方法。概言之,它反对将政治与社会的关系看作是单向的决定关系①,在分析“制度、网络和行为者”三方互动导致的制度变迁上,我们看到制度和行为者可以引起制度转型,这种转型具有两种状态,林南(Nan Lin)称之为“现行制度化”和“另类制度化”②;林毅夫则称之为“诱致性制度变迁”和“强制性制度变迁”③。新制度主义视角下的制度变迁过程可以用图1来概括:

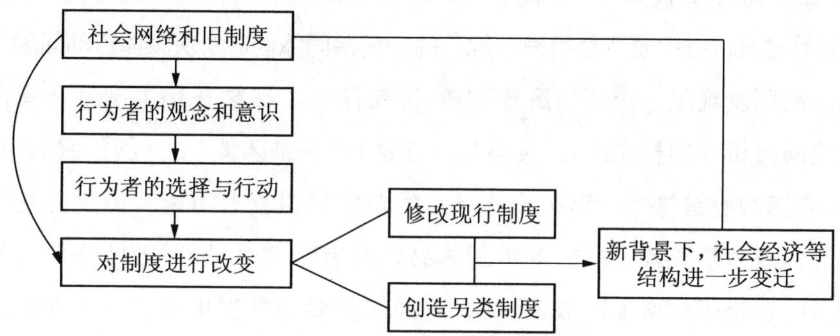

图1 新制度主义视角下的制度变迁过程

对农村社会采取新制度主义的分析路径,离不开制度背景的形成与变迁过程。网络和行动者在互动中形成了当下的乡村社会的制度场域。

(二)文献回顾:集体行动困境与公共产品提供

行动者们围绕公共产品展开的行动作为一种集体行动,不可避免地会遭遇搭便车问题。行动者的数量越多,他们集体行动以增进共同利益的可能性越小。④怎样克服搭便车困境?人们通过自筹资金与自主合约可以达至问题的有效处理,这一点已经得到埃莉诺·奥斯特罗姆(Elinor Ostrom)的证明。她认为,公共事务的占

① James G. March and Johan P. Olsen, “The New Institutionalism: Organizational Factor in Political Life,” *American Political Science Review*, 1984, Vol. 78, pp. 734-749.

② 参见[美]林南:《社会资本:社会结构与行动的理论》,张磊译,上海人民出版社2005年版;林毅夫:《制度、技术与中国农业发展》,上海人民出版社1994年版。

③ 林毅夫:《关于制度变迁的经济学理论:诱致性变迁与强制性变迁》,载[美]R.科斯等:《财产权利与制度变迁——产权学派与新制度学派译文集》,刘守英等译,上海三联书店1991年版,第384页。

④ [美]曼瑟尔·奥尔森:《集体行动的逻辑》,陈郁等译,上海三联书店1995年版,第30页。

用者具有自主组织和自主治理公共事务的动机和能力。自主组织和自主治理理论的核心内容包括八个具体原则。①此外,解决公共产品集体行动困境需要克服三个问题:新制度的供给问题、可信承诺问题和相互监督问题。②其中,能够解决集体行动困境的并非只有正式制度,非正式的规则也可能是有效的规则。

帕特南则论述了社会资本对制度成功的影响。信任是社会资本必不可少的组成部分,而互惠规范、公民参与网络能够促进社会信任,它们都是具有高度生产性的社会资本。正是这样的社会资本使得遵守规范的公民共同体能够解决集体行动问题。③

蔡晓莉则发现了一个新的解释变量:连带团体。在缺乏民主制度和官僚制度这些正式问责机制的村庄内,只要当地存在某种"连带团体"——例如宗族组织、社区协会、寺庙和教堂等——那么公共产品的自发提供就有可能。但这种连带团体必须同时具备两个要素:首先,连带团体必须具有包容性,即对当地任何人都是开放的;其次,连带团体必须是嵌入性的,它的成员要包括当地官员。当满足这两个前提时,村庄的治理边界就会与社会边界重合。这些连带团体可以构成非正式的责任机制,村干部的行为会受到道德义务的约束,同时也构成一种非正式激励机制,促使村干部为村民提供公共物品。④

罗仁福等学者通过实证分析发现,在其他条件不变的情况下,村主任是否直接选举产生对于是否实施农村道路、灌溉和学校公共投资项目有显著的积极影响。直接选举产生的村主任在任期内,对农村道路、灌溉和学校等项目进行投资的概率,比非直接选举的村主任多4个百分点左右。这表明,通过直接选举形成的对选举人的约束,已经对选举出来的村干部形成了一定的监督作用,从而提高了他们的责任心,促使他们将更多的资金投入到提高当地居民切身利益的公共项目中去。⑤

---

① [美]埃莉诺·奥斯特罗姆:《公共事务的治理之道》,余逊达、陈旭东译,上海三联书店2000年版,第144—160页。

② 同上书,第69页。

③ 参见[美]罗伯特·帕特南:《使民主运转起来——现代意大利的公民传统》,王列、赖海榕译,江西人民出版社2001年版,第195—207页。

④ Lily Lee Tsai, "Solidary Groups, Informal Accountability, and Local Public Goods Provision in Rural China," *American Political Science Review*, 2001, Vol. 101, pp. 355-372.

⑤ Renfu Luo, Linxiu Zhang, Jikun Huang, and Scott Rozelle, "Elections, Fiscal Reform, and Public Goods Provision in Rural China," *Journal of Comparative Economics*, 2007, Vol. 35, pp. 583-611.

然而,是何种机制促成了基层民主选举与村民自组织提供公共产品之间的正向关系?新制度主义的分析方法或许有益于我们理解公共事务的治理。"规则改变后能否获得收益并不是一个简单存在于世界上的'事实',可以被任何希望增进福利的人——占用者、分析人员或公共官员——所使用。有关收益的信息必须通过搜寻、组织和分析才能得到。"①下文将通过赵坝村组"农民议会"②这一现实案例,来阐述民主选举与自主提供公共产品之间的机制。

三 案例分析:赵坝"农民议会":农村公共产品供给的诱致性制度变迁

(一) 2007年前:公共产品缺乏与供给不足

赵坝是南京市六合区八百桥镇新光社区的一个已有300多年历史的自然村,属于新光社区(行政村)内的一个自然村。新光村原来只有9个村民小组1 300多人,经过两轮大规模的村组合并后,2007年全行政村扩展到26个组5 000多人。赵坝地势低洼,三面环水,交通相对闭塞,过去仅有一条宽约2.5米的泥沙路与金江公路相连。2007年前后赵坝有农户36户,总人口162人,农田400多亩。赵坝并无集体经济,是全镇经济和社会事业发展比较落后的村组之一。

> 在赵坝当了村组干部18年的村民赵YQ说,这些年来乡亲们一直希望有人组织他们挑塘泥、平整田块、兴修水利。但集体经济组织没有了,集体资产也分光了。村口的大塘20多年没人清淤。赵坝村组中有村民去找村委会,希望行政村里能管管赵坝的事。村干部手一摊只能说:"全

---

① 参见[美]埃莉诺·奥斯特罗姆:《公共事务的治理之道》,余逊达、陈旭东译,上海三联书店2000年版。

② 论文中关于赵坝村组的经验材料取自:《六合年鉴》(2008),第358页;高新军:《赵坝"农民议会"力促村民自治》,《中国改革》2008年第8期;邹宏仪、尤健:《一个村民小组的"草根民主"创举——记赵坝"农民议会"》,《群众》2008年第6期;沈建华、崔丽:《现代乡村治理的"赵坝探索"——江苏省南京市六合区赵坝村农民议会自治纪闻》,《农村工作通讯》2008年第9期。作者在此表示感谢。

> 村26个自然村,5 000多人口,村里就六七个干部,怎么管得过来?"此外,赵坝村组内只有7名党员,其中没有人在行政村任官职。

在农村公共产品提供这一问题上,赵坝多年来面临着和众多自然村类似的困境:上级乡镇政府和行政村无法深入影响基层社会,并且无法有效地对自然村的公共产品供给进行投资。①合村并组使行政村越并越大,行政村内村组越来越多,导致行政村管理半径扩大;而乡镇为了节省工资支出而大量裁撤村组干部,使得原本就较为薄弱的行政村管理力量更为弱小。行政村对自然村一级的管理出现了管理空位,与基层自然村之间形成了管理断层,无法有效地对基层社会提供公共产品。但从另一个方面来看,公共产品的缺乏、制度外供给的缺失,以及潜在的通过开发资源获利机会,这些也是成为农村自组织出现、自发提供公共产品的诱因。

(二) 2007年3月:"农民议会"的成立

> 2007年春节前,村民赵YQ召集赵JY、卞YC等几个党员商议,如何以党员、村民代表为骨干,发动和组织村民来实施自己想做的事。回老家过年的六合区区委组织部干部赵JF听了赵JY和卞YC的想法后建议:能否成立个正式的组织,把想法落到实处?于是,赵YQ召集赵JY、卞YC等几个党员趁大年初一挨家挨户给乡亲拜年广泛征求意见。大年初三晚上,12名本组的党员、村民代表聚在赵YQ家,商议决定成立个正式的组织,有人提议就叫"农民议会"。

赵坝"农民议会"成立的第一步——通过大年初一拜年的机会征求村民意见——实际上正是农村熟人社会社交网络发挥作用的体现。在农村社会中广泛存在个人关系结成的社会交往网络,它们已经打破了单纯的血缘和亲缘体系,形成了

① Lily Lee Tsai, "Cadres, Temple and Lineage Institutions," *The China Journal*, 2002, Vol. 48, pp. 1-27.

以人情、业缘、友谊等众多纽带构成的关系网，大大减少了村民之间进行交往的成本，并且为协商的达成提供了重要的信任基础。

2007年3月6日晚上，赵坝自然村的36户村民，每家派出一位代表聚到赵YQ家的院子里，民主选举自己的"农民议会"成员。在村委会的监督下，经过40多分钟的发票、填票、投票、唱票，最终卞YC等8位村民当选"议员"，赵YQ当选"议长"。当地农民称"农民议会"为"板凳议会"或"田头议会"，并且成立了由4人组成的农民"理财监督小组"来对"农民议会"的财务进行监督。为规范职责，制定并通过了《赵坝农民议会议事规则》，对议会的选举、例会、财务等方面的管理制度作出明确规定。农民议会把每月的6日规定为例会议事日。

农村社会的关系网络既是一种非工具性的交往网络，也能够变成具有功能的工具性网络。非正式的惯例、道德和风俗对正式制度的形成具有极大的影响。在非正式制度中，重复发生的日常性和突发性事件，使应对事件的人际关系具有重复博弈性质。重复博弈形成了人与人之间的一种隐形的、模糊的"约定"，约定各方可以对对方的行为有较为明确的预期，各方共享一种"承诺"或认同一种"游戏规则"，这种"承诺"或"游戏规则"增加了产生集体行动与合作的可能性。

（三）2007年及之后："农民议会"、集体行动与公共产品的提供

清理村头的烂泥塘是赵坝"农民议会"成立后做的第一件大事。"议员"们分头上门征求村民们的意见，大家都愿意筹资筹劳。2007年3月8日，赵坝的清淤工程正式开始，大塘清泥很快完成。不过，村民们马上又发现：大塘得做一个护坡，但是做护坡造价太高。在"议员"们一筹莫展的时候，几个村民已经琢磨出了好办法：用拱形混凝土支护坡面，在拱形上面砌0.5米宽的护坡，水面就保持在护坡的高度。这样不仅大大降低成本，而且还维持了池塘的水生态环境。

清理泥塘的过程体现了分散的农民个体组织起来，进入同一利益框架内，自发组织社区内所有农民都来为公共事务出力的尝试。在这一过程中，村民一方面能够通过筹资筹劳、提供好的建议等方式获得参与效能感，提升共同体意识；另一方面村民们也通过“农民议会”得到了有利于个体表达意见的公共舆论平台。一旦团体成员成功地提升了自我价值感，这将有效地强化成员共同制定和维护规范的可能性。①这些均有利于整合社区内部的意见资源，解决农村社区中公共产品的问题。

成功改造了烂泥塘后，“农民议会”想借这个机会用挖掘机清理一下村子西南面500多米长的内河沟，不仅改善环境，还可以扩展养鱼面积。但清出的大量淤泥要堆放在十几户村民的庄稼地里，会压坏长了大半年的小麦、油菜等作物。而如果不立即清淤，大型挖掘机等一天要损失上千元。为此，“农民议会”先是在全村贴告示，然后召开户代表会议。对那些因内河沟清淤可能利益受损的部分农户，大伙儿一道给他们做思想工作：河塘清了，可以发展水产养殖，比种油菜赚钱；现在看，是吃点小亏，以后可是“近水楼台先得利”……经过讨论，大家同意了“议会”的决定。

赵坝“农民议会”成立后所做的各项工作都引起全体村民的关注和参与，重要原因在于这些事情直接影响村民们的日常生活。事件的高度利益相关性能够促成集体成员的最广泛参与及合作。

以往赵坝仅有一条两米多宽的沙子路通到外面，村庄里面连沙子路也没有，解决出行难是赵坝人多年的愿望。当“议会”宣布要修路时，大家纷纷表示出钱出力。但修路方案出来后，却遭到几个村民的反对，因为修路要拆掉一些人家的占道建筑物。因此“农民议会”挨家挨户走访并听取意见。随后“农民议会”对村庄内道路的宽度、走向等作了调整，最终修路

① Mary C. Brinton and Victor Nee(eds.), *The New Institutionalism in Sociology*, Stanford University Press, 1998, p. 154.

方案在会上讨论通过并施行。“议会”还制定了修路施工值班分工表，保证每天都有1名“议员”和2位村民在施工现场，保证施工的进度和质量。最终，村里两米多宽的沙子路被改建成了1.6公里长、4米宽的水泥路，赵坝路还被评为六合区2007年灰色化道路优质工程。

从对道路这一公共产品供给的角度来看，假使村民都是理性的“经济人”，那么他们在决定是否介入该公共产品的提供时，会首先权衡从该产品中所提供的个人收益与为提供该产品所支付的成本。纵观村民们群体活动的整个过程，利益是他们首先考虑的因素，也是造成村民不参与甚至反对合作的重要因素。在这种情况下，独特的中国乡村熟人社会逻辑往往会起到降低协商成本，达成村民自发组织提供公共产品的作用：以前的血缘社会变成了现在的血缘、地缘、业缘关系等混为一体的社会；①以前按照父系血缘来决定自己与他人关系远近亲疏的差序格局，变成了现在以亲缘、业缘和人情等关系来决定的社交网络；②以前血缘社会中奉行的“人情”原则，掺进了现代社会的“理性”因素。利益原则与差序格局融合在一起，形成紧凑的社会网络，而行为者及其决策均也内嵌于社会网络之中。村民如果不能做到礼尚往来，或者不能将心比心，就要被人看作不得体，甚至是不道德。

尽管现在“农民议会”公示栏里的财务收支账目详细明白，但从前的情况却是，开社员村民代表会的时候向大家通报一下，后来每3个月张贴收支账目，也只是大数不是细数。这前后变化缘于“3 000块钱招待费事件”。修路之前，村里请了供电局、电信部门和有线电视局的几十个人来看路基、移电线和电杆，中午的时候请工人们吃饭，花掉了3 000块钱，在

---

① 贺雪峰：《半熟人社会——理解村委会选举的一个视角》，《政治学研究》2000年第3期。

② 郭于华提出“亲缘关系”的概念，用以表达当前社会条件下不同于传统社会中宗族关系的人际关系网络。郭于华认为，它既涵盖了按照父系继嗣形成的宗族群体，也容纳了由婚配构成的姻亲群体；而后者在我国农村社区的经济、社会生活中也有重要功能。参见郭于华：《农村现代化过程中的传统亲缘关系》，《社会学研究》1994年第6期。

公示栏公布账目的时候只写了招待费 3 000 元，没有具体的花销清单。这下一些村民有了疑问，去找“农民议会”。面对质疑，农民“议员”们坐下来商量办法，最终写了一个详详细细的清单张榜公布，这才平息了众人的议论。赵坝“农民议会”由此得出经验，做事情不光是要人情上的信任，还要细化制度，规范程序，大伙才能心服口服。2007 年末，赵坝“农民议会”向全体村民作了述职，并且接受了民意测验。

行为者本身是“嵌入”在制度背景中的，正式的成文制度与不成文的非正式制度之间也存在互相转化的机制。自 20 世纪 90 年代初开始在农村推行的基层选举制度，尽管其实际作用一直以来都受到各界质疑，但在十几年间的重复中，民主选举、民主管理和民主监督这些行为本身，已经使农民进行了大量的“民主训练”，内化成村民们的行为习惯。赵坝“农民议会”财务状况受到村民的质疑，最终以成文的制度形式确定下来，正显示出一种积极的倾向，即农民在十几年间的基层自治训练中，渐渐培养起自治的意识和自组织的习惯。

四 合作模型与机制

（一）模型：合作怎样被促成

赵坝公共产品的自主供给出现在“农民议会”产生之后，既有研究认为农村民主对农村公共产品的供给具有正向影响。①是何种机制使得公共产品的自组织供给成为可能的？奥斯特罗姆通过结构变量预测，在小集体中克服集体行动的困境和提供公共产品的可能性极大。达成合作的核心要素包括：信任、声誉和互惠。②本部分将通过新制度主义视角建立合作模型（见图 2）进行尝试性解释。

① Yan Shen and Yang Yao, “Does Grass Root Democracy Reduce Income Inequality in China?” *Journal of Public Economics*, 1998, Vol. 92, pp. 2182-2198.

② Elinor Ostrom, “A Behavioral Approach to the Rational Choice Theory of Collective Action: Presidential Address, American Political Science Association, 1997,” *American Political Science Review*, 1998, Vol. 92.

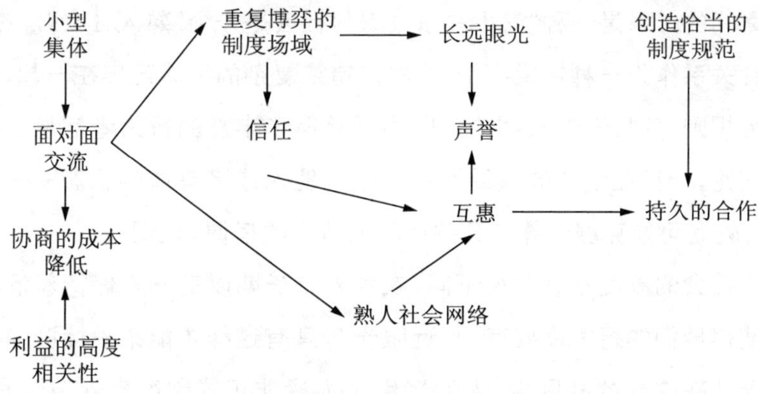

图 2　促成合作的诸因素

（二）机制：民主选举出来的“小型集体”

在小型集体中，面对面的交流容易达成，对搭便车的制裁也容易实现。如果集体的规模过大或集体内部的联系过于松散，就会在一定程度上削弱合作机制。因此，社群组织供给公共产品的交易成本和集体规模有关。在赵坝村组中，原本村内160多人可以称得上是一个比较大的集体，如果全村村民进行协商则成本必然较高。但是，在引入“农民议会”的过程中，通过“一户一代表”的机制将原先比较大的集体减少为只有36个行为者组成的小型群体，这样就使得“面对面”的协商容易达成，降低了达成协商和一致的成本。

赵坝“农民议会”成立后所做的各项工作都引起全体村民的关注和参与，根本原因在于这些事情直接影响村民们的日常生活。这种利益高度相关性也正是一些村民能够牺牲私利来支持议会工作的重要原因。首先，道路等公共产品长期供给不足，使得村民具有对此类公共产品的强烈需求；其次，“农民议会”通过“动员＋选举”的方式，创造了广泛的“利益卷入”的渠道。将分散的利益诉求整合起来，改变了以往村民的保守态度，形成对公共物品的“利益输入”；第三，在修路、清理水塘和绿化等一系列集体行动的过程中，许多村民的参与不仅仅是由于其利益卷入该公共产品的供给，更是由于长期以来乡村“人情”等非正式的规范，造成了与集体行动保持一致的“惯性”，搭便车的行为将被视为“异类”而在村子中遭到排斥。

农民之间彼此熟悉，并且其社会关系以血缘关系和地缘关系为初始察赋，这决定了农户之间的关系是一种"熟人关系"、农村社会是一个"熟人社会"。在"熟人社会"里,社会关系作为一种情感纽带,将农户错综复杂的情感连接在一起,他们具有共同的行为规则,并且通过长期的共同生活获得了丰富的行为者信息。按照行为经济学的理论,一旦在个体的效用函数中引入他人或者集体的状态——即"利他"状态①——就有可能克服个体在公共产品消费中的搭便车心理。

与现代社会的高度不确定性不同,农村人口长期以来一直保持着低程度的流动性。这使得他们的行为需要有"长远眼光",只有这样才能维护社群中可靠成员的信誉。因此在这样的社区中,人们采用了大量非正式制度来规范合宜的行为。这些规范能使行动者长期在一个互相依存的环境中生存而极少发生冲突。赵坝由于范围不大,村民居住比较集中,互相比较熟悉。因而农村社会之间容易形成共同信任的规范,形成互惠和持久的合作。

赵坝"农民议会"这种初步的制度创新,既创造了自治的平台,同时又通过民主选举的机制为领导者施加了更多的压力。②恰当的制度规范有助于人们之间建立信任,并使基于这种信任之上的公共管理活动变得更加容易。通过农民自组织的平台,农村社区创造了一个针对"公益"的公共领域,村民可以在其中表达个体意见。此外,"农民议会"通过制定各种规章制度,创造了相应的选择性激励机制,选举产生组织者,并且在委托人与被委托人之间建立了相应的问责机制。例如对"农民议员"而言,制定了"如果民意测验票数不过半,就要另选他人"的规定;对普通村民来说,通过"绿化任务分解到各家各户"、"修路施工值班分工表"等一系列措施将村民间的信任制度化,创造了持久自治的必要条件。

当群体中的所有成员都可以从遵守规范中获益时,群体成员之间能够形成一定程度的互惠。大量证据表明,人群中都有相当比例的人是强互惠者,而许多实验数据和科学研究也支持关于强互惠行为的假定。③在赵坝"农民议会"对农村公共

---

① 陈宇峰、胡晓群:《国家、社群与转型期中国农村公共产品的供给——一个交易成本政治学的研究视角》,《财贸经济》2007 年第 1 期。

② Melanie Manion, "Democracy, Community, Trust: The Impact of Elections in Rural China," *Comparative Political Studies*, 2006, Vol. 39, pp. 301-324.

③ [美]亚历山大 · 菲尔德:《利他主义倾向——行为科学、进化理论与互惠的起源》,赵培等译,长春出版社 2005 年版,第 101 页。

产品的自主提供模式中，不难发现赵坝村组中党员和其他有威望的村民在公共产品自主供给的集体行动中充当了“互惠者”的角色，不仅如此，他们还起到了“内引外联”的作用，发动和依靠社会关系网络来为项目筹集资金，降低了村民参与的成本，为项目的顺利实施提供了组织保证。当然，少数几个人的行为本身并不能带来合作自组织的产生，更大范围的合作与自治才是可发展自治的基础。在这里，通过“农民议会”，将最广泛的村民集体卷入制定决策、制度实施、监督问责、享受收益这一系列合作过程中，恰好在村民们之间的互动和重复博弈中强化了互惠与合作，增强了互惠规范并增加了对个人品行等信息的交流。概言之，通过农民自组织的平台，农村社区创造了一个针对“公益”的公共领域，这促使村民行为者参与到这个领域内：既能提出自己意见获得参与效能感；又能扮演监督者的角色；既能通过交往与沟通增强互惠；又能在公共产品的提供中获得参与的收益。

当然，除了赵坝“农民议会”案例中的农村自组织外，农村中出现的其他合作组织也有助于解决小范围内的公共产品提供问题，例如农业合作社、村民俱乐部等。尽管这些案例并非在本文的讨论范围之内，但探究其合作机制也十分有益于农村公共产品难题的解决。

郝诗楠

中国共产党的民主观及其实践：1945—2012*

郝诗楠　复旦大学国际关系与公共事务学院政治学系博士研究生，研究方向：当代中国的军政关系与精英政治、民主化与政治转型。

内容摘要　本文所考察的是中国共产党在不同时期对于“民主”的态度、观念以及实践。这一考察所基于的是两个假定：第一，政治精英对于“民主”的实践源自其对于“民主”的看法；第二，政治精英对于“民主”的看法并非一贯的，而是会随着时空变化而变化。由此，本文在比较了中国共产党在内战时期、新中国建立初期以及改革时期对于民主的不同观念以及实践后认为三个时期中国共产党的民主观念及其实践背后所反映的是政治结构与行动者之间的互动。

关键词　中国共产党　民主观　民主实践

一　导论

在学界——尤其是历史学界——纷纷关注“中共为什么放弃新民主主义”这个研究主题之时，另一个似乎“不那么重要的”问题却被长期忽视，那就是为什么中国共产党会在国共内战期间“拥抱”自由民主（西式民主）理想，而在新中国建立后却又果断地“抛弃”了它。笑蜀曾将国共内战期间中共及其领导人有关民主的言论、社论与新闻稿等汇编成了一本名为《历史的先声》①的集子。乍一看，集子里的每一篇文章都是在推崇与鼓吹自由与民主，这与新中国成立后的那个秉持“以阶级斗争为纲”多年的中国共产党大相径庭。而作者写作本文的主要目的便是要厘清这

---

*　此文曾在上海青年政治学论坛（2012）上宣读。作者感谢严海兵博士、吴新叶教授的批评与评论意见，当然本文文责由作者自负。

①　参见笑蜀：《历史的先声》，汕头大学出版社 1999 年版。这本书主要选取的是在 20 世纪 40 年代中期的《新华日报》社论。

种变化的原因并挖掘其背后的机制。

本文将采用以行动者为中心(agent-based)的研究途径。但这并不意味着"结构"变得不重要了。相反,本文仍旧注重结构性的因素。不过,与传统的结构主义研究不同,本文将结构化为了行动者——主要指的是中共——的策略,试图寻找的是事件背后的"直接原因"与机制①。本文的核心论点是:一方面,我们不能以《历史的先声》上的社论,简单地说中国共产党是一个追求"自由民主"的政党;另一方面,我们也不能以中共在新中国成立后的诸种行为及其后果断言其在 1949 年后"背叛"了民主。因为,"民主"本身就是一个不断流变的概念,它取决于具体使用者的意愿与偏好,而这种特定的民主观念最终决定了行动者该如何实践民主。

二 "民主"何以成为"好东西"?

"民主"的定义成千上万,不一而足。但就其本质上来说,民主无疑就是一种个体对政治事务的参与机制。但是作为一种政体,"民主"并非具有某种先验的价值,相反,它是一个社会建构(socially constructed)出来的人造概念。因此,"民主"的内涵并非亘古不变,它在很大程度上取决于使用者对其的阐释与再阐释。从这个意义上来说,民主在现代的实现或曰民主化的过程取决于精英的态度②,"民主"这种分享权力的方案只有经由精英的广泛同意才能实行。这不能不说是一个吊诡,但却在很大程度上是一个事实。而精英同意实行民主的主要动力无疑是利益。

历史可以证明上述论点。在现代社会,相信无人会否认"民主是一个好东西",但在现代之前的西方社会,很少人会持这样的观点,而在民主的故乡古希腊亦是如

① 丹克沃特·A. 罗斯托(Dankwart A. Rustow)早前曾讨论过在政治学研究中(主要是民主化的研究)以行动者为中心的研究途径与事件"直接原因"找寻之间的关系。可参见 Dankwart A. Rustow, Transitions to Democracy: Toward a Dynamic Model, *Comparative Politics*, Vol. 2, No. 3, 1970, pp. 337-363. 而在此后,行动者为中心的研究途径配合着数理方法的勃兴几乎占据了政治学研究的所有领域。

② Daron Acemoglu and James A. Robinson, *Economic Origins of Dictatorship and Democracy*, Cambridge: Cambridge University Press, 2005.

此。从其词源意义上来说,民主实际指的是古代希腊的一种政体形式。这种政体的特征是平民(贫穷的)统治。不过在这里,“平民”的外延非常窄,仅仅是“自由民”(或曰“公民”)——它排除了女性、奴隶与外邦人的参政权。不过即便如此,这种制度在古希腊先哲们的眼中也并非可欲的——尤其是对柏拉图以及亚里士多德来说。在其师苏格拉底被民众判处饮毒自尽之后,民主便在其眼中成了一种“暴力”的代名词。在亚里士多德的政体类型学中,民主是一种堕落的政治体制。而“民主”自古希腊之后到被约翰·洛克等人重新拾起已经是千年之后,此时的“民主”已经早已脱离那种暴政的指向而和理性联系在了一起。

但是这种转变并非理所当然,而是经历了精英们“修剪”。其中对于民主的两大修正增加了“民主”在精英眼中的可接受性。其一是用“代议制”限制民主的非理性成分。约翰·S.密尔的《代议制政府》将“民主”的内涵做了限定——所谓“密尔式的民主”早已脱离了那种大众民主的古典形式,相反它是一种由公民选举代表议事的机制。用密尔自己的话说就是那种“每个人都被平等代表的”政府形式。①这其中当然有现实的考虑,比如国家规模的扩大使得直接民主的成本上升。但是另一方面,代议制背后所隐含的是用代议士们的“理性”限制平民们的“情感与非理性”,这其中本身就蕴含着一种反平民主义的倾向——王绍光甚至不认为这种民主有资格成为“民主”,他用了“选主”这个词将代议制民主调侃了一番②。但正是“选主”这种对于民主的限定才使得民主获得了合法性,成为了一个可以接受的“好东西”。③第二个对民主的重大修正是“自由民主”。这其中的“自由”指的主要是人身自由与财产自由。这个修正反映了精英尤其是有产者们对于平民暴政的惧怕。因此,民主需要有“底线”,而这个“底线”就是“民主不能侵犯自由”。而这种“底线”只有被写入了法律才能获致可信度。换言之,“自由民主”又可被视为“法治之下的民主”。

综上,如今作为一个“好东西”的“民主”早已无法等同于“Democracy”原本的内涵。这些“带着形容词的民主”(Democracy with adjectives)背后反映的一点就是:民主只有符合了精英的利益才有可能实现。而在与精英利益进行“匹配”的过程

---

① 参见J. S. Mill, *Considerations on Representative Government*, Chicago: Henry Regnery, 1966.
② 王绍光:《民主四讲》,三联书店2008年版。
③ 严海兵:《选举与民主合法性》,法律出版社2012年版,第19、123页。

中,"民主"的意思经常发生改变。

由此观之,即便是在西方,民主的观念也并非一成不变的。因此——回到中国——我们也无法要求"民主"仅能有一个单一的定义。从历史上来看,中国共产党也是诞生于民主的话语之中,而其发展壮大的过程也是牢固地与民主承诺无法割裂。但是中共对于民主的看法及其实践是随着政治格局的演变有所变化的。在1945年抗战结束一直到今天这个长时段中,共产党对于民主的观念与实践经历了三个时期,不同时期中共对于"该接受哪种民主"这个问题的答案是不同的。

三 国共内战与"自由民主":1945—1949

(一)政治格局与中共的策略性行为

1945年抗战结束至1949年中华人民共和国成立之间的"内战时期"可被视为中共推崇"自由民主"的阶段。这一时期政治上的结构性特征是一种"双头对抗型"的格局。其中,国民党是体制内的政治集团,而共产党则是体制外的政治集团,两者均拥有武力、领土、政权组织与人民。一般来说,从共产党的立党原则来看,"自由民主"是与其格格不入的。但正是因为内战时期的这种政治格局,使得共产党采取了一种策略性的方式来再阐释其民主观,因此也就有了《历史的先声》中的那些如今看起来仍是不可思议的推崇西式民主的社论。

这里暗含了一个假设:执政党与在野党的行为总是不同的,而体制内政治集团与体制外政治集团行为更是不一样。简单地说,体制外政治集团在力量对比失衡的状态下,为了保证自身的生存以及对体制内集团的瓦解,可能采取一些背离它本意的行为。①

追溯历史,中共对于民主的广泛推崇可以追溯到抗战时期。一方面,实行民主的目的在于发动群众参与抗战,共产党人相信"只有民主才能动员广大民众抗战,

---

① 严格地来说,1949年以前共产党不能算作在野党或者反对党,因为国民党一直没有在制度上吸纳共产党,两者一直都是以政治—军事集团的面目进行互动的。而关于国民党作为一个执政党相对于执政之前的行为转变分析,可参见黄坚立:《难展的双翼——中国国民党面对学生运动的困境与抉择:1927—1949年》,商务印书馆2010年版,第233—235页。

最终获得国家的解放"①。除此之外,推崇民主还能够突出自己与国民党的"消极抗战"之间的差距,进一步获取政治以及道德资源。另一方面,从国际形势看,为了促使美国加强对于日本的牵制与打击并体现中美之间存在着共同的"连接纽带",共产党与国民党一样大肆赞扬美式民主甚至罗斯福的"四大自由",并极力将共产党与民主自由的实现相联系。

而中国共产党在 1945 年以后继续推崇"自由民主"的主要目的依然与前述理由相若,除了争取以美国为首的西方阵营的支持之外,中共对民主的呼吁乃是意在在"双头政治格局之中"获得政治动员力量,并且在另一方面对国民党政权实行"去中心化"——也就是解构国民党政府的权威。当时共产党所推崇的"自由民主"包括了全民普选、"四大自由"、解除党禁(反对党治)以及军队国家化,这其中每一条都是针对国民党政权的。这是一种解构国民党保守主义权威的策略性行为。因为在对抗型双头政治格局之中,一旦实现了以上的选项,不仅可以保证共产党自身的生存,还可以争取到国内外不满国民党统治的党派、团体的支持。

(二)"民主"的选项:最优与次优

不过,对于不断壮大力量的共产党来说,"自由民主"的实现——抑或是"联合政府"的成立——仅仅是一种分享权力方案,从收益来看,这对于任何一个有能力挑战现存霸权的行为体来说仅仅是一个"次优选择"。图 1 给出了中共在国共内战期间的博弈树,其中包括了各项策略的预期与报酬(pay-off)。

首先,摆在中共面前的是两个选择,一个是"内战",一个是"谈判"。若共产党主动挑起内战,其胜算并非不大,因为与日本抗战后,承担着正面战场抗战的国民党基础被削弱。②由于国民党政府的先天不足,日本的入侵在 1937 年后对于这个从

---

① Cunshan Li, "The Development of Democratic Concepts in China," in Lin Chun(ed.), *China (Volume II.): The Transformation of Chinese Socialism*, Dartmouth: Ashgate Publishing, 2000, pp. 68-82.

② Joseph Esherick, "Ten Theses on the Chinese Revolution," *Modern China 21*, No. 1, 1995, pp. 45-76;而巴林顿·摩尔(Barrington Moore)则认为:日本的侵略同时也给予了共产党以有利的条件,其一是因为侵略者赶走了农村中的上层分子,其二则是侵略使得农民更加团结。详见[美]巴林顿·摩尔:《民主与专制的社会起源》,拓夫译,华夏出版社 1987 年版,第 178 页。

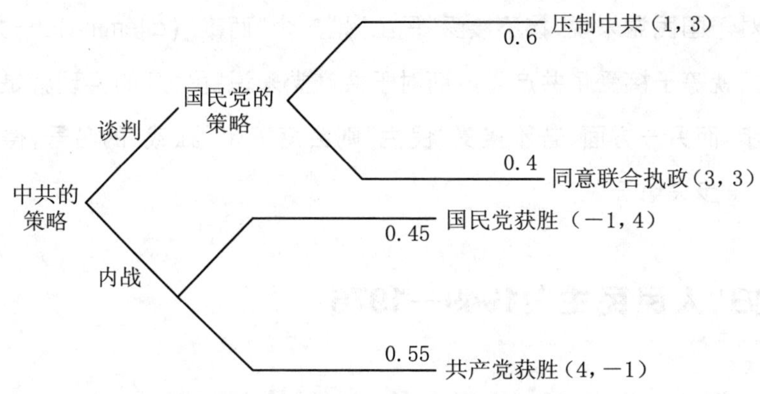

图 1　中共在国共内战期间的博弈树

注：博弈树枝干上的数字表示事件发生的概率(P_i，i=1，2，3，4……)；而括号中的数字从左到右分别表示特定事件发生的情况下共产党的收益(C_i，i=1，2，3……)和国民党的收益(K_i，i=1，2，3，4……)。而共产党与国民党的期望收益则分别为 $E(C)=\sum P_i * C_i$ 与 $E(K)=\sum P_i * K_i$。

开始就没有建构好的政权来说，破坏实在太大了。①而共产党在战后已经占据了涵盖 9 000 万人口的领土。②同时，该党不仅在农村站稳了脚跟，而且在东部沿海的大城市中也根植了广泛的地下组织③，而中共领导人也并不惧怕内战，并深信拥有获胜的可能。但是从成本方面来说，内战获胜或曰“独占权力”方案的实现在当时的政治格局之下需要通过战争甚至是伤亡来实现，而且还需要考虑美国和苏联的因素，而一旦战败则可能面临“灭顶之灾”(收益为负)。而与国民党谈判并非不是一个好的选择。不过中共深信国民党绝不会轻易让出权力(压制中共的概率为 0.6)，但是经由纯粹的谈判(假设双方都不动武)获致或失去权力，其收益与损失均小于内战。因此，在此例中，对中共来说“内战”的期望收益为 1.75，而“谈判”的期望收益则稍大——为 1.8。自然地，中共会首先选择“谈判”，而在“谈判”这一选项中又属“联合执政”的收益最高。

这里，共产党明智的地方在于：它深知国民党无法给予西式两党的“自由民

① ［美］费正清：《伟大的中国革命》，刘尊棋译，世界知识出版社 2001 年版，第 265 页。

② 参见 John L. Tomkinson, *War and Warfare*, Athens: Anagnosis, 2006, p. 81. 不过，根据马克·赛尔登的论述，到 1945 年日本投降的时候，中共已经在华北、东北、华中等地控制着一亿人口。参见［美］马克·赛尔登：《革命中的中国：延安道路》，魏晓明、冯崇义译，社会科学文献出版社 2002 年版，第 264 页。

③ Lucian Pye, *China: An Introduction*, New York: Harper Collins, 1991, p. 173.

主”,因为对于国民党来说,接不接受“民主”是一个“两难”(dilemma):一方面,若接受了“民主”就等于接受了共产党。而对于共产党来说“民主”的实现就是其进入体制的第一步;而另一方面,若不接受“民主”则会落下个“独裁”的名号,得到国内外的挞伐,进一步失信于民。

四　回归“人民民主”:1949—1976

(一)新政权与再中心化需求的兴起

在国共内战时期,共产党是体制外政治集团,它唯一需要做的就是“顺应”大众,“解构”权力中心。而在内战胜利建国之后,中共便失去了国民党这位博弈赛局中的对手。因此从某种意义上来说,中国共产党在这一时期拥有了高度的行动自由。

1949年之后,中国的政治结构从“双头格局”转向了“单中心格局”。因此,此时的共产党无需再继续坚持去中心化的“解构”策略,可以转而实践自己的政治纲领,这就需要“再中心化”或曰“再权威化”。换言之,中共此时明确地否弃了“自由民主”观,回归了其一直以来与其意识形态相符的“人民民主”观。此时的共产党已然代替了国民党成为了新的体制内(领导)的集团,周围的民主党派也纷纷拥护共产党,不存在体制外的反对集团。因此共产党要开始“塑造”大众口味而不是一味地“迎合”,并逐步将中国社会依照自身的承诺进行改造。

此时,“自由”、“民主”这些词的内涵也相应发生了变化。一位西方学者指出:“在毛主义的宣传之中,‘自由主义’变成了‘反党’的代名词,甚至变成了人们在人格上的一种缺陷,因为它会带来社会混乱;而‘资产阶级民主’则是剥削大众方式中的一种。”①因此,在向“社会主义”过渡的过程中,“四大自由”被“集体主义”所取代,一种去个人化的观念与实践随着集体化的推进而逐步获得其在政治上的唯一正确性。

---

① Timothy Cheek and Juan Lindau, “Market Liberalization and Democratization: The Case for Comparative Contextual Analysis,” in Timothy Cheek and Juan Lindau(eds.), *Market Economics and Political Change*, Lanham: Rowman & Littlefield, 1998, pp. 3-32.

（二）"人民"的民主

然而，中共并非要抛弃"民主"，而是要对"民主"做出符合自身偏好的新限制——加上新的"形容词"。首先，中国共产党在"民主"之前加上了"人民"两字。根据马克思主义国家学说，"人民民主"是一种具有阶级性的民主，其不仅仅有民主，而且还有"专政"的一面——对于所谓的"敌人"要实行暴力统治。因而，被明确宣布为"敌人"的人是不能享有民主权利的。换句话说，"民主"是有实行范围的——它的边界是"人民"。而在这一时期，"谁是人民"则取决于一个人的政治态度——主要是对待共产党以及社会主义的态度。

这一时期对"民主"的第二个限制体现在"民主集中制"一词之中，它也是实现"人民民主"的组织与活动方法。民主集中制是一种民主与服从同一化的制度。这类似于一个典型的卢梭式"公意"命题。其逻辑：有民主，便服从，因为服从是基于"民主"的，服从的就是我们"自己"。而"公意"在实践中总是无法成形的，因此需要组织化。而共产党便是这种社会意愿的组织化表达渠道，在中国则表现为党代表人民的利益①。在中共的话语体系中，党是没有特殊利益的，因为党的利益就是人民的利益，两者是高度统一的。党与人民——换句话说——就是一体的。所以，有学者认为，在毛时代所谓"民主"就是做党告诉你要去做的事情。②

此外，"人民民主"是通过"群众路线"来实现的——这也是"民主集中制"的题中之义。"群众路线"并不是一种大众民主的方式，而是一种中国古代"民本"传统的现代表现形式。有学者认为，在传统中国的政治思想中虽然没有关于人民参与的理论资源，但确实是十分关注人民的福祉。③的确，在古代帝王的统治合法性源自"天道"，江山社稷、为民福祉是天赋义务。但是，在实践中这仅仅是一种比喻而

① Franz Schurmann, *Ideology and Organization in Communist China*, CA: University of California Press, 1968, p. 110.

② Timothy Cheek and Juan Lindau, "Market Liberalization and Democratization: The Case for Comparative Contextual Analysis," in Timothy Cheek and Juan Lindau(eds.), *Market Economics and Political Change*, Lanham: Rowman & Littlefield, 1998, pp. 3-32.

③ Brantly Womack, "In Search of Democracy: Public Authority and Popular Power in China," in Brantly Womack, *Contemporary Chinese Politics in Historical Perspective*, Cambridge: Cambridge University Press, 1991, pp. 53-89.

已。所谓“天道”的实现是取决于统治者对于“天”的信念和恐惧的，并非有一个“天”时时刻刻地在“监督”皇帝。①而“群众路线”也是如此，它的主动性不在民众，而在党。换言之，“为人民服务”的实现则取决于共产党员的先进性。因此，“群众路线”也并非是一个现代西方意义的民主机制，相反，那些选举或者民权之类的民主机制（在群众路线之中）是被边缘化的。②在“民主集中制”的原则下，群众的意见最终是要被“集中”起来的，最终的结果也只能是单一的。③总的来看，偏好于实行“人民民主”是与共产党的单一权威式的政治结构相契合的。

（三）“人民民主”的崩溃：“文革”十年

在这一时期的后半段，由于“文革”的爆发，“人民民主”脱离了党的领导畸变为了“大民主”。毛泽东动员大众广泛参与，并且鼓励非制度化的行为——“造反”，从而实现其“革命”意志——打碎官僚机器——用“民主”来消解高层中的“黑线”以及“当权派”们的权威。

这种“民主”最终演变成为了民粹主义甚至是无政府主义的“民主”。在这样的“民主”中，每一个都看似很“自由”：他们肆意地打砸抢、斗批改，享受着无边无际的快感，刚建立不久的国家权威又遭到了“解构”。但是，这种“民主”却无法被视为“自由民主”，其一是因为这次主导解构过程的并不是体制外反对集团，而正是毛泽东本人；其二“文革”的“大民主”并未脱离“人民民主专政”的范畴，只是变得极端化了。在此时的中国，一群人在用“民主”扼杀另一群人的“自由”，因而它又是压迫性的。这在某种程度上变成了那个曾被称为“坏东西”的“平民政体”——其中充斥着群众的非理性与暴力。简言之，“文革”中的“大民主”是一种在低制度化——甚至是

---

① Cunshan Li, “The Development of Democratic Concepts in China,” in Lin Chun(ed.), *China (Volume II.): The Transformation of Chinese Socialism*, Dartmouth: Ashgate Publishing, 2000, pp. 68-82.

② Brantly Womack, “In Search of Democracy: Public Authority and Popular Power in China,” in Brantly Womack, *Contemporary Chinese Politics in Historical Perspective*, Cambridge: Cambridge University Press, 1991, pp. 53-89.

③ Stephen Angle, “Must We Choose Our Leaders? Human Rights and Political Participation in China,” *Journal of Global Ethics*, Vol. 1, No. 2, Dec. 2005, pp. 177-196.

去制度化——环境中的政治参与。这种参与的扩大导致了“参与内爆(implosion)”①，最终使得“文革”甚至超出了领袖的控制②。

五 “社会主义民主”及两对张力：1978—2011

中共有关民主的态度与实践的第三个时期是在“文革”之后，也可被称作是“社会主义民主”时期。这一时期，对于“民主”的观念很大程度上是一种对于“文革”的反动。“文革”期间由于内爆无序的政治参与毁坏了政治权威及其机构。因此，邓小平等新一代领导集团的第一要务就是重新规范政治参与并重建权威，以推动政治经济的改革。但是，经济改革并没有为中国带来西方意义上的“自由民主”，其表现为两对张力在中国政治中依然明显：其一是经济自由化与低度政治参与的张力；其二是“公民社会”自主性与依附性之间的张力。

（一）经济自由化与低度政治参与的张力

1978 年之后出现的社会大范围争论中出现了质疑党治合理性的思潮，尤其是 1979 年的“西单民主墙”风波使得邓小平等人认为有必要重新强调共产党的领导地位，以保证刚起步的改革进程不会出现对基本体制的乖离进而危及政权的合法性，因此审时度势地提出了“四项基本原则”，以此为经济与政治改革设定了边界。1978 年之后“自由民主”依然在中国官方政治话语中拥有不好的名声。但是，高层也意识到了民主的重要性，提出实现“社会主义民主”的目标，但是在另一方面，他们又强调民主或参与要“有序”——也就是应该符合共产党的指导。

不过，值得注意的是，随着市场化而来的，是人们拥有了行动的自主权与空间，相应的也出现了多元化的利益诉求——包括部门、地方以及不同社会群体的利益，这些都为进一步扩大政治参与提供了基础与前提。我们可以看到的是，一些地方性的较为分散的政治参与逐渐浮出水面。

---

① S. Huntington and J. M. Nelson, *No Easy Choice*: *Political Participation in Developing Countries*, Mass.: Harvard University Press, 1976, pp. 24-25.

② 参见王绍光：《超凡领袖的挫败：文化大革命在武汉》，香港中文大学出版社 2009 年版。

(二)"公民社会"自主性与依附性之间的张力

另一个值得注意的转变是社会自发组织开始出现,并随着互联网等新型的民间互动方式的兴起,一个哈贝马斯意义上的"公共空间"似乎逐步开始形成。这不能不令人联想到西方学界对于公民社会与民主化之间的那种联系。在民主化理论中,公民社会无疑有着"神圣"的地位。

不过这些鼓吹"公民社会推动民主"论调的人们似乎忽视了中国的独特性。的确,越来越多的人拥有了一定自主的行动权利。但是,对于这种自主性的夸大依然是误导性的。与西方政治发展轨迹不同的是,在中国一直都没有独立于政治权威、甚至与其对抗的"公民社会"。相反,中国的民间组织一直都是依附性的。特别是在改革开放以后,一些社会组织不得不通过与政府合作来获得自身存续的权利。还有学者指出:由于中国的"官"与"商"之间有着强烈的相似性,因此无法产生出(西方意义上的那种)公民社会。①

因此,不加批判地选用哈贝马斯的公民社会模式来套用在中国的政治实际上无疑会得出错误的结论。一个常被边缘化的另一种公民社会模式——有学者称之为"葛兰西模式(Gramscian civil society model)"似乎则更适合用于中国政治分析。在安东尼·葛兰西(Antonio Gramscian)的理论中,"公民社会"是指教育、宗教以及社会的结社等机构。而它们的作用则是帮助"政治社会"(political society)——也就是通常所说的"统治阶级"——来实现它对其他阶级的霸权(hegemony);换言之,公民社会与国家在这个意义上是一体的。②反观中国的现状,很明显的是,社会组织的自治空间是以政治因素的消失为代价来换取的。③"公民社会"必须与"政治社会"合作,否则很容易便失去持存的空间。

---

① Dorothy Solinger, "Urban Entrepreneurs and the State: The Merger of State and Society," in A. Rosenbaum(ed.), *State and Society in China: The Consequences of Reform*, Boulder: Westview Press, 1992.

② Timothy Cheek, "From Market to Democracy in China: Gaps in the Civil Society Model," in Timothy Cheek and Juan Lindau(eds.), *Market Economics and Political Change*, Lanham: Rowman & Littlefield, 1998, pp. 219-252.

③ Jude Howell, "New Directions in Civil Society: Organising around Marginalised Interest," in Jude Howell(ed.), *Governance in China*, Lanham: Rowman & Littlefield, 2004, pp. 143-171.

六　结论与反思

“民主”并不是一个一成不变的“普世价值”。根据“时代”需要，“民主”可以有不同的涵义。西方如是，东方如是，中国亦如是。进一步来说，“时代”本身也是一种观念，亦是源自于社会的建构——尤其是精英对其意义的阐释与再阐释。而目前的“时代”对中国来说仍未是一个需要被解构的时代。因此，西式“自由民主”在很长时间内并不会被中国共产党所接受。

然而，正是因为“民主”仅仅是一个语词，它的内涵是不断变化的。所以任何一种固化的“民主观”或者“反民主观”都是不切实际的。中国的政治领袖谈及拒绝民主——主要是西方式民主——的一个重要理由就是：中国近代史上的民主实践都是失败的，它所造成的是无政府与混乱。①他们所指的实践主要有二：其一是北洋政府时期的立宪悲剧；其二则是国共内战期间“联合政府”的破产。

这些实例确实能够说明民主的无力，以及民主的非普适性。但是另一方面，这些实践都是在非常时期（甚至是在极端的条件下）——换言之是军事或者尚武精神占主导时期——的产物，因此，不能基于这样的例子归纳或推导出一个普遍性的结论。因此，这种“民主实践失败论”是一个伪命题：这些实践的失败并不能证明“民主”本身的失败，“民主”还包括很多方面的综合性建设。

当然，这些只是理论上的讨论。在实际生活中，逻辑是一回事，而政治现实又是另一回事。我们无法期待政治总是遵循逻辑来运行——那仅仅是存在于理性主义者脑中的长久梦想。现实中的政治是一种审时度势和妥协的艺术。必须承认，民主的发展确实需要循序渐进，更需要制度建设。我们不能仅仅因为民主的“失败”而否定民主的价值；当然，也不能仅仅是因为“民主”在逻辑上可行，而妄图在一夜之间实行民主化。

---

① Timothy Cheek, “From Market to Democracy in China: Gaps in the Civil Society Model,” in Timothy Cheek and Juan Lindau(eds.), *Market Economics and Political Change*, Lanham: Rowman & Littlefield, 1998, pp. 219-252.

宋道雷

"穷根"与"翻身"：农村精英生产与再生产机制研究

——以鲁中N村为个案，兼及B、H村*

宋道雷 复旦大学国际关系与公共事务学院博士研究生，研究方向：政治学理论、中国政府与政治。

内容摘要 改革开放后的中国农村社会结构发生巨大变化。新型精英打破了"穷根"的诅咒；传统精英实现了重新"翻身"；农村社会结构重新被新型精英与传统精英塑造。这两类精英的生产与再生产机制各有侧重：前者重视以权力资源为主体的各种资源的融合利用；后者重视以文化资源为主体的各种资源的融合利用，"言说机制"在其再生产过程中起到巨大作用。随着时间的发展，两者的再生产机制开始趋同，即依赖的再生产资源都开始趋向于文化资源。N村以及B、H村的精英生产与再生产机制，展现了改革开放以后中国农村精英循环或者再生产机制的一个侧面，具有典型的个案意义。

关键词 精英生产与再生产 穷根 翻身 言说机制

一 引言

晚清以降，中国农村发生了两次重大变革，并引起农村精英结构的巨大变迁。第一次变革是指发生在20世纪50年代的农村社会主义改造。这次变革涉及整个农村政治、经济、社会的变迁，改变了传统中国农村的运行逻辑。传统农村精英被国家力量定性为敌人，一夜之间从精英行列中消失，成为农村底层村民，甚至成为被专政的对象。新的精英大多是传统农村的底层村民，通过土地改革等一系列重

* 作者感谢熊易寒老师对论文初稿提出的宝贵意见与建议，同时感谢复旦大学城市治理比较研究中心为本论文调研提供的经费支持。然而文责自负。本文严格按照学术规范，文中人物人名均为化名。

大运动，一跃成为农村新型，在20世纪50年代到70年代中后期牢牢保持着农村的精英位阶。第二次变革是指发生在20世纪80年代的农村经济改革。农村家庭联产承包责任制的推行，对农村精英结构发生重大影响。那些被国家公权力力量所抛出精英行列的村民及其后裔，重新获得精英地位；那些被国家公权力力量录用的新型及其后裔，也继续保持着精英地位。这两类精英通过各自不同的精英生产与再生产机制，实现了“翻身”与持续。而那些与上述两类精英无关的村民群体，则较难跻身农村精英行列，被村民称为“穷根”，即贫穷是会扎根的，祖辈的贫穷状况会影响子孙辈的富裕水平。

中国农村的两次重大变革所引起的农村精英结构的变迁，与国家公权力的介入直接相关。传统精英的衰落，以及农村新型精英的兴起，都直接与国家公权力相关，国家政治力量所产生的权力资源，在农村新型的生产机制中发挥主导作用；同时，它也使传统精英的生产机制中断，从而无法继续维系其传统的再生产机制。农村这两类精英的代际生产与再生产机制，同样离不开国家政治力量的作用。20世纪70年代末的农村经济改革，以国家公权力的放松控制为主要特征，在这个大背景下，传统精英与新型精英各自进行着自身的精英生产与再生产。

对于中国农村精英研究的范式，现在学术界比较关注于“乡村精英的结构及其变迁趋势分析”①。吴晓刚教授将国内外关于中国农村精英变迁的研究，划分为三种视角。②与其不同，本文从微观角度切入，以深度访谈的形式，透视笔者生于斯长于斯的村庄中的精英生产与再生产机制。所以，在一定程度上，不仅能够从个案的深度挖掘中研究农村精英的生产与再生产机制，而且能够从微观视角透视权力资

① 张长立、刘胜国：《试论我国乡村精英研究的范式转换》，《中国矿业大学学报》（社会科学版）2010年第3期。

② 即制度主义分析视角，以倪志伟（Victor Nee）为代表；结构主义分析视角，以魏昂德（Andrew G. Walder）为代表；“机会—流动论”视角，以吴晓刚为代表。他在指出第一、二种视角的强结构主义弱行动者视角倾向的同时，以第三种视角为指导，展开农村精英的代际传承研究。吴文从文化资本的视角，透视农村精英的代际传承，得出新型精英比传统精英更容易实现精英再生产，而且两者的精英再生产路径也不尽相同。吴文以1978—1996年“当代中国生活史和社会变迁”数据库为依据，以离散时间风险模型为主要研究方法，从宏观层面得出农村精英代际传承的若干观点。参见吴晓刚：《“下海”：中国城乡劳动力市场转型中的自雇活动与社会分层（1978—1996）》，《社会学研究》2006年第6期。

源、经济资源、文化资源在两种类型的三代精英之间的不同交融互换方式，从而验证吴文的结论，并且在吴文的基础上得以延伸，即农村精英的生产与再生产机制，在不同的时期，不同的精英类别之间大不相同，而且农村新型精英与传统精英的再生产机制呈现趋同化现象。

二 N村两类精英

N村坐落于中国山东，是一个典型的北方小山村。它位于鲁中山区，淄河北岸，北高南低，此村建在大山罅隙之间，所以它的村名中含有一个“峪”字。村子西北角与B村相接，远看浑然一村；西邻H村，南与D村一山之隔，东与P村接壤。全村1442口人，土地1872亩。

N村在经历过土地改革、合作化运动与20世纪70年代末的经济改革后，发生巨大变化的是两类精英，第一类是中国共产党培养的精英（1949年后崛起的新型精英）；第二类是传统精英（1949年之前的农村精英）。前一类精英使根植于传统农村中的“穷根”说，不再是套在底层农村村民头上的“诅咒”，因为他们的第一代不仅成功跻身农村精英行列，而且还成功地实现了第二代与第三代的精英再生产。第二类精英在经历过土地改革后，从精英沦落为“贱民”，然而，又在经济改革后从一无所有的“贱民”重新“翻身”为精英，并且实现了精英的再生产。

三 穷会扎根吗？——新型精英的生产与再生产机制

新型精英生产机制的最大特点在于，他们直接通过掌控的公共权力，使自身及其近支亲属进入与村庄公共事业相关的领域，从而为直系子女谋福利。①这种精英及其再生产机制的延续，主要是通过中国共产党取得政权后的阶级划分积累了第一桶金。N村第一任书记孙纪澄及其近支，便是通过这种方式跻身于村庄精英行

① Andrew G. Walder, “Markets and Income Inequality in Rural China: Political Advantage in an Expanding Economy,” *American Sociological Review*, Vol.67, No.2, Apr. 2002, pp.231-253.

列的。孙纪澄在阶级划分的时候被划分为贫农，阶级成分是十分纯正的。另外，该人又具有一定的组织能力，所以，很早便加入了共产党。在党组织的考察下，成为N村第一任支书。①

从以前一无所有的贫农阶层，一跃成为村中最有实力的家支，这类精英的生产与再生产完全是依靠共产党建政后的精英策略。整个20世纪50—70年代的中国农村，财富不再是当地权力与威望的基础，相反，贫穷成了在新社会里的政治资本。②共产党的干部录用标准是以意识形态为标尺的，阶级成分的纯正性便是意识形态的外在表现，所以，被划分为贫雇农的村民，成为共产党干部录用的主要对象。传统精英被划分为“黑五类”，从此与政治领域绝缘。共产党在将旧精英铲除之后，录用原本处于底层的村民，并赋予其公权力。由此，这些在传统社会，处于底层的平凡村民，开始凭借公权力的惠顾，开始了自身及其近支的精英化过程。

仅具备纯正的阶级成分还不够，这些从底层化身精英的村民也具有一定的个人能力。首先是敏锐的政治观察能力，其次是比较强的个人能力。凭借卓越的个人能力，底层村民完成了他向新型精英转化的最重要的一步。③

---

① 从此，在他的培养下，他的直系子女以及近支亲族的一些人，开始成为村庄的精英人士。他有四个儿子，由于大儿子是早已经去世的原配所生，所以，与他的关系及后三个儿子的关系并不是那么协调，所以，大儿子在村中并没有担任过什么职务。然而其他三个儿子都受其惠顾。二儿子孙赵昶在1987—1990年担任村长；三儿子孙赵项原本是村小学教师，现在已经调任区小学任教，每月工资3 000元左右；四儿子孙赵君原本是村卫生所医生，现在已经将村卫生所化为其私人所有，村中原先两名医生同事，现在成为他的雇员，每人每月600元人民币。据村民说此人收入不菲。

② 阎云翔：《私人生活的变革：一个中国村庄里的爱情、家庭与亲密关系(1949—1999)》，上海书店出版社2006年版，第27页。

③ 孙氏在1951年成为N村第一任书记，不仅是因为其阶级成分纯正，更重要的是其政治敏锐性较强。据村中年纪相近者的回忆，此人在共产党主政村中事务的时候，就已经意识到共产党将是以后村中最有力量的组织，将决定村庄每个人的命运。在其他人还在犹豫的时候，他就已经开始积极向中国共产党靠拢，提出申请，开始积极筹备加入中国共产党，并成为村中他们那一辈中第一个加入中共的年轻人。他对村中的大小事务都积极参与，尤其是在与党相关的事务上，他的参与积极性比任何人都高。加之，孙氏具有比较好的口才，而且具有一定的组织与管理能力，所以，他能够打败所有与其竞争的人，而成为村中第一任书记，并连续担任此一职务达8年之久。

(一) 新型精英近支家族成员的精英化

农村家庭、家族的资源配置具有经济和社会的双重性质①,孙纪澄就像一棵大树一样,荫庇了自己的近支亲族,实现了近支的精英化。孙纪炳便是在他的直接干预下,一跃成为村中最具权力与威望的精英的。孙纪炳是孙纪澄的近支亲族,按照农村"五服"的划分习俗,他们两人同一祖父,在"三服"上。他两人之间的年龄差距近30岁,但是,这并不能为孙纪炳得到青睐设置障碍,这在一定意义上,具有"侍从主义"(clientelism)的政治特征。②据村民说:"孙纪炳家那个时候穷啊,他爹早死了,只剩下他妈和他,家里是破草屋,没饭吃,没衣裳穿。但你看人家现在,家里有钱,儿子在口镇镇给镇长做秘书。还抱上了孙子。多好啊。"③以前孙纪炳虽然穷,但是,此人却具有非凡的处事能力与判断能力。虽然话不多,但是,他说的话能够切中要害(这是笔者与他接触所得到的观感),而且能够比较圆融地帮村民解决纠纷。处理N村村民纠纷的时候,不仅不明哲保身,敢于参与处理,而且能够客观公正地既主持公道,还能为双方留足情面。在处理村际纠纷的时候,能够照顾好N村村民利益。所以,他能够赢得N村村民的交口称赞。基于此,孙纪澄对他的提拔是不遗余力的。在20世纪80年代之前,就将其安置在村队中做事情。以此为跳板,到80年代之后,孙纪炳成为村中最有权力的人物,实现了精英化。

(二) 新型精英的再生产机制

第一代新型精英在村中已经是比较富裕的阶层,在第二代与第三代的再生产机制中,经济资源、文化资源以及权力资源相互交织在一起。例如,孙纪澄身为村第一任书记,而且是老党员,政府对他的补贴达到2 000元/月,这在一个消费水平很低的小山村,是一笔不菲的收入。对于他们的后代,在地域上,他们不再仅仅将眼光局限于N村及农村地域,而是积极地将他们推往城市,使他们实现非农业职业化。在资源依赖上,他们不再仅仅依靠政治权力资源,因为政治权力资源是有任期

---

① 王亚林、张汝立:《农村家庭功能与家庭形式——昌五社区研究》,《社会学研究》1995年第1期。

② Jean C. Oi, "Communism and Clientelism: Rural Politics in China," *World Politics*, Vol. 37, No. 2, Jan. 1985, pp. 238-266.

③ 笔者于2012年7月25日对N村孙姓村民的访谈记录。

限制的，而且其公共性属性无法令任何人将其占为私有。他们开始将权力资源以及通过权力获得的经济资源投入到教育领域，使这些资源在其后代身上转化为文化资源，凭借文化资源将其后代推进城市，使其转化为城市居民。

在村庄这种小共同体中，新型精英以人的协调、事务的管理工作为其主要对象，在一定程度上，他们突破了小共同体的封闭环境所带来的封闭意识，而且在工作中他们体会到知识的重要性，这是天天与黄土地打交道的纯粹农业劳动者所缺乏的。另外，这些人具有一定的经济积蓄，能够负担起子女的读书上学费用，所以，这类精英的子女能够接受教育。①

新型精英的第三代精英化则完全得力于文化资源的助力。孙氏的儿子的子女，除小儿子的子女尚小，还在上小学之外，两个大儿子的子女都已经接受了大学教育，并且顺利毕业。二儿子的女儿，在山东最具发展潜力的城市——青岛市——一家公司从事白领工作；三儿子的独子，大学毕业后，应其父亲的要求，考取湖北省公务员②，再次完成了文化资源向权力资源的互换。孙氏的第三代孙辈，完成了从农村村民向城市居民的蜕变，实现了第三代的完全非农业职业化身份转变。

新型精英在三代之间经历了权力资源、经济资源以及文化资源的交融互换。第一代新型精英，凭借自身的能力与政治敏感性、积极性，依赖权力资源，积累了自身的财富，实现了自身从农村社会结构的底层，到顶层精英的转变。同时，他们在村庄共同体公共事务的管理中，提升了自身的识见，自身的知识水平与知识意识得到增进。③第一代在实现自身精英化的过程中，逐渐利用权力资源积累经济资源，并将其作为培育第二代的储备金。依赖管理公共事务中所积累的对于知识的重要性的认知，他们十分重视为第二代提升文化资本而储备经济资源，从而实现第二代在村庄这个小共同体中的蜕变，完成精英再生产的第一步。

新型精英的第二代无法凭借权力资源来积累自身的财富，但是，他们可以凭借

---

① 孙纪澄的三个儿子中，有两个儿子在20世纪70年代末80年代初就接受了师范专科教育与医学专科教育，在那个时代，这在村中是绝无仅有的现象。

② 笔者于2012年7月25日对N村孙赵项（孙纪澄的三子）的访谈记录。

③ 笔者于2012年7月25日对N村孙赵君（孙纪澄的四子）的访谈记录：孙纪澄的小儿子说，“我爸经常在饭间对我们兄弟说：‘要想出人头地，就得长出息，好生（好）读书。’他很支持我们读书，这就是我跟我三哥是我们村最早去读专科的原因。现在看来，我爸的说法是对的。”

第一代精英积累的经济资源接受教育,获得文化资源,再将文化资源转换为经济资源,甚至权力资源。①对于第二代来讲,他们又具有不同于第一代的特征。首先,他们靠自身的文化资源积累了经济资源,而非直接利用权力资源。其次,受到第一代的熏陶,他们深知权力资源的重要性,他们凭借自身的优势,开始积极争取权力资源。孙纪澄的小儿媳妇,不仅被丈夫推出积极竞选村妇女主任一职,而且还成功地赢得一届选举。第三,他们深知各种资源之间的互融与交换。在将经济资源转换为文化资源的基础上,以培育自己的子女使其脱离农业劳动(见上述第三代的精英化机制);同时,还积极地将经济资源转化为权力资源。但是,在他们看来经济资源与文化资源之间的转换利润是最高的。新型精英与传统精英在第三代精英的再生产机制上产生趋同,他们都积极使第三代接受教育,提升文化资本含量,实现第三代的非农业职业化身份。

(三)新型精英的生产与再生产机制——来自丁氏家族的佐证

为新型精英的生产与再生产机制提供佐证的,还有N村的第二任村委书记丁仪章。他们与孙氏三代之间的生产与再生产机制具有大致的相似性。他们与孙氏的不同在于,丁氏第一代是通过服兵役,从而攫取自己的第一桶政治资本的。②

孙氏与丁氏精英集团的生产与再生产机制,不仅带有鲜明的时代特征,而且也是当今农村精英人士或一般人士转换身份、实现精英化的两条路径的集中体现。现在农村村民要转换自己的身份,成为比较“体面”的城市居民,只有两条路径可选:一条是通过读书,考大学,依赖文化资本转化自身身份;另外一条是通过服兵

① 孙纪澄的三子与四子,就是在孙氏的供给下,花费不菲的学费费用,在专科教育毕业获得文凭。20世纪70—80年代,专科教育的花费大概一年100元,这在一个小山村来讲,是一笔大钱。借此文化资本,他的三儿子成为小学教师,四儿子成为职业医生,实现了收入的“旱涝保收”(村民对吃皇粮人员的工资的形象化说法)。

② 丁氏三代之间的生产与再生产机制相对比较简单,其内部所利用的资源交融互换相对单一。第一代直接通过权力资源将自己的儿子推荐到外区,直接在工矿企业就业,从而转换为工人,呈现出典型的时代特征。相同的是,到第三代的时候,丁氏像孙氏一样,都是将权力资源与经济资源向文化资源转化。丁氏的第三代孙中,其中之一,通过服兵役,并继续入军校学习,现在退役并在北京某部门工作。另外一个,考上山东青岛海洋大学(现中国海洋大学),并被选拔为国防生,现在湛江某海军服役。

役，然后复原，掌握一定的技术技能，从而实现自身的身份转化。也就是说，在农村中，教育背景与军事经验，对于精英化具有正相关作用。①

（四）农村精英非农业职业身份路径的狭窄化

从笔者的调查来看，两条路径在村庄中所产生的社会阶层流动效应，呈现极大程度的衰弱趋势。对前一条路径来讲，教育资源极度向城市地区集中，农村教育资源凸显薄弱，村中儿童的教育资源缩减。N 村小学从原来的五个年级，缩减到现在的三个年级，小学四年级开始就必须到较高教育管区上学，村中教育资源已经无法满足同样教育人数的教育支出。以结果来衡量，N 村中学生考上重点高中的比例连年下降。②

精英化的机制可以通过上述两条路径来实现，但是，这两条路径并不能保证一定实现精英化的结果。对于村民来讲，即使接受了高等教育，等待他们的情况可能是，他们就业的领域只能属于城市比较底层的工作，并无力量在城市中谋得一份能够支撑市民生活的工作。③通过这条路径改变自身身份，在 N 村越来越困难。因为考上重点大学的几率在降低，专科学校与一般高校的就业图景并不乐观，村民以文化资本来实现非农业职业的期望越来越低，即精英化希望十分渺茫。对后一条路径来讲，近来根本无人问津。④

① Bjorn Gustafsson and Ding Sai, New Light on China's Rural Elites, Working Paper No. 2010/108. This study has been prepared within the UNU-WIDER project on The Role of Elites in Economic Development, directed by Alice Amsden, James Robinson, and Alisa DiCaprio.

② 从 2000 年的村中 2 个学生考上市重点高中，2001 年 3 个，2002 年 3 个，一直到 2012 年 2 个，其中只有 2005 年达到 5 个人，从未超过个位数字。重点高校的录取人数更是在个位数徘徊，从 2000 年的 1 个，2001 年 1 个，2001 年 2 个，2005 年 2 个，一直到 2006—2012 年的全军覆没，N 村被重点高校录取的人数从未超过个位数字 2。对于一个拥有近 1 500 人的村庄来讲，这个比例是十分低的。

③ N 村宋导吾的儿子就是一例，他在济南市读了专科学校，至今只能在一家超市做销售工作。他的归宿便是回老家娶妻生子。

④ 因为服兵役改变命运的前提与结果，已经无法在村中实现。就前提来讲，义务兵选拔重点已经移往城区，村民几乎没有被提名的机会；就结果来讲，即使义务兵复原回乡，也没有实质性的改变，只不过是拿到了点复原费用而已，已经没有转变为城市居民的希望。村中不乏村民的儿子复原归来继续做农民的例子，其中孙耆的儿子与原代理村主任李友求的儿子便是一例。

通过精英生产与再生产机制，新型精英打破了“穷根”的诅咒，不仅实现了自身的精英化，而且他们的第二代与第三代也成功地实现了精英的再生产。“穷根”的诅咒在这些底层村民身上，被中国共产党具有强烈阶级色彩的意识形态标准所驱除；借助农村公权力，他们在精英的位阶上成为农村社会结构变迁的最大受益群体。中国共产党借国家公权力的威势，将传统精英的生产与再生产机制打乱，并在一定程度上摧毁；从另外的角度看，公权力的外部作用，摧毁传统精英的生产与再生产机制的同时，也是对底层农村社会生产与再生产机制——“穷根”——的摧毁，从而贫穷无法在底层扎根。然而，“穷根”诅咒的破除，并不具有普遍效应，“穷根”不复再生的群体，是那些被意识形态标准所录用的具有纯正阶级身份，并具有较强的个人能力的群体，即新型精英。那些没有被意识形态标准所录用的底层村民，依然难以摆脱“穷根”诅咒的缠绕。

四 “翻身”——传统精英的生产与再生产机制

第二类精英是传统精英，或者说被中共政权所定义为“黑五类”的“地富反坏右”。这类精英与上述第一类精英相比，具有很大的不同点。他们的经历更加坎坷，家族的经历更加跌宕起伏。这是时代造成的，是社会转型期的特有现象。①这类精英在村庄中，一般是传统社会的地主或者士绅。通过访谈，一些年纪较大的村民回忆说，这些传统精英都比较富有。②他们在政权的更替之际，从前政权的精英，成为新政权的底层人士。更严格地讲，他们从社会精英的位置被抛出了国家公民

---

① 由于处于鲁中山区，村落以地势而自然形成，所以，附近村落规模都比较小，人口比较少，如N村是比较大型的村落，人数达到近1 500人。由此，这种小山村所产出的传统精英的数量是比较少的。据统计，附近三个村庄的传统精英一般是以家族集群形态出现的。N村宋氏家族、B村王氏家族以及H村孔氏家族。N村宋氏家族中的宋槐被划分为富农，宋锡为上中农，宋茂为上中农，还有王明为上中农；B村的王新、王普、王亮、王圈、王言等近支家族被划分为上中农；H村的孔同、孔春被划分为上中农。

② 例如N村的宋锡家族，他家拥有蚕场，专属的果园、菜园，而且其家族墓地是临近几个村庄最为豪华的。宋茂家则是房屋较多。B村的王圈家则是田地较多。其中有几家属于书香门第，例如宋锡、王普、王圈。前者具有功名，尤善楷书；后两者也具有一定的文化水平。可见，传统精英往往拥有一定的经济资源与文化资源。

的行列,而成为人民的敌人。①

(一)传统精英的际遇

相对于第一类精英而言,第二类精英的际遇比较悲惨。他们在传统社会占据一定的地位,是传统乡村政权的维系者,是乡村治理的主体力量。时代变迁中的政权轮替,殃及到这些最基层的精英群体。共产党依靠阶级分析的话语系统,颠覆了传统社会的阶级结构。在这个乡村,共产党主要依据土地的数量与财产两项,人为地将农村阶级结构重新厘定。从此,在整个20世纪70年代末以前,这些传统精英便开始了他们沦为社会底层的生活。②

共产党在农村中,依据意识形态标准,将原先的精英推翻,替换成支持共产政权的精英。在这个人为的、大规模的精英更替过程中,传统乡村精英被彻底打倒,乡村底层村民被拔擢录用,成为新型精英。传统乡村精英,则在这场精英的更替中,承受了较多的损失与苦难。③

传统精英在乡村政权轮替的过程中,被新的精英所替换。这种替代过程,本身就是对传统精英的权力资源的剥夺过程,而且他们的经济资源与文化资源,在这个过程中也消失殆尽,而且延及到子女。传统精英被替换,在经济上,他们的财产不保;在政治上,他们丧失公民身份,成为人民的敌人;在人身上,他们受到肆意的伤

---

① 上述N村的宋槐、宋茂是典型的以土地起家的地主;宋锡则是有功名的士子出身。在访谈的时候,上了年纪的村民仍然对后者尊敬有加,有的村民还讲宋锡先生是有"字"的,字"锡侯",在传统乡村,只有具有一定功名的人,才有资格取字。由此可知,宋锡是文化资本的拥有者,并曾经担任过该镇镇长,退任后,曾做过学校教师,以及共产党地下兵工厂的会计。B村的王圈家族是土地所有者;王普家族则是书香门第,王普的父亲颇好读书,20世纪80年代,平反冤假错案后,王普被任命为B村幼儿园的园长。H村的孔同、孔春是土地所有者而被划为上中农阶级的。

② Myron L. Cohen, "Cultural and Political Inventions in Modern China: The Case of the Chinese 'Peasant'," Daedalus, *China in Transformation*, Spring 1993, Vol. 122, No. 2, pp. 151-170.

③ 例如N村的宋锡,就在这场乡村精英的轮替过程中,经历历次批斗。不仅他自己曾经的学生与之反目成仇,对其进行拳打脚踢,而且他的兄弟也是闭门不纳,以至于到了绝境。虽然,他在这场浩劫中得以存活,并获得平反,但是,晚年已经是无法行动,瘫痪在床。据他儿子回忆,老爷子虽然晚年乐观开朗,但是,对于这一幕也是不堪回首。笔者于2012年7月27日对N村宋胜洲(宋锡的儿子)的访谈记录。

害。他们的精英地位被剥夺,而且这些侵害还延及他们的家人与子女。他们的家人与子女不仅不被乡村外族所接纳,而且不被本族所容纳。①在乡村阶级晋升阶梯上,他们的经济资源与文化资源全被剥夺,成为"贱民"。

(二)翻身——传统精英的重新崛起

据不完全统计,在新时代背景下,这些曾被定义为"阶级敌人"的传统精英,在三个村庄中重新崛起。②这里指的崛起,并非指被平反,其中有许多人仍然没有被摘除地主、富农的标签(例如,宋茂、宋槐、王圈等并未被平反),而且村中老百姓在与他们发生争执的时候,会说他们"改不了地主、富农的本性"。即使如此,他们的子孙已经不再被阶级成分所困扰,而是重新成为村庄中的精英分子,即使这些精英是位于中层,而非最高层。我去访谈一些村民的时候,他们对这一现象也表示惊奇,有的村民会哀叹道:"看来穷是会扎根的。"③

"穷是会扎根的"这句形象的语言,从另一个侧面反映了这些传统精英的翻身。土地改革,对于中国共产党来讲,其政治意义大于经济意义,它使中共的政治触角深入到最基层的村这一组织单位;④土地改革是一次权力与财产的再分配,对于大多数底层农民来讲,其经济意义大于政治意义,他们从土地改革中获得了大量的房屋、农具以及土地等财富。尤其是被划分为贫雇农的村民,一夜之间成为具有生产与生活资料的中等富裕农民,成为土改的最大受益者。然而,时过60多年再观察

---

① 宋胜洲回忆说:"那个时候成分不好,我们出去不敢讲话。别人能讲的话,我们就不能讲。只能顺着墙根走。抬不起头来。"父辈的遭难,连累到子女一同受欺凌。他家里的田园土地被分,而且自己也无法再继续上学。他说:"我在初小的时候学习还是可以的。但是,上完初小,人家就不让去了,说是成分不好,不能上学。"

② 这种现象被伊万·撒列尼称为"精英循环"现象。撒列尼发现后共产主义的匈牙利在家庭农场经营中获得成功的群体,大部分是在共产革命(20世纪40年代)中被剥夺的群体的后裔。参见 Iván Szelényi, *Socialist Entrepreneurs: Embourgeoisement in Rural Hungary*, Madison: University of Wisconsin Press, 1988; Iván Szelényi and Szonja Szelényi, "Circulation or Reproduction of Elites during the Postcommunist Transformation of Eastern Europe: Introduction," *Theory and Society*, Vol. 24, No. 5, Special Issue on Circulation vs. Reproduction of Elites during the Postcommunist Transformation of Eastern Europe, Oct. 1995, pp. 615-638.

③ 笔者于2012年7月28日对N村村民的访谈记录。

④ 宋道雷:《土改中"诉苦"运动的政治技术》,《二十一世纪》2010年第2期。

农村的社会分层，土地改革的最大受益群体，现在仍然处在较低的社会位阶，有的甚至到了无法生存的地步。"穷根"的诅咒远没有破除，大多数底层穷苦村民的后代，依然没能改变其穷苦的状况。

与大多数底层村民不同，传统精英的后裔大部分得以翻身。传统精英的第二代成为村中中产阶层，第三代则跃出农村成为城市居民，实现了非农业职业化身份。①N村宋槐的儿子经营村中"小卖部"三十年，并逐渐壮大到三个村中零售业的自然垄断态势，三十年的经营经验不仅使其在价格、质量，而且在客户方面积累了雄厚的资本，村中虽然也相继出现几家小卖部，但是，最终多是难以为继，以倒闭告终。据有些村民猜测，其资产可达上百万之巨，这在一个小村庄中是难以想象的财富积累。②

对于传统精英的第三代来讲，则是另外一种景状，他们孙辈中的大部分实现非农业职业化就业，成为城市居民。N村宋锡的孙辈考上大学，并继续在一所大学深造。B村王氏有两个孙辈也已经大学毕业，一个在省会济南工作、一个在沈阳市工作。H村孔氏的第三代也是经过大学这一路径，考上硕士研究生，并继续攻读博士研究生，毕业后在青岛市工作。无一例外，传统精英的第三代，大部分是借文化资本的助力，脱离村民身份而成为市民的。

（三）传统精英的再生产机制

相对于新型精英来讲，传统精英不仅经历坎坷，而且他们的精英再生产机制具有自身的独特性，类似于遗传，具有不可见性。这种再生产机制保证了他们的翻身，并重新创造自身的可见资源，最大限度地利用这些可见资源培育自己的后代。这种培育是潜移默化的，类似于儒家所说的濡化作用。

1. 宏观层面的再生产机制——以经济资源为主的资源转换

农村的土地改革，剥夺了乡村传统精英的财产，并将他们打入阶级敌人的行

---

① Ole Odgaard, "Entrepreneurs and Elite Formation in Rural China," *The Australian Journal of Chinese Affairs*, No. 28, Jul. 1992, pp. 89-108.

② 宋锡之子经营农村土地耕种生意已经三十几年，颇具经济实力，至今已经换了三台大型拖拉机，成为资本密集型投资的大户。B村的王氏家族借地利之便，经营蔬菜生意，成为村中的蔬菜经营大户，据访谈，他可以达到年收入10万元。H村的孔氏家族在B村中建立电缆厂，最近以140万元的价格转手。这是他们第二代翻身后的景状。

列，成为人人喊打的“贱民”。除了他们栖身的一方草房，以及不至于饿死的生活资料外，他们一无所有。他们被剥夺了一切可见的资源，被抛出乡村精英行列，而成为经济上的无产者，政治上的贱民。

他们之所以能够翻身，首先是因为国家政治的转变。当时以意识形态的政治标准将村民划分为五个阶级。那个时代，“阶级”成为乡村运行的唯一逻辑。这些被划分为“黑五类”的阶级敌人，在政治上被排除出“人民”的行列，甚至不再具有公民资格，也就没有了在经济上占有生产、生活资料的资格。除非政治上对村民的评价标准发生变革，否则，这些传统精英只能永远处于“敌人”的行列。改革开放以来，政治上的“拨乱反正”政策，使以前被划为“黑五类”的村民重新合法化，成为与其他人平等的公民。这种平等身份的恢复，成为他们翻身的先决条件。随着改革开放的发展，政治标准不再是评价人的唯一标准，即使那些未被平反的传统精英，也不再被大家所歧视。治理能力，而非意识形态成为评价公职人员的主要标准；个人能力，而非政治标签成为取舍村民的主要标准。由此，传统精英获得了翻身的社会大背景。

其次，这些精英及其后代具有比较强的个人能力。从村民个人的绩效来看，我们可以发现这些精英的头脑比较灵活，善于经营，重新积累起个人财富。第一代传统精英，他们重新被社会承认的时候已经将近暮年，所以，生理年龄决定了他们无法再做出一番事业。然而，他们的第二代，即他们的儿子们却能够重新跨入原先他们父辈在乡村阶层中的位阶。他们的第二代具有较强的经济头脑。有的经营乡村小商品销售，有的因地制宜开展机械耕作，有的甚至开办工厂。这明显可以看出他们的商业意识较强，对于非政治性的商业、经济作业较感兴趣，且能取得较好的经济绩效。还有一点值得强调的就是，他们能够吃苦，比较勤劳。访谈中，村民对他们的评价较高，对村庄中懒人的议论中，他们从来不在这个行列，而是被归入勤劳村民的行列。

2. 传统精英的再生产过程：一无所有——经济资本为主(第二代)——文化资本(第三代)

传统精英的第二代在较有利的社会大背景下，重新取得了他们父辈的精英地位。在父辈被打倒，一无所有的情况下，他们首先是靠自己的能力与勤奋的劳动，获得财富,积累经济资源。这是他们与新型精英的最大不同所在。在具有了一定的经济资源之后,他们将这些经济资源作为其子女的教育储备,供给子女上学接受教育,通过大学教育转换村民身份,改变命运。无一例外,传统精英的第二代一般是经过经济资源的积累,将其转换为第三代的文化资源,通过文化资源,最终改变其身份属性。①

与新型精英相比,传统精英的再生产机制中,权力资源所起的作用是最弱的。传统乡村精英在经过历次政治批斗之后,本能的对公权力具有恐惧感,并对政治持拒斥态度。他们的政治参与意识不高,对村中的选举不闻不问。②他们的务实态度与对政治的疏远感,令他们将自己的全部精力投入到经济领域以积累财富,文化领域以改变命运。

3. "言说"——微观层面的"遗传"机制

为什么乡村传统精英在被剥夺之后,能够从无产者重新崛起为乡村的精英?除了宏观方面的经济资源、文化资源的交融转换,有没有内在的不同于新型精英的微观生产与再生产机制?是不是他们父辈的精英意识能够通过一定的机制"遗传"给他们的后代?

传统社会的乡村精英,与乡村新型精英不同,他们的精英位阶是建筑在综合资源基础之上的。支撑他们精英地位的不仅是经济资源,而且还有公权力资源与文化资源。他们并非赤裸裸地以土地财富建构自身的精英地位,他们以土地致富,然后通过积累的土地经济资源,供给子女接受教育、求取功名,从而得到文化资源的同时也得到了权力资源,成为融知识(士)、权力(绅)、财富(地主)于一体的复合型人才。③这就是乡村传统精英典型的耕读之家模式。经济资源、文化资源、权力资

---

① 这些家族的大学生比例相当高,仅就N村而言,2000—2003年的大学生中,传统精英家族的后代占了50%的比率,而且都是重点大学。这类精英的再生产机制被村民所羡慕,很多村民都讲:"你看人家的孩子多有出息,不是在城里工作,就是在上大学。"虽然,他们的语气中含有"酸酸"的味道,但是,从中可以看出他们的羡慕之情。

② 当问及他们为什么不参与选举的时候,他们说:"我的一票没用处,再说了,政治不是什么好东西,我祖上受它的害处还少吗?自己挣钱才是最实在的。"笔者于2012年8月1日对N村宋胜洲的访谈记录。

③ 费孝通:《乡土中国》,上海人民出版社2006年版。

源相互渗透，相互作用，最终保持了他们的精英地位。这三种资源里面经济资源与权力资源是显性的，但是，文化资源是隐性的，然而，文化资源所起的作用却是巨大的。文化资源的作用促使传统精英重新崛起，对文化资源的重视是这类精英的最大特征。吴晓刚虽然指出了精英文化在传统精英翻身中的重要性，但是，对文化资源的具体作用机制却没有涉及。传统精英得以翻身的机制，是文化资源得以起作用的“言说”机制。

乡村传统精英是以土地资源起家，但是，他们受耕读模式的影响，十分重视家庭教育。这种家庭教育是在儒家思想的影响下进行的。①这种潜意识的、看似不起作用的家庭教育，大大提升了他们子女的学习能力，以至于影响了他们的思维方式与教育水平。这种潜移默化的文化资源影响机制，使他们的子女具有较强的观察能力，能够较为敏锐并透彻地找到机遇，并利用它。②他们之所以头脑灵活，我们可以说是天生的，这种天生并非生物意义上的，而是文化资源在家庭教育中潜移默化的影响。

4. “言说”——化抽象为具象的言语

文化资源在家庭教育中的影响，要通过“言说”机制起作用。“言说”可以使父辈的经验以言语或者文字的方式传递下来，并对子女进行施教。他们的优势在于，这些精英可以凭借自己的理解，将抽象的思想转化为外在的文字表达，从而对子女产生潜移默化的，却是巨大的效应。B村王氏的第三代就说：“我虽然考上大学，但是，我的父亲并没有刻意地去管教我，与此相反，他并没有给我压力，而是讲：‘用不用功学习，你自己看着办。如果学习不好，你就像我一样，在家里下地干活，反正咱家里不缺锄头。’”③虽然，他的父亲并没有说教般地去向他灌输“教育可以改变命

---

① 宋锡便是一例。他不仅是村庄中的精英，而且具有功名，受传统文化的影响很大，而且对于楷书颇有研究。他对子女的教育十分重视，让自己的子女读书识字，而且潜移默化地影响他们去学习。他的儿子回忆说：“小的时候，我爸十分重视我们的教育，甚至亲自在家里教我们学习。我的毛笔字就是跟着我爸学的。”笔者于2012年8月1日对N村宋胜洲的访谈记录。

② 宋槐的儿子讲：“村里供销社要卖的时候，我就看到这里可以挣钱。”我问：“为啥呢？”他说：“这很简单啊，油盐酱醋茶，大家天天都得吃，这个生意什么时候都不会亏本。”他看到了这里面的商机，并适时地将这个供销社买了下来，并将它做大。

③ 笔者于2012年8月7日对王衮(B村王氏的第三代)的电话访谈记录。

运"之类的话语,更没有动辄棍棒教育,但是,这种具象的适合未成年人的话语,却比生硬的说理更能够激发未成年人的学习动力。

5. "言说"的延伸——纸质媒介

"言说"机制同样可以通过一些纸质的媒介得以发挥作用。传统精英十分重视子女的教育,他们的子女具备一定的识字能力。所以,他们的子女,一方面具备较强的理解能力,能够较容易受到父辈"言说"的影响;另一方面可以较容易地利用"言说"机制的外在表现形式:纸质媒介(如书本),来增强学习能力,提升人力资本。B村王氏的第三代孙便是一例,他说:"我小的时候,我爸爸给我买了许多小人书,比如《西游记》啊、《水浒传》啊等等,我现在的关于中国古典的储备,基本上是从小人书上得来的。"①宋胜洲还向笔者展示了他保留下来的他父亲的一本笔记本。这种对"言说"机制的利用,与乡村底层的村民相比,具有巨大的优势。乡村底层村民,即使具有这种教育思想或者经验积累,但是,由于文化水平低,无法将自己的思想与经验以言语的方式传达给下一代,也就无法使下一代受益于这些较高的思想与经验。在相对封闭的乡村社会,村民的智慧与经验没有巨大的差别,那么,即使一小部分的思想与经验传承,就可以产生巨大的个人绩效差异。乡村传统精英就是通过可以"言说"的机制,而重视文化资源,得以翻身,并最终在第三代改变村民身份,实现非农业职业化身份,一跃成为市民。

五　结论与讨论

经历了农村改造后,中国农村的社会结构发生重大变迁,其中最引人注目的便是农村新型精英的崛起与传统精英的衰落。经过30年以后,重新观察这两类精英,我们发现农村新型精英打破了"穷根"诅咒,实现了新型精英的生产与再生产;传统精英重新翻身,实现了精英的代际传承与非农业职业化转换。正如P.布尔迪厄(P. Bourdieu)所说:"并不是所有的行动者和所有的群体都以同样的方法和同样的程度来使用他们可支配的所有再生产策略,每一个行动者或群体真正投入使用

---

① 笔者于2012年8月7日对王乾(B村王氏的第三代)的电话访谈记录。

的再生产策略体系在每一个情境中都取决于他所拥有的资本总量，尤其是取决于他的资本结构。"①新型精英与传统精英的生产和再生产机制是不同的。

第一代新型精英，通过中国共产党的意识形态选拔，从底层村民被录用为农村干部，成为权力资源的拥有者。他们凭借农村公共权力的行使与公共事务的管理，提升了治理能力，并积累了经济资源。新型精英的第二代，利用丰厚的经济资源，获得接受教育的物质保障，借助文化资源提升人力资本，以较高的人力资本获取经济资源。同时，他们在父辈的影响下，积极地参与乡村公共职务的竞选活动，争取权力资源。

第二代传统精英在一无所有的情况下，凭借自身卓越的能力，积累了雄厚的经济资源，"翻身"实现了再精英化。由于父辈受到政治公权力不公正待遇的事实，仍然影响着他们的活动，所以，他们精英化的领域集中于经济领域。这是他们再精英化的最大特征。他们之所以能够比那些一直被"穷根"缠绕的底层村民更容易实现精英化，得力于文化资源在传统精英再生产中"言说"机制的作用。"言说"机制保证了传统精英第二代的学习能力，使其在经济领域更具优势，并容易致富。

新型精英与传统精英的第三代精英再生产机制趋同。无论是主要以权力资源为主的新型精英的生产与再生产，还是通过"言说"机制，主要在经济领域翻身的传统精英，虽然他们第一二代的精英生产与再生产机制是不同的，但是，在第三代精英的再生产方面，他们的再生产机制却趋向利用文化资源②，实现他们孙辈的非农业职业化身份，使他们跳出农村场域，而成为市民。这不仅是中国城市化大势所趋，也是农村村民城市化路径的必然选择。与此同时，两类精英的生产与再生产机制，与公权力做出的制度性选择是紧密连接在一起的，只不过新型精英是理所当然地利用这些制度性选择，而传统精英则是在重申他们受迫害后的行动的道德基础上，进行精英生产与再生产的。

---

① [法]P. 布尔迪厄：《国家精英——名牌大学与群体精神》，杨亚平译，商务印书馆2004年版，第477页。

② 文化资源对再生产机制的影响，在发展中国家中非常普遍。参见 Lois Weis, "Education and the Reproduction of Inequality: The Case of Ghana," *Comparative Education Review*, Vol. 23, No. 1, Feb. 1979, pp. 41-51.

本研究是个案研究，从个案中挖掘农村精英的生产与再生产机制。吴晓刚借助大量数据，对这个群体的再生产机制做了量化分析。这种类似结构性的分析，虽然具有宏观视野，但是，它或许忽略了精英作为个体行为者之间复杂的互动，以及生产与再生产机制在互动中的具体运作。个案研究却能将精英互动过程与结构性解释连接起来。前者虽然缺乏后者所具备的一般化理论视野，但是，前者却是后者的深化。随着中国城市化进程的推进，中国农村精英生产与再生产机制会受到何种影响；在教育资源日益向城市倾斜的情况下，底层村民能否打破“穷根”的诅咒，实现精英梦；①底层村民与精英们要实现或者维系精英化，是否都必须依赖提升人力资本的文化资源路径，即通过接受教育提升文化资源，从而提升人力资本，并最终实现非农业职业化身份；这些都涉及农村精英的生产与再生产机制，并且需要进一步的研究。这些研究不仅要有量化研究，而且还要辅之以个案研究。

附录：

表1　N村历任村支书统计表

任　　期	姓　　名
1951—1959 年	孙纪澄
1960—1964 年	丁仪章
1965—1978 年	孙归川
1978—1995 年	宋佐华
1996—2000 年	孙纪炳
2000—2008 年	李友求(代理村主任)
2008—2012 年	孙纪炳
2012 年至今	宋奔衢

① 关于中国与越南的比较研究发现，政府政策向农村精英倾斜，农村精英在利用国家政策的过程中更占优势。作者称之为“wager on the strong”。参见 Hy Van Luong and Jonathan Unger, “Wealth, Power, and Poverty in the Transition to Market Economies: The Process of Socio-Economic Differentiation in Rural China and Northern Vietnam,” *The China Journal*, No. 40, Special Issue: *Transforming Asian Socialism*, *China and Vietnam Compared*, Jul. 1998, pp. 61-93。

表2　N村历任村长(村主任)统计表

任　期	姓　名
1949—1954年	董　兰
1955—1957年	孙纪青(社长)
1958—1959年	董友敬(大队长)
1960—1967年	董导信(大队长)
1968—1976年	董导信
1977—1979年	王付本
1980—1984年	孙纪炳
1985—1986年	李友求
1987—1990年	孙赵余
1991—1995年	孙纪炳
1996—1998年	孙赵昶
1999—2001年	宋导贵
2002—2007年	孙赵昶
2007年至今	宋奔衢

杨君 马流辉 贾梦宇

选举与资源：村庄精英流动与权力继替逻辑

——基于S村的个案研究*

杨君 华东理工大学社会与公共管理学院社会学博士研究生，中国城乡发展研究中心研究人员，研究方向：社会学理论、社会转型与社会问题；马流辉 华东理工大学社会与公共管理学院社会学博士研究生，中国城乡发展研究中心研究人员，研究方向：移民社会学、农民工研究；贾梦宇 华东理工大学社会与公共管理学院社会学研究生，研究方向：财政社会学。

内容摘要 农村精英流动问题是转型期农村研究的重要主题。本文以皖南S村乡村精英流动为样本，理解当地精英变动的逻辑。与以前研究乡村精英流动学者不同的是，笔者主要从微观的村庄本身视角出发，基于一种个案的研究方法，尝试阐述改革开放30多年来皖南S村林地的变动以及村庄的选举等涉及的个案，考察了村庄治理精英的演化过程，进而总结出村庄权力继替的规则与“政治分层逻辑”。

关键词 “多元主体” 富人治村 村庄精英 选举 林地

一 问题的提出与文献回顾

“精英”作为一个社会科学名词，最早出现在17世纪的法国。直到19世纪末20世纪初，“精英”一词才开始在社会科学等领域出现，并通过维尔弗雷多·帕累托(Vilfredo Pareto)的社会精英理论广泛使用。众所周知，精英政治的逻辑贯穿于

* 本文是华东理工大学中国城乡发展研究中心于2012年7月在安徽宣城地区的S村庄所做的为期20天驻村调研的阶段性成果。感谢夏柱智、燕红亮、刘升、袁中华、李宽、马流辉、叶敏等在调研讨论中的帮助。感谢熊万胜副教授和李宽师兄在问题分析过程中的帮助。本文的初稿曾于2012年11月在华东政法大学举办的“上海青年政治学论坛”上宣读，参与讨论的熊易寒老师、李辉老师对文章提出了中肯的意见，在此一并致谢！当然，文责自负。根据学术规范和学术伦理的要求，文中所涉及的人名和地名均做了技术性处理。

政治运行的过程中，其价值观和政策取向对大众利益的综合和输入起着决定作用，权力精英的政治折中也是聚合社会不同利益的主要途径。因此，精英研究作为中国政治研究的重要领域之一，历来得到政治学界和社会学界的高度重视。

以往研究中国农村问题的国内和国外的专家学者对“精英”这一问题曾做了大量的研究，提出了许多概念、理论和见解。在国内，早在 1899 年，明恩溥(Arthur Henderson Smith)在《中国乡村生活》中，对传统中国“ 乡村头面人物”进行了研究。萧公权在《中国农村：十九世纪帝国政权对人民的控制》中，指出传统中国农村士绅统治性质。费孝通和吴晗等人在《乡土中国》、《皇权与绅权》等著作中，研究了中国乡镇绅士阶层在传统的中国社会结构中的作用；后来，多数学者运用了国家—士绅的二元分析模式讨论了士绅在地方的作用①。周荣德则通过考察西南某地区社区中的绅士阶层的情况，对 20 世纪 40 年代中国绅士的一般情况作了剖析②；国外有孔飞力的“乡村名流”、“士绅操纵”研究③，黄宗智的“乡村中的权要人物”研究④，此外，还有杜赞奇在经验调查资料基础上所做的“赢利型经纪”的研究等。⑤

20 世纪 80 年代以来随着中国农村改革的进行，学者开始对改革和转型期的中国农村的精英的构成、转变及其作用进行研究，其中，较有影响的有王思斌的“边际人”理论⑥、王汉生的“工业精英”概念⑦、孙立平的“民间统治精英”的概念、贺雪峰的“治理精英与非治理精英”概念⑧以及简·奥伊(Jean Oi)的“庇护关系”理论

① 冯贤亮：《明清时期中国的城乡关系——一种学术史理路的考察》，《华东师范大学学报》2005 年第 3 期；张仲礼：《中国士绅：关于其在 19 世纪中国社会中的作用的研究》，上海社会科学院出版社 1991 年版，第 79 页；张鸣：《乡村社会权力和文化结构的变迁》，广西人民出版社 2001 年版，第 112 页。

② 周荣德：《中国社会的阶层与流动——一个社区中士绅身份的研究》，学林出版社 2000 年版，第 55 页。

③ [美]孔飞力：《中华帝国晚期的叛乱及其敌人》，谢亮生等译，中国社会科学出版社 1990 年版，第 990 页。

④ [美]黄宗智：《华北的小农经济与社会变迁》，中华书局 2000 年版，第 22 页。

⑤ [美]杜赞奇：《文化、权力和国家：1900—1942 年的华北农村》，王福明译，江苏人民出版社 1995 年版，第 73 页。

⑥ 王思斌：《村干部的边际地位与行为分析》，《社会学研究》1991 年第 4 期。

⑦ 王汉生：《改革以来中国农村的工业化与农村精英构成的转变》，《中国社会科学》(季刊)1994 年第 5 期。

⑧ 仝志辉、贺雪峰：《村庄权力结构的三层分析》，《中国社会科学》2002 年第 1 期。

等。折晓叶等则通过东部沿海调研中的发现，提出了"超级村庄"中村干部的"精英的多重权力"①，杨懿则把折晓叶等研究的现象总结为"权势精英"②。

而20世纪90年代对于乡村精英的研究，主要表现为对乡村精英在村民自治和村级治理中的作用的研究③。曾将乡村精英作为划分中国农村社会类型的一个维度指标④，在此基础之上，杨善华对农村基层政治精英的选拔和更替的机制曾提出过机会—流动论的分析框架。仝志辉等从农村的微观角度出发提出了"治理精英—非治理精英—普通村民的村庄权力结构分析框架"⑤。而金太军从宏观视角提出，中国农村问题研究应该从国家与社会的二元架构向国家—地方精英—农村社会（或农民）的三维架构转变。⑥

综观国内外关于中国乡村社会精英的研究，可以发现一个共同特点，主要是局限于在一个社区的静态的框架中对精英进行研究，而忽视了乡村精英流动的研究。

本文主要以皖南S村乡村精英流动为样本，理解当地精英变动的逻辑。与以前研究乡村精英流动学者不同的是，笔者主要从微观的村庄本身视角出发，基于一种个案的研究方法，尝试阐述改革开放30年来皖南S村林地的变动以及村庄的选举等涉及的个案，考察了村庄治理精英的演化过程，进而总结出村庄权力继替的规则与"政治分层逻辑"。本文中所谓的"多元主体"精英是指政治精英（党政精英）、经济精英和社会精英。政治精英是指村干部；经济精英指村中的富人；而社会精英是指在村庄中有社会威望的"闲人"。

---

① 折晓叶、陈婴婴：《超级村庄的基本特征及"中间形态"》，《社会学研究》1997年第6期。

② 杨懿：《"权势精英"乡村治理结构研究——以凯里市A村为例》，《经营管理者》2012年第12期。

③ 仝志辉：《精英系》，《浙江学刊》2002年第2期；王慧、祝苏东、付少平：《乡村精英博弈与乡村的民主发展》，《农村观察》2007年第2期；贺飞：《我国农村社会转型中的精英能动性及其局限》，《湖北大学学报》2007年第3期；吕世辰、胡玉霞：《农村精英及其社会影响初探》，《山西师范大学学报》（社会科学版）2003年第1期；卢福营：《经济能人治村：中国乡村政治的新模式》，《学术月刊》2011年第10期；王茂美：《农村精英对欠发达地区农村民主政治发展的影响》，《学术探索》2003年第3期。

④ 贺雪峰：《村庄精英与村庄记忆：理解村庄性质的二维框架》，《社会科学辑刊》2000年第4期。

⑤ 仝志辉、贺雪峰：《村庄权力结构的三层分析》，《中国社会科学》2002年第1期。

⑥ 金太军：《村庄治理中三重权力互动的政治社会学分析》，《战略与管理》2002年第2期。

二 权力主导下的多元精英:村干部、富人与“闲人”

20 世纪 80 年代以来,随着改革的深入和经济社会的发展,中国社会逐渐进入了社会转型期,尤其是农村改革确立了农村社会成员的个人利益地位,扩大了自主发展的空间,个人的自我发展意识大为增强。因此,农村社会成员受利益驱动,在原有的家庭、家族关系基础上,发展起多种社会联系。正是因为如此,在乡村治理的过程中,始终贯穿着村干部的领导和主动推动,是一个国家权力主导的过程,特别是在中国这样一个权力集中的国家中,村干部在村庄治理过程中往往居于主导地位。同时,其他的村庄精英也参与管理村庄事务。S 村就是其中的一个典型代表。

(一) 村干部(政治精英):国家基层权力的代理人

村干部是乡村治理的重要主体。村干部的主要工作是管理村集体资产、收取国粮国税、四项经费。村干部的所有经费来源于上级政府的拨款,村干部只需解决面对农民的问题,管理好乡村社会的秩序。其实,村干部行使的是上级政府赋予它的权力,相当于国家在基层权力的代理人。

分山到户后,S 村没有村办企业,也没有队办企业。人均有一亩田,两分地,全村林地面积 2 700 亩,但都没有分林到户。S 村在 1984 年实行了林业“三定”,把全村 2 700 亩林地分到每一生产队。整个 S 村生产队均有林地 400 亩,如果以户为单位计算,户均有 10 亩,如果是按照耕地面积算,这可算得上是小农了。村民经常到山上砍柴作为家用的燃料。随着时间的推移,迫于生存的压力,有些村民逐渐去山上砍伐树木到镇上去卖,以补贴家用,而其他村民也竞相模仿。上山砍柴到街上去卖获得的收入并不高,但对于当时没有其他出路来解决生计的农民来说,这毕竟为他们提供了一条活路,尽管这有可能使他们陷入“坐吃山空”的境地。

在这一时期,集体时期的护林队也随之解散,尤其是山林的收益微薄,村民缺乏积极保护山林的动力,无人照看山场的后果是大规模偷盗山林行为的猖獗。不仅本村的村民到山上偷盗,外村的村民也参与其中。如此,不到三年的时间,村民以竭泽而渔的方式将S村的山场砍得面目全非。虽然山场的管理者换了一茬又一茬,但山场的权属一直属于整个S村的产权性质没有改变。80年代末,S村的山场基本处于无人管理的放任的状态。

除管理山林之外,收取四项经费和执行计划生育政策是村委的主要工作。在日常生活中,村民与村干部经常交流,按照村民的话说:"狗生了,人熟了。"在村庄治理中,村干部作为政治精英基本上能顾及群众的需求,如农田水利建设、自来水使用等。他们在村民中享有较高的威望,拥有政治、经济和文化资源。这个阶段的村干部在村庄治理中扮演着国家基层权力代理人的角色。

(二)"闲人"(社会精英):村庄公共事务的调解者

这里的"闲人"在村民的眼中指的是那些不务正业和不肯劳作的人,他们整个在外面游荡,出没于村镇附近的沙场、石场、赌场等利益密集的场域之中,他们能言善辩,精于权术,擅长蛊惑群众。有学者将此称为"小混混"①。这一群体懂得一些相关的政策法规,能够帮助本村村民解决一些经济纠纷等,所以村民将这部分群体称为"闲人"。"闲人"是村庄的社会精英主体。

S村唐某曾饲养了一百只鹅,被杨某打过药的鹅全毒死了。唐某主动上门要求杨某赔偿损失,杨某置之不理。一百只鹅是唐某全家四口人的主要经济收入来源,唐某不知道该如何是好,邻居劝杨某到镇里找政府帮忙,但是他不愿意主动上访、告状。郭某主动站出来帮助唐某。最终,唐某在郭某的帮助下打赢了官司,获得了经济赔偿。②

这个案例中,郭某就是笔者所指的"闲人"。这些人能够帮助村民处理日常生活中遇到的一些纠纷,在村庄中也享有一定的声望,有一定的群众基础,是村庄精英主体之一。社会精英虽然身处正式权力之外,但是在普通村民的矛盾依然存在的情况下,社会精英依据来自"民系统"的威望能够成为"意见领袖"并能成为村庄公共事务的调解者。

---

① 陈柏峰:《乡村混混与农村社会灰色化》,华中科技大学博士学位论文2008年。

② 对S村某老党员访谈,2012年7月6日。

(三) 富人(经济精英):村民经济生活的保障者

"先富群体"被卢福营认为是中国"能人治村模式"的兴起。①就农村而言,这个群体主要是指先富起来的企业主、工商户或养殖大户。这个群体大多数仍是当地"生于斯,长于斯"的农民,但其财富规模大大超出了普通的农民,在生活和生产方面也脱离了传统农民的主要特征,属于受益于政府富民政策的新型农民群体。村庄的治理仅仅依靠村干部不能解决所有问题,还得依靠"富人群体"帮助村民解决生活困难。

富人群体利用手中掌握的经济资源参与村庄服务,正逐渐成为村庄治理过程中一股不容忽视的力量。因此,社会精英("闲人")、经济精英(富人)在一定程度上促进了农村社会的整合。他们的整合功能可表现在日常生活中,如协调人际关系、调解邻里矛盾和纠纷、帮办红白喜事,以及劝阻违法犯罪等。

这个阶段,政治精英(村干部)的整合功能主要表现在充当国家和普通百姓的中介,国家代理人和社区当家人的双重角色使其成为沟通上下的桥梁。村干部的一些治理方式满足了国家基层政权稳定的需要,但并不能解决村庄所有的问题。村干部的确是这里一切权力的重要基础,但又不存在绝对单一的精英群体。如果用卢福营的话来理解,这里可以说是"群山格局"的农村社会成员结构②,或称之为"多元主体"③的村庄权力结构。社会精英、经济精英是村干部与普通百姓的缓冲,农村的一些矛盾通过这些精英来解决,可以有效避免普通百姓与村干部的直接碰撞,从而减少了不必要的矛盾冲突,这是保持我国农村社会稳定特有的重要防线。

三 从"多元精英"到富人治村:村庄资源与选举

(一) 富人与"闲人"的合作:承包山林

在乡村精英流动的过程中,富人与"闲人"一开始试图通过共同承包村庄的山

---

① 卢福营:《能人型村治模式的崛起和转换》,《社会科学》1999 年第 9 期。

② 卢福营:《群山格局:社会分化视野下的农村社会成员结构》,《学术月刊》2007 年第 11 期。

③ 所谓多元主体治村是指在村庄的治理过程中,村庄的能人不仅仅一种,可能包括村干部、富人、"闲人"等多种人并存治理村庄。

林资源形成合作联盟。他们依托于村庄的资源来建构自己的权威,而不需要来自国家的权力构建自己的文化权力,凸显了自己在村庄中的主体性地位。实际上S村林地承包的十年,也是该村富人与"闲人"共谋合作的十年。

1. 村庄利益的承包人:富人与"闲人"

1996年,S村共有林地面积2 700余亩。余某挖煤矿赚了钱承包S村山林面积1 400亩,栽种毛竹600亩、松树200亩、泡桐树50亩。承包当初,余某拿一张白纸向所有村民寻求承包合同书签字,他先从亲戚家开始签字,然后再找主要劳动力不在家的妇女签字,由于很多妇女不识字或是不好意思拒绝签字,便由余某主动帮其代签。最后,村里的绝大部分农户都已签字。

合同规定:林地所得的毛利润的20%作为承包费用,交予村长用于村集体公共支出,林地80%的利润归承包人所有。

通过余某承包山林的故事,我们知道,尽管余某承包山林征求到了大部分村民的签字,但并没有召开村民大会告知村民,使得这个合同的签订完全由余某与村长两人完成。由此可以看出,这次林地的承包是十分草率的,当然,由于承包没有牵涉到太多人的经济利益,村民也没有多少意见。与前面承包林地的过程和合同要求大同小异,1996年,孙某通过开运输车赚了钱,承包了山林面积450亩;笔者所称为的村庄"闲人"郭某、唐某以及孙某以同样的方式承包了山林面积97亩。这个阶段的富人与"闲人"开始掌握村庄的林权,他们从林地的承包中获益,在S村的影响力逐步增强。

2. 二轮承包:巩固经济势力

1997年,《中共中央办公厅、国务院办公厅关于进一步稳定和完善农村土地承包关系的通知》规定:土地承包期再延长30年不变,营造林地和"四荒"地①治理等开发性生产的承包期可以更长;已经延长土地承包期的地方,承包期不足30年的,延长到30年。②按照中央政策的规定,1999年,余某进行了林地的二次承包,这次

① 这里泛指屋前、屋后、荒山、荒坡等被撂荒的土地。承包期再延长30年,是指家庭土地承包的期限。土地承包期再延长30年,是在第一轮土地承包的基础上保持稳定。不能将原来的承包地打乱重新发包,更不能随意打破原生产队所有权的界限,而在全村范围内平均承包。

② S村调查资料整理。

山林承包合同再次延长30年。由于村民对余某第一次承包山林产生了质疑，这次绝大部分村民没有在合同书上签字。虽然，村民心里对于林地的承包有意见，但由于集体林地没有多生产出来什么经济效益，村民的抱怨也就不了了之了。为什么余某要承包林地呢?

"这就是欺负没有读过书的人，大家也不知道在国家的政策中林地应该如何被管理"。①

言下之意，这些人是村庄中的能人，懂得利用国家的政策发财致富，进而巩固自己的经济实力。"从1999年开始，国家政策补助退耕还林前八年每亩260元，后八年每亩补助130元。植树造林也进行了可观的补贴:栽种松树每亩补贴50元，栽种毛竹每亩补助600元，栽种泡桐树每亩补助100元，如果栽泡桐树三年以后的成活率达到85%以上，泡桐树还有额外补贴。据估算，从1999年至今，余某至少得到了国家政策补贴30余万元。"②

3. 林地转包:寻求庇护

2000年，余某选择将自己未栽种的700亩山林面积转包给村民张某300亩。张某在本镇做蜜枣加工，是一位比较富裕的生意人，他将承包的山林用于栽种苗圃和枣树。2003年，经本村村民毛某介绍，镇郊石曙玻璃厂老板陈某、煤炭生意老板朱某合伙向余某承包山林面积205亩。此外，余某将自己未栽种的97亩山林分别转包给了自家亲戚孙某以及县林业局负责人陈某。那么，又是什么原因促使余某将自己未开发的林地先后三次外包给他人呢?

"余某第一步承包林地是为了捞取经济资本;第二步转包林地是为了进一步巩固和扩大自己的势力和资本。"③

这个故事告诉我们，富人如何在村庄中一步步扩展自己的经济和政治资源。富人与"闲人"通过对村庄资源的利用，寻求共同的利益，成为名副其实的合作者。其实，他们的合作是短暂的，这仅仅是为他们从政治精英、社会精英角色向政治精英角色的转化做基础。

---

①②③ S村调查资料整理。

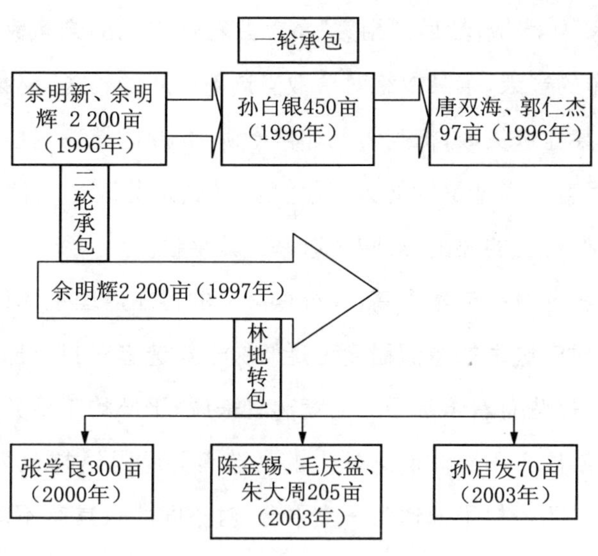

图 1　S 村山场的承包格局

（二）富人、“闲人”的争斗：村庄选举的混乱

村庄选举是村民公共参与和公共意识的表现，同时也是国家推进基层民主化进程的重要实践方法。很显然，要在一个已经高度分化的村庄选举一个有能力、有责任的富人来治理村庄，需要更丰富的制度设计，并懂得如何通过复杂的制度安排来竞选村庄的“当家人”。因为 S 村的村庄选举在最近几年才开始兴起，所以富人治村尚未成熟。

2008 年 S 村进行第八届村长换届选举。余某与梅某参与竞选 S 村村长。20 世纪 90 年代，梅某因偷盗行为蹲过 3 年监狱。在村民们的眼里，他就是一个天天无所事事，但又懂得国家政策，能挣点小钱的“闲人”。与梅某不同的是，在村民们的眼里，余某是属于富人群体，整个余家在村里算是最富有的家族。也就是说，梅某是村庄社会精英的主体；余某是村庄经济精英的主体。过去十年，两人都承包了集体的山林，共同经营开发。如今，两人开始进行新一轮的村长竞选。新一届的村长选举之前并没有召开全村村民代表大会，因为二人害怕村民对集体山林的承包有意见，担心村民在选举的时候闹矛盾。因此，二人的竞选由年过 80 岁的村民党小组组长监督。在选举的过程中，梅某花费 2 万元请村里的年轻人去镇上吃饭，之后，年轻人分别拿上竞选箱挨家挨户要求投票。余某则花费了 2 万元请村里的"相家"①吃饭,然后,"相家"拿着票箱从自己的亲戚家开始拉票。一周以后,在选举公布的当天,余某以绝对票数当选新一届的村长,赵某担任村会计,郭某担任出纳。梅某竞选失败,梅某对此非常不满,其原因是在村里的马路边贴了很多小字条,上面写着:"梅某是大坏人、是地痞流氓、是劳改犯",他认为这些小字条是余某为了竞选对自己的诬陷,影响了选举的公平性。

正是由于村庄选举的成本很高,传统意义上的村庄治理主体(政治精英),退出了村庄的选举。村庄选举的激烈程度无疑取决于竞选者对村干部这一职位"掘金"潜力的评估,对于那些有着干部经历的竞选者来说,干部的工资并不是人们想象的那样高。而一直游离于干部体制之外人的竞选者并不是这样认为,他们把村干部的收入当做一个谜团。村干部作为一个平台,对不同的人具有不同的意义,竞选者在选举过程中具有不一样的心态。在村庄的选举过程中有两种不同的心态,一种是富人的心态,一种是闲人的心态。两种人的不同竞选心态折射的是他们迥异的竞选动机。

在选票货币化的趋势下,富人当政具有明显的优势,但富人治村并不是冲着村干部的那点工资去的。作为富人的村干部,他们一般都拥有自己的企业或者产业。直接来看,做自己的企业所获取的财富要远远高于当村干部挣得的那点工资。那为什么富人还是愿意当干部呢?富人在经济资本方面具有绝对的优势,但企业的发展离不开政府的支持,企业的日常生产需要和政府发生各种复杂的关系,因政治资本的匮乏,富人在与政府的互动过程中往往处于劣势地位。没有政治资本的护佑,他们无法实现与体制内人脉的勾连,以对接更多的资源,从而实现自身利益的最大化。于富人而言,村干部这一职位使他们初具政治资本,利用这一平台,富人可以疏通体制内的关系,和上级官员建立各种人格化的联系,积攒更多的政治资源。有了政治资源的积累,富人在处理企业与政府的关系时便可以如鱼得水,游刃有余。在访谈中,那些作为富人的村干部坦言:

"我们当干部并不是想捞钱,干部的工资一年就那么点,都不够抽烟。我们自

① "相家"是本村人对这样一部分人群的俗称,这部分人能言善辩,混得不错,类似于村庄中的小混混。

己有企业,当干部主要就图企业将来办事情方便,村干部虽然不算什么官,但当上后可以和上面说上话。"①

富人在选举过程中通过经济资本的投入成功当选,当选后的村干部可以利用自身的职位优势迅速积攒政治资本,而这些政治资本可以立竿见影地转化为企业的经济效益,或者降低企业与政府的交易成本。在这一过程中,富人完成了从经济资本——政治资本——经济资本的转化或曰兑换,从成本和收益的角度来看,富人在这一过程中一般不会利益受损,否则,他们便不会热衷于村庄的选举。和富人竞选的动机不同,"闲人"竞选的动机则更为赤裸裸,他们当选之后就是为了捞取钱财,所以,他们在竞选的过程中甚至比富人更愿意下"血本"。从财富地位上来看,"闲人"逊色于富人,但由于"闲人"对村干部的收入有无限的预期,因此,他们在选举的过程中不惜重金进行贿选。用当地一名老干部的话来说就是:

"'闲人'以为现在共产党的钱好赚,所以,他们对村干部一职趋之若鹜。"诚如在位的村干部所说的那样,村干部的工资并不高,富人当干部主要是为了照顾自己的企业,而闲人当干部就是为了"捞钱"。②

而随着社会整体条件的变化,当政后的"闲人""捞钱"空间变得更大也更为容易。工业化的推进带来当地土地的升值,企业的发展需要征地,而征地必须通过村干部去与村民进行交涉。村干部在企业与村民之间充当中间人的角色,以从中谋取利益。企业在村庄落户以后,村干部依凭自己手中的职权变相向企业收取保护费。在国家资源下乡的大背景下,各种项目向村庄纷至沓来,虚报项目套取国家的资金也是村干部生财的重要方式。所以,富人利用村干部这一职位获取利益比较间接和隐蔽,而闲人在利益索取方面则表现得更为直接和公开。

(三)富人治村:村庄资源的再次利用

2010 年,由村长召集全村村民代表与小组长召开会议,讨论镇里对新农村建设的奖补政策以及筹集修建村内公路的资金。村长余某打算引进一个名叫"五星"集团的饲料公司,在本村范围内承包林地 100 亩,修建一个养鸡场。但是,上届村

---

①② S 村某村干部访谈,2012 年 7 月 9 日。

长梅某不愿在"五星"公司承包山林的合同书上签字。梅某认为,一方面,山林面积不清楚,承包价格太低,修建公路筹集的资金太少;另一方面,养鸡场会污染水源,对村民生活用水可能带来不便。由于梅某的百般阻挠,"五星"集团公司没有在S村承包林地修建养鸡场。最后,S村修建公路的资金来源仅靠村庄附近企业的捐助、村民的捐助以及向外的借款。

这里的富人治村逻辑只有一条:自己筹建资金,自己修建公路,倒是与村集体资源的利用有明确的联系。以前是村干部主导下的多元精英治理主体。如今,村干部、"闲人"竞选失败,退出了村庄的治理。"闲人"已经没有机会在村庄中占据至高无上的权力。要在经济层面上缩小与富人的差距,"闲人"必须拒绝林地的再次转包和开发。这是"闲人"唯一可以与富人较量的资本,也是他们千方百计阻止"五星"集团公司承包山林修建养鸡场的原因。如果富人要继续治理村庄,要更好地管理好村庄,就必须采取强硬的治理手段,建立自己在村庄的权威。

"在修建村公路的过程中,当修到梅某家门前的时候,梅某要求留一条小沟,由于路面比较窄,余某拒绝留沟,梅某不服气,和余某在村里打了一架,最后余家四兄弟把梅某打伤住进了医院。"①

"在修建村路,需要拆迁梅某亲戚家的旧房屋拓宽路面,梅某坚持不让施工队拆房,余某组织村民代表强制拆迁了旧房屋,梅某没有办法,只能到处说余某的坏话。"②

富人的强硬治理措施在村庄得到了体现,"闲人"只能在村庄治理的边缘游荡,而由于没有经济条件作为治理村庄的支撑,传统意义上的村干部已经从村庄政治精英层面上退换下来。如今的村庄是由经济能人治理,也就是本文所讲的富人治村。这时,村庄治理主体实际上扮演的是集国家代理人、社区守望人和家庭代表人三者于一体的角色。他们拥有的职位所界定的政治身份,以及由传统习惯所界定的私人身份已经发生变化,使得新的村庄治理主体们扮演着既要代表国家政府,又要代表本村群众的双重角色。

---

①② S村调查资料整理。

四　讨论:村庄权力继替的规则与“政治”分层

(一)村庄资源与村庄选举:村庄权力继替原则

S村权力结构比较特殊,这里虽然有大姓但在村庄范围内并没有形成主宰性的力量,更不存在华南地区意思上的宗族势力。移民使村民缺乏连续性的宗族记忆,新中国成立后的历次社会运动大体上破除了村民传统的宗族观念,弱宗族是概括本村庄社会性质的一个关键词。S村也不同于中西部地区原子化的村庄,这里的基层组织健全,实际的治理能力较强,农民合作现象普遍,因而村庄并没有陷入治理性危机。但村庄的权力继替是有原则的、村庄权力分配也是有结构的,政治分层比较明显。

S村的精英治理主体在30年间经历了一个复杂的变迁过程,最终形成了富人治村模式。在权力主导下的多元精英时代,整个S村没有任何集体经济来源,村民过着简单而朴实的生活。因此,在这一时期,村干部依然是国家权力主导下的重要政治精英治理主体,成为了村庄国家基层权力的代理人;“闲人”作为社会精英,成为村民的公共事务权的代表;富人作为经济精英成为代表村民经济权的主体。之后的10年,林地开始变被村庄富人与“闲人”共同承、转包,社会精英和经济精英合作,他们准备从非体制内精英转化为体制内精英。然而,在精英流动的过程中,由于村庄选举以及林地的再次开发等因素,最终富人成功地成为村庄治理的主体,形成了经济能人治村的新时代。

村庄资源(林地变动)既是影响乡村精英流动的主要因素,也是影响村庄治理精英主体变动的客观基础。中国农村精英的流动既不是像西方学者眼中的精英循环和精英再生产理论,也不是国内学者所讲的村庄选举、村庄文化单一的影响因素。中国农村精英的权力结构与流动机制错综复杂,是难以用单线划分标准加以统一的。因此,国外学者所提出的精英再生理论和精英循环理论在一定意义上忽略了中国改革的复杂实情,故其建立的理论模型具有理想色彩。

(二)体制内精英—体制外精英—普通村民:村庄的政治分层①

政治分层是考察村庄权力结构的一个重要变量,至今学术界并没有关于政治分层的具体标准。通过对田野经验的提炼,笔者认为,可以从村民的参政意愿、参政能力以及参政效果三个层面把握村庄的政治分层。②从某种意义上来说,村庄的选举只不过是处于村庄政治分层结构中上层人士玩的游戏,处于政治分层其他位次的群体只不过是整个选举游戏的陪玩者或是上层人士操作选举的木偶而已。

在权力主导下的多元精英时代,S村的村庄权力结构由村干部、富人与"闲人"、普通村民组成,形成了体制内精英—体制外精英—普通村民的村庄权力分层模式。然而,由于村庄资源的利用以及村庄选举等因素,富人与"闲人"群体试图从体制外精英向体制内精英流动,最终,富人成功地从经济精英转变成政治精英,成为村庄治理的新主人。这一时期,体制内精英由经济能人组成,而体制外精英由"闲人"和原来的村干部组成,普通的村民组成人员依旧未变。实际上,从权力主导的多元精英时代转向富人主导的精英时代,村庄的权力结构分层模式基本没有变,但体制内精英和体制外精英的构成人员已经发生变化,权力结构底层的普通村民构成人员也没发生变化。这是因为,当前,中国农民的价值观正在发生前所未有的变化,这种变化集中表现在农民的本体性价值观与社会性价值观的转变上。在乡村个体化过程中,个体与原来所归属的群体(家庭、村落等)之间的联系愈加松散,个体所归属的群体对个体的影响和控制程度减弱,个体更加关注自我权利与情感的表达,更加重视和尊重自我个性的张扬。③也就是说,老百姓这种生活观念的转变使得他们对于村庄里发生的日常事务关注度下降,对村庄中的各种政治、经济决策较少关注。也正因为如此,吴毅认为村庄政治呈现出阶层分化的趋势。即一方面是一部分掌握优势社会资源的村庄精英群体与村庄公共权力形成密切或较为密

---

① 本文的体制内精英指村干部;体制外精英指村庄中的富人、"闲人"。

② 所谓参政意愿指的是,村民从主观上有没有干预村务的兴趣或者动力。而参政能力意指,客观上来看,村民有没有实际能力针对村政提出合理可行的政建。参政效果说的是,村民参政后所产生的实际影响力,也就是说参政对整个权力格局和村庄治理的影响。若能完整地勾勒出村庄的政治分层,便可以轻易地把握村庄的选举过程和机制。

③ 赵爽:《中国社会个体化的产生及其条件——个体化相关理论述评》,《长安大学学报》(社会科学版)2011年第2期。

切的关系，成为影响村治的最直接力量；另一方面是距离村庄公共权力较远，不掌握优势社会资源的普通村民，他们从事社区公共参与的频度比人民公社时期的社员有所下降，其公共意识中的超强政治化色彩也已大为淡化。①因此，村庄村民公共参与和公共意识的降低，导致了村庄社会关联降低、村庄认同下降，从而更加有利于选举富人治理村庄。

① 吴毅：《村治中的政治人——一个村庄村民公共参与和公共意识的分析》，《战略与管理》1998年第1期。

黄振乾

制度学习与政治变革
——近代中国政治发展的一个分析(1840—1949)

黄振乾　复旦大学国际关系与公共事务学院政治学系硕士研究生，研究方向：比较政治、政治科学研究方法。

内容摘要　制度学习是一个国家、一个社会克服危机，实现进化的一种方式。不同国家和社会的政治现代化伴随着普遍的制度学习现象。这种学习现象之中蕴含着现代政治发展的密码。在近代中国，制度学习也是政治现代化的先导，它贯穿于中国政治发展的始终。近代以来，中国经历了三次完整的制度学习浪潮，而第三次浪潮塑造了当下中国的政治制度形态。制度学习浪潮对政治变革的不同影响取决于主体、客体、路径和环境四大要素，并且它们之间的差异使得每一次学习浪潮都有自己的特质。本文通过对一百年以来中国制度学习现象的分析和比较，尝试为阐释近代中国政治的变迁之路提供一种视角。

关键词　制度学习　社会进化　政治变革　现代化

如果将中国政治现代化的过程比喻为一辆火车，那么这辆火车的根本动力、前进方向、转轨，甚至是故障和停靠都会体现出它与众不同的地方，而我们可以通过对这些特质的分析来揭开中国政治现代化的神秘面纱。本文的核心问题和思考是：什么因素或行为在中国近代政治发展中起到了主导作用？作为政治核心中的制度在这个过程中是如何演进的？制度学习在里面扮演了什么样的角色？背后的逻辑是什么？能否形成一个具有解释力的模型？

近代中国政治现代化的命题是一个被众多学者不断阐释和分析的问题。国内和国外的学者对近代中国政治发展的分析不计其数，对之进行梳理和归类，主要有以下三种范式，即：结构功能主义、精英主义和政治文化分析。

结构功能主义学者将中国视为是既有世界秩序中的一份子，全球化、工业化和民主化是分析的关键词。他们认为世界是一个系统，相对而言，中国是一个次级系统。两者之间通过环境的变化相互作用、互相联系。结构功能主义的核心论点是，中国也将像西方工业化国家一样，走上现代化、民主化的康庄大道。其代表性的人物有加布里埃尔·A.阿尔蒙德(Gabriel A. Almond)、费正清、C. E.布莱克(C. E. Black)和弗朗西斯·福山(Francis Fukuyama)等人。最激进的观点莫过于"趋同论"①。结构功能主义最终走向了决定论，忽略了历史行动者的作用，亦无法解释偶然性历史事件对近代中国政治进程产生的重要影响(如遵义会议召开的一个偶然性事件是中共当时和共产国际联系的电台出了问题)。

精英主义强调少数人，通常是权高位重的官员、富甲天下的商人和知识精英等这些上层阶级的人物对历史发展的作用。精英主义重视社会等级，将社会分为精英与大众两个部分。精英主义学者看到了历史人物孙中山、毛泽东和邓小平等人对中国政治发展的巨大影响。但它的缺陷在于，精英的政治选择是离不开一定的社会背景的，而精英主义往往对影响精英决策的因素避而不谈。

政治文化分析受到学者的重视。政治文化在中国政治发展中崭露头角，产生了较大的影响，如阿尔蒙德、白鲁恂(Lucian Pye)等政治学者的分析②。不同的政治体系具有不同的政治文化，而政治文化本身即可成为行动者的习惯，潜移默化地影响行为者的选择。中国作为儒家文化的传承者，以及现代西方文化的输入国，研究不同文化之间的碰撞和融合，已经成为解释近代中国政治发展的一个重要取向。但是，政治文化易成为理论缺陷的借口，凡是解释不了的问题，都将其视为文化不同而导致的结果。

学习进化范式是社会科学中最具有解释力的理论之一③。相较于上述三种范式而言，它具有以下特点：首先，学习进化范式将历史的行动者——人视为一种能够通过不断学习，改进自身行为方式的主体。由于学习方式或学习内容的差异，不同社会的学习能力各异，因而不同社会的发展程度不同，这很好地解释了为什么有

---

① 参见[挪威]斯坦因·U.拉尔森主编：《政治学理论与方法》，任晓等译，上海人民出版社2006年版，第434—448页。

② 阿尔蒙德的影响主要是开创了政治文化研究的学派，另参见[美]白鲁恂：《政治发展面面观》，任晓、王元译，天津人民出版社2009年版。

③ 参见唐世平2010年10月在复旦大学社会科学高等研究院所作的一次名为"社会科学的基础范式"的学术讲座；另见唐世平：《社会科学的基础范式》，载《国际社会科学杂志》(中文版)，中国社会科学杂志社2010年版，第84—107页。

的社会先进,有的社会落后。其次,学习进化范式将历史视为一个过程,可以很好地将不同时间发生的历史事件进行关联,从而研究它们之间的内在关系,这是历史制度主义的核心,也是精英主义无法做到的。再次,学习进化范式完全可以将历史背景和社会结构融入理论分析之中,并且也可以通过对不同群体的学习模式进行分析,从而有效解释偶发性历史事件。一个美国研究者写了一本名为《现代的诱惑:书写半殖民地中国的现代主义(1917—1937)》,他在书中解释道:"中国的现代主义者将现代性视为诱惑的、迷人的、值得向往的东西"①,而这种诱惑便是学习模仿的动力之一。林尚立也曾指出:"制度学习正是学习进化范式的经典体现,制度是学习的内容,而学习则是学习的一种路径,制度学习的目标和取向正是进化的方向。"②

一 制度学习:概念、要素和模型

(一) 概念和要素

本文将(政治)制度学习定义为:一定政治制体系内以政府、政党、政治精英或社会组织为主的政治主体,在特定环境下主动或被动地引入该体系外的政治制度,以实现制度创建或制度替代的动态过程。

该定义包含四个要素:学习主体、学习客体、学习路径和学习环境。学习主体是以政府、政党、政治精英和社会组织,他们皆为参与或影响政治进程的重要政治角色。学习客体是属于主体所属政治体系之外的政治制度。③学习路径即为移植在方法论上的含义,它是连接学习主体与客体的纽带,不外乎两类:制度替代、制度

---

① [美]史书美:《现代的诱惑:书写半殖民地中国的现代主义(1917—1937)》,何恬译,江苏人民出版社2007年版,第6页。

② 对制度和中国现代化的讨论可参见林尚立:《制度合理化:从中国建构现代制度体系》,载复旦大学陈树渠比较政治发展研究中心编:《比较政治发展报告》2012年第2期(未公开出版)。

③ 这里所涉及的政治制度是广义上的概念,包括宏观意义上的国家政体、国家的组织形式和国家结构形式,中观层面上的政党制度和政府管理制度以及微观意义的法律、宗教、教育和军队等制度。

创建。学习环境即是学习行为所从属的历史、政治和社会背景，由于本文的分析时间跨度比较长，社会历史环境的变迁必然要考虑在内。

学习客体、主体和路径之间相互联系，互不可分，学习行为的发生必然引发主体和客体之间在特定时期形成特定的关系；学习行为还有待于学习路径的选择，在一定程度上路径恰当与否是制度学习成功与否的关键；学习的历史环境有内部和外部之分，学习行为作为一种社会现象，必然是基于特定的历史、社会和文化条件，它是制度学习发生的现实土壤，也是剖析学习现象的基本立场。

（二）理论模型

制度学习的客体（内容）是制度，制度是此项分析的主题，因而有必要对制度进行说明。本文接受历史制度主义对制度的界定，即制度的形成受制于“路径依赖”①，历史上已经形成的制度对后来的制度变迁和发展具有重大影响。历史制度主义已经形成了其独特的制度变迁理论，它是一个历时性的分析框架，认为是制度的功能变化、制度的自然演进和制度的断裂导致了制度变迁。社会的变化导致了新的冲突和危机，从而使得原有制度功能缺失，为制度学习提供了动力。制度的断裂是制度学习的前提条件。近代中国正是一个社会转型和急剧变迁的社会，出现了多次重大的制度断裂情况，这为制度学习提供了充足的动力，也使得制度学习的分析能切中要害。由于政治领域中不仅是制度密集而且涉及集体行动的一系列问题，本文借鉴邹谠教授宏观结构与微观机制相结合的分析方法。②

---

① 路径依赖是历史制度主义的核心，广义上，路径依赖指的是前一阶段所发生的事情会影响到后一阶段出现的一系列事件和结果。狭义而言，路径依赖就是一种制度的自我强化机制，即一旦某种制度被选择之后，制度本身就将会产生一种自我强化机制，使得扭转和退出这种制度的成本随时间推移越来越高。参见何俊志：《结构历史与行为：历史制度主义对政治科学的重构》，复旦大学出版社 2004 年版，第 236 页；[美]罗伯特·古丁、汉斯—迪特尔·克林格曼：《政治科学新手册》，钟开斌等译，三联书店 2006 年版，第 209—210 页。

② [美]邹谠：《二十世纪中国政治》，香港牛津大学出版社 1994 年版，第 209—210 页；陈明明：《党治国家的理由、形态与限度：关于中国现代国家建设的一个讨论》，《复旦政治学评论》第七辑，上海人民出版社 2009 年版，第 192—296 页。

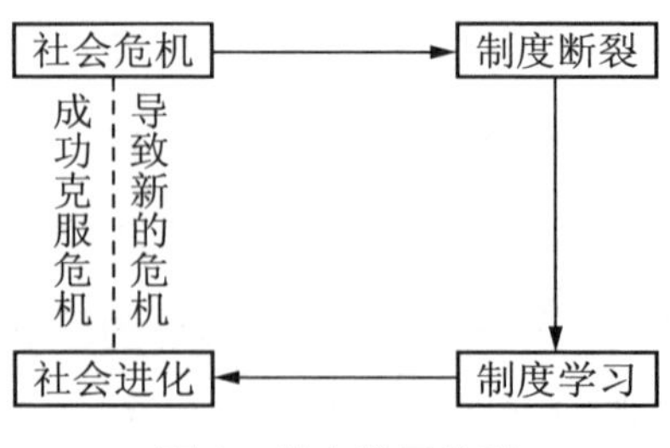

图 1 制度学习模型

二 近代以来中国经历的三次制度学习浪潮

关于经济制度、法律制度的学习已经有一定的研究,并达成一定的共识,但是关于更根本的制度——政治制度学习的系统研究还较少。中国在鸦片战争以前总体上被视为一个进行“制度输出”的国家,直到 1840 年以后这个趋势才被改变。根据制度学习主体的不同,近代中国以来的政制学习进程中出现了三次大的浪潮:1840—1910 年期间以“戊戌变法”为标志的第一次浪潮;1905—1921 年以中华民国成立为标志的第二次浪潮;1921—1949 年以中华人民共和国成立为标志的第三次浪潮(见表 1)。

表 1 近代中国政治制度学习三次浪潮①

内容	第一次	第二次	第三次
主体	精英和政府	精英、政府和政党	精英、政府和政党
客体	西方入侵诸国(英法德等国)的税收制度、外交制度、军事制度、教育制度	以美国为主西方的宪法制度、议会制度、政党制度、选举制度、司法制度、教育制度	以苏联为主的宪法制度、政党制度、司法制度、选举制度、教育制度
路径	制度创建为主	制度替代为主	制度替代为主
环境	封建专制式微、资本主义全球扩张	大革命推翻旧制度、全球帝国主义	世界无产阶级革命

(一) 1842—1910 年间以“戊戌变法”为标志的第一次浪潮

中华帝国制度的第一次断裂是由西方的入侵引发的,西方人的坚船利炮导致

① 限于篇幅,表中所列的各项内容只是主要内容。实际的各项内容远不止这些。关于客体部分政治制度的具体内容参见燕继荣:《政治学十五讲》,北京大学出版社 2004 年版,第 189、190 页。

中国制度的隐患暴露无遗,社会矛盾重重,面对亡国的危机,中国开始了第一次制度学习和制度学习浪潮。

《南京条约》签订后,香港从清帝国的政治体系中分离出来,按照英国占领者的意志建立起了类似于英帝国本土的政治制度。1943 年签订了中英《五口通商章程》(作为《南京条约》的补充条约),广州等地"从此照新章办事"(新章即为新制度)。《南京条约》的签订如同打开了古老中国的"潘多拉魔盒"。法国、德国、俄国和美国等西方列强相继入侵中国,签约割地。英、法等国很快迫使软弱的清政府改造了税收制度和海关管理制度。基督耶稣也跟着西方的枪炮"来到"了中国,外国人还在通商口岸等地建立教堂、学校和医院,引入西方教育制度。

1861 年清政府设立的总理各国事衙门是中国第一个现代化机构。1864 年上海租界会审理事衙门成立,它的审理按照英国的国内制度运作。除商业制度、税收制度、海关制度、司法制度和教育制度之外,清政府也学习了一些相关的制度,其中以军事制度最为突出。鸦片战争后,林则徐和魏源等人最先有了学习外国技术的迫切心理。清政府当局近臣奕䜣、文祥和地方势力曾国藩、李鸿章、左宗棠、张之洞等掀起了一场史称"洋务运动"的学习浪潮。洋务运动自称"中学为体、西学为用",但在学习西方技术的同时必然裹挟着一些制度要素,并不自觉地创建了一些新的制度。如学习技术的同时带来西方相关的管理制度、练兵制度。

第一次的制度学习高峰出现在 1898 年的"戊戌变法"时期。"自海通以后,欧风东渐……我国旧日法制,因缺乏科学之研究,不足以应世变,乃思籍他国法系以补充之。"①1898 年,康有为上《请大誓臣工开制度局革旧图新以存国祚折》(又称《应诏统筹全局折》)。同年 7 月 9 日,光绪帝颁布《明定国是诏》,正式宣布变法,"百日维新"终于发端。光绪帝在诏书中写道:

> "数年以来,中外臣工讲求时务,多主变法自强,迩者诏书数下,如开特科、裁冗兵、改武科制度、立大小学堂,皆经再三审定,筹之至熟,甫议施行。"

---

① 蒋澧泉:《中华法学杂志》1935 年第 6 卷第 7 号,载何勤华、李秀清主编:《民国法学论文精粹》第一卷,法律出版社 2003 年版,第 289 页。

从文本上看,光绪对学习西方外来的制度只字未提,但是透过文字我们依然可以推断出西方制度的影子。所开"特科"皆为西方科目,"裁冗兵"后建立新兵制皆为西方军制,所立大小学堂亦是西式学堂。具体变法措施上,除精简机构、任用维新人士之外还提出了开放言路的具体措施。如允许报纸"指陈利弊","中外时事,均许据实昌言,不必意存忌讳"①,已初具西方的新闻制度雏形。另有教育制度、经济制度(成立商务局、保护专利等)和军事制度上的相关举措。维新的最终目标是模仿日本和俄国变法运动,建立完全的君主立宪制度,可惜半路夭折。

维新变法运动很快就被保守派发动的"戊戌政变"扑灭。1898 年 9 月,慈禧太后面责光绪:"小子为左右荧惑,使祖宗之法自汝坏之,如祖宗何?"除京师大学堂保留外,其他变法措施被终止。后来连光绪帝本人也被软禁,支持变法的官员遭到贬斥,谭嗣同等"戊戌六君子"被杀,康有为、梁启超等维新派领袖被迫流亡或出国。

(二) 1905—1921 年以中华民国临时政府成立为标志的第二次浪潮

第二次制度学习浪潮可以追溯到 1905 年,其中最重要的标志是学习主体的转变。随着新社会阶层和新知识群体的崛起,特别是当时海外留学归国的队伍不断壮大。同时民族矛盾和国内社会矛盾的激化,中华帝国的专制制度不断受到冲击,清政府对传统制度的修修补补已经无法适应新社会势力对社会发展的要求。

1905 年 8 月 20 日孙中山、黄兴和宋教仁等 76 名先进人士在日本东京成立中国同盟会。同盟会是由孙中山领导和组织的以海外人士为主的一个全国性革命政党。孙中山在檀香山兴中会(同盟会的前身)盟书中写道:"驱除鞑虏,恢复中华,建立合众政府。"②此处的"合众政府"即为美国的联邦政府模式。另外,1903 年孙中山在檀香山对华侨宣讲,明确提出要"效法美国,选举总统,废除专制,实行共和"③。不难发现,孙先生早就有在中国学习美国制度的计划。

"辛亥革命"引发的多米诺骨牌效应迅速瓦解了清政府的专制统治。1912 年 1 月 1 日,中华民国临时政府正式成立,孙中山被选为临时大总统。同年 3 月 8 日,

---

① 杨天石:《戊戌变法:比较完全意义上的改革运动》,《北京日报》2009 年 1 月 6 日。
② 孙中山:《檀香山兴中会同盟书》,载《孙中山全集》第一卷,中华书局 2006 年版。
③ 转引自《孙中山辛亥革命七十周年学术讨论会论文集》上册,中华书局 1983 年版,第 70 页。

《中华民国临时约法》颁布施行，规定了国家基本政治制度、社会制度和公民权利。将该临时约法和美国宪法对比（见表 2），我们可以发现它学习的几乎是美利坚合众国的大部分政治制度。

表 2 《中华民国临时约法》与《美利坚合众国宪法》比较①

比较项	《中华民国临时约法》	《美利坚合众国宪法》
政　　体	民主共和制	民主共和制
议会制度	一院制（1912 年 5 月改为两院制）	两院制
司法制度	独立审判制度	司法独立制度
选举制度	代议制（具体选法各地不同）	代议制（民主选举）
权力架构	立法权、司法权、行政权三分	立法权、司法权、行政权三分
弹劾制度	议院弹劾大总统和国务委员	国会弹劾民选政府官员

中华民国临时政府的建立是以美国的政治模式替代了中华帝国的专制制度，它具有显著革命性、彻底性和全面性。它遭到各种社会势力的排斥和反对。反对派的力量包括以下几种：袁世凯为首的保守力量、保皇派和立宪派人士和外国侵略势力。以康有为、梁启超、张謇和马相伯等为主的立宪派人士亦是民主共和制度的反对者。立宪派实际上不反对学习西方的政治制度，只是他们和革命派在学习客体和学习路径上不同而已。革命派学习的是美利坚式的无任何君主的民主共和制政体，立宪派坚持学习日本式的君主立宪政体。革命派坚持通过革命实现制度的完全替换，立宪派主张通过变法来实现制度的创建。无论如何，立宪派人士在革命后充斥到新政府中，成为新制度推行的一大障碍。外国势力也是该时期的一大阻力。中华民国南京临时政府成立之后，发布《对外宣言书》以争取外国支持，但并未获得列强们的认可（美国除外，美国总统于 1912 年 5 月 2 日宣布承认中华民国）。

1915 年恢复帝制在举国讨伐声中走向失败，袁世凯随之郁郁而终。之后中国进入了军阀混战时期，其后亦出现各派系势力范围之内的各种主动或被动的制度学习现象。②接下来又进入蒋介石“军政”、“训政”时期，断断续续从西方学习了一

---

① 具体内容分别参照了《中华民国史档案材料汇编》第二辑，凤凰出版传媒集团 1994 年版，第 106—122 页，以及[美]托马斯·帕森斯：《美国政治文化》，顾肃、吕建高译，东方出版社 2007 年版，第 677—694 页。

② 参见[美]齐锡生：《中国的军阀政治（1916—1928）》，杨云若、萧延中译，中国人民大学出版社 2010 年版。

些制度。①

（三）1921—1949年以中华人民共和国成立为标志的第三次学习浪潮

"1917年俄国十月革命的成功，以社会制度的剧变证明了马克思主义的理论力量。如同日俄战争日本的胜利为当日的中国人提供了一种立宪的实证一样，十月革命为中国人提供了科学社会主义的实证。"②经过李大钊、陈独秀等新文化运动先行者的宣传和鼓吹，马克思主义迅速登陆中国，为中国的制度变迁准备了舆论条件。这是第三次学习浪潮兴起的前提条件。第三次的背景是世界无产阶级革命，特别是俄国十月革命对资本主义体系的冲击。进入20世纪，中国面临邹谠教授所说的类似于中国国家、社会全面危机：

> "国家在军阀混战中解体，社会各个领域的传统制度在崩溃，日常生活中涌现出不少问题不能以传统的思想和方法去解决。在国家生死存亡的时候，有些仁人志士认为只有社会革命才能从根本上客服整个国家、整个社会的危机……所以说，社会革命是克服全面危机的方案，全能主义政治则是应对社会危机的一种对策和推进社会革命不可缺少的手段。"③

全面危机（1931—1945年的抗日战争时期）导致制度断裂，由于旧有制度被证明是落后的，制度断裂产生了制度学习的需要。1921年中国共产党的成立标志着又一股新政治力量的诞生。这一波的制度学习现象一开始就和共产国际及苏联紧密地联系在一起。从1921年中国共产党成立到20世纪30年代初的十多年里，苏

① 关于政党制度这一部分，可参见王奇生：《党员、党权与党争：1924—1949年中国国民党的组织形态》，上海书店出版社2003年版。

② 杨国强：《晚清的士人与世相》，三联书店2008年版，第398页。

③ 参见[美]邹谠：《20世纪中国政治》，香港牛津大学出版社1994年版，第69—71页；[美]邹谠：《中国革命再阐释》，香港牛津大学出版社2002年版，第7页。

联共产党控制了中国共产党的官方路线和领导权。这种近乎彻底的控制是通过中共的苏联顾问和共产国际的驻华代表决定的。①中国共产党的成立得到了共产国际的大力支持。理解这一点很重要，从此之后产生的一系列对中国政治发展影响巨大的政治制度皆可溯源至此。②

“中国共产主义者之所以接受马克思列宁主义，主要出于观念与利益之间的重要吻合，但它同时也导致接受苏联意识形态和组织纪律。”③不论是在意识形态还是在共产党自身的组织形态和制度上，两者几乎一模一样。这是外力参与下的极端学习行为。这些制度随着中国共产党掀起的工农革命运动不断扩展和壮大，最为典型的莫过于中央苏区和中华苏维埃共和国的建立。

1929 年 10 月 26 日共产国际执行委员会致信中共中央，要求中国共产党“推翻地主资产阶级的政权，而建立苏维埃形式的工农独裁；要求中共积极建立农村苏维埃区域”④。1930 年 5 月 20 日，全国苏维埃区域代表大会在上海英租界秘密开幕。会议推选产生的名誉主席团中来自共产国际的人士占有一半，本土的中共党员只有 5 位。⑤这便十分清楚地表明，共产国际和苏联对中共早期活动的绝对性影响。会议通过了“苏维埃组织法”、“暂行土地法”、“劳动法”等历史文献。这些苏维埃的新法规很快推行到赣西南苏区、闽西苏区、东江苏区等全国各地的根据地。这是苏维埃共和国制度在中国(苏区)之完全学习行为。中华工农兵苏维埃第一次代表大会经举手表决产生了苏维埃政府中央执行委员会委员以及中央政府各部部长。随后按照《中华苏维埃共和国中央苏维埃组织法》规定组织了中央人民委员会(相当

---

① [美]詹姆斯·R.汤森、布兰特利·沃马克：《中国政治》，顾速、董方译，江苏人民出版社 2007 年版，第 46 页。

② 何俊志对这一期间的制度学习和移植情况进行了详细考察，得出类似的结论：即中国当下代议制度是学习苏维埃制度的结果。参见何俊志：《从苏维埃到人民代表大会制度：中国共产党关于现代代议制的构想与实践》，复旦大学出版社 2011 年版。

③ 何俊志：《从苏维埃到人民代表大会制度：中国共产党关于现代代议制的构想与实践》，复旦大学出版社 2011 年版，第 45 页。

④ 中央档案馆编：《中共中央文件选集》第 5 册，中共中央党校出版社 1983 年版，第 792 页。

⑤ 他们分别是：史达林(斯大林)、加李(里)林、罗作夫斯克、马洛夫氏克、武洛夫氏克、瞿秋白、毛泽东、贺龙、彭德怀和朱德。参见《全国苏维埃区域代表大会开幕情况报道》(1930 年 5 月 20 日)，《党的文献》1992 年第 4 期。

于今天的国务院)。在中央人民委员会之下,设外交、劳动、土地、军事、财政、国民经济、粮食、教育、内务、司法各人民委员部,同时还有革命委员会和工农检察委员会(见图2)。“人民委员会”这个名称,是从苏联的国家政体中学习过来的。

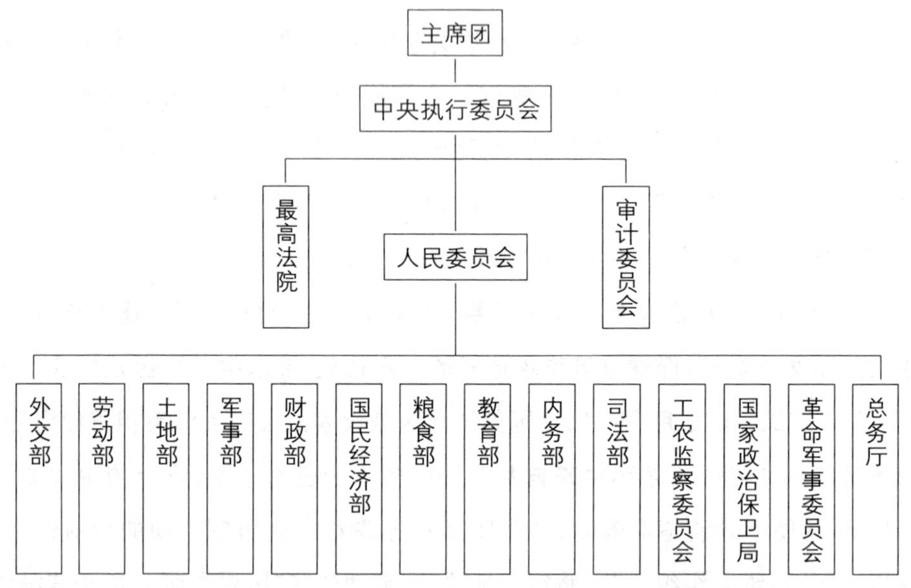

图2　中华苏维埃共和国中央政府组织系统①

余伯流和凌步机将中华苏维埃共和国的建立视为是新中国成立的一次预演,并将之称为新中国制度的“雏形”:

> “新中国的国体——人民民主专政,新中国的政体——民主集中的人民代表大会制度,新中国的中央政府的组成——国务院(政务院)部委的架构,新中国的经济成分结构——新民主主义五种经济成分,新中国重大社会改革的政策和做法——土地改革、婚姻制度改革、城市生活改革,等等。这些,无不传承了当年中华苏维埃共和国的基本历史经验。”②

① 何俊志:《从苏维埃到人民代表大会制度:中国共产党关于现代代议制的构想与实践》,复旦大学出版社2011年版,第552页。

② 同上书,第372页。

这一次的制度学习行为影响深远,体现了历史制度主义的制度变迁中路径依赖的现象:随着中国共产党成为全中国的领导力量,苏维埃的某些主要政治制度不断被强化,影响着中国政治制度的发展。

这一波学习浪潮建立在打破帝国主义在华势力和摧毁国民党政府统治的基础之上。旧的国家机器连同其制度被完全打破,被新的政治制度替代。《中国人民政治协商会议共同纲领》中写到要立即"废除国民党反动政府一切压迫人民的法律、律令和司法制度,制定保护人民的法律、律令,建立人民司法制度"①。伴随着 1949 年 10 月 1 日中华人民共和国的成立,新中国的政治制度也随之构建起来。在制度选择上,毛泽东认为"资产阶级共和国,外国有过的,中国不能有"②。"历史不再是合意的政治制度来源……新的国体、新内容的教育、富国强兵的新目标被人们接受下来。"③新中国的政体不再是"资产阶级共和国",不再是"君主立宪",更不会是"君主专制",而应是由无产阶级领导的,以工农联盟为基础的,有城市小资产阶级和资产阶级民主分子参加的人民民主专政。苏联要求中国共产党全盘接受苏联模式,继承苏联政治经济经验和及其政治意识形态。中国以"老大哥"的经验,以苏联的宪法制度、政党制度、司法制度、选举制度、教育制度和外交制度等全面"搬到"新中国政治体系中。新中国的政治领袖并不忌讳这个问题,参与新中国制宪的刘少奇也曾提到"以苏联为首的社会主义国家的经验,对我们(制宪)有很大帮助"④。宪法作为一个国家的根本大法,规定了国家的基本政治制度、社会制度和公民权利等内容。将新中国宪法(1954)和苏联宪法(1936)做一对比便知(见表 3)。

---

① 参见《中华人民政治协商会议共同纲领》,载《建国以来重要文献选编》第 1 册,中央文献出版社 1992 年版,第 5 页。

② 参见《毛泽东选集》第四卷,人民出版社 1991 年版,第 1471 页。

③ [美]吉尔伯特·罗兹曼主编:《中国现代化》,国家社会科学基金"比较现代化"课题组译,江苏人民出版社 2005 年版,第 276 页。

④ 刘少奇:《关于中华人民共和国宪法的报告》(1954 年 9 月 15 日),载《建国以来重要文献选编》第 5 册,中央文献出版社 1993 年版,第 477 页。

表 3 新中国 1954 年宪法与苏联 1936 年宪法制度的比较①

比较项	新中国宪法(1954)	苏联宪法(1936)
国　　体	第 1 条:工人阶级领导的、以工农联盟为基础的人民民主国家。	第 1 条:苏维埃社会主义共和国联盟为工农社会主义国家。
政　　体	第 2 条:一切权力属于人民。全国代表大会是全国人民代表大会和地方各级人民代表大会。	第 3 条:全部权力属于城乡劳动者,由劳动者代表苏维埃行使之。
选举制度	人民代表大会选举制度	苏维埃选举制度
司法制度	第 75 条:人民法院审判案件依照法律实行人民陪审员制度。 第 78 条:人民法院独立进行审判,只服从法律。	第 103 条:各级法院审理案件,除由法律规定之特别情形外,均由人民陪审员参加进行之。 第 112 条:法官独立,只服从法律。
外事制度	第 99 条:中华人民共和国对于任何由于拥护正义事业、参加和平运动、进行科学工作而受到迫害的外国人,给以居留的权利。	第 129 条:凡因拥护劳动群众利益,进行科学活动,进行民族解放斗争而被通缉之外国公民,苏联均以居留权。
公民权利义务	第 101 条:中华人民共和国的公共财产神圣不可侵犯。爱护和保卫公共财产是每一个公民的光荣义务。	第 131 条:凡苏联公民都必须视社会主义公有财产为苏维埃制度神圣不可侵犯。

三　制度学习的中国特质和内在逻辑

制度学习作为社会进化的一种典型,是人类社会的普遍现象,美国学习过英国制度,而日本学习过中国(唐朝时期)、德国和美国的制度。在亚洲、非洲和拉丁美洲等地方,那些后起的发展中国家的政治体制都在某种程度上学习了西方的民主制度(政党制度、议会制度和选举制度等)。中国作为一个后起的发展中国家,也不例外。中国发展的时间和环境决定了她的制度不可能是原创的,特别是在面临紧迫的社会危机的时候。由于历史条件不同,中国在制度学习方面有她的特质。

(一) 主体的变化

学习主体是政府、政党、政治精英和社会组织,它们皆为参与或影响政治进程

① 本表为笔者制作,同时参考了何勤华等:《法律学习论》,北京大学出版社 2008 年版,第 200—210 页。

的角色。从上述分析的三次学习浪潮来看,主体呈现从国家到社会的转变上来,或者说社会力量对制度学习的影响越来越大。制度学习具有鲜明的政治性,掌握国家政权的政府无疑是学习的关键主体,因此国家机器是可以控制制度学习的议程。体制外(社会)的力量如各种社会组织一般是在政府默许和特许下开始学习行为的(革命是例外)。体制外的学习意志有时不得不通过体制内的政治力量代为表达。康有为、梁启超等人便是通过社会鼓吹和宣传引起政府当局反应的(康有为变法前曾多次上书)。在第一次学习浪潮中,掌握大权的慈禧实际上控制着制度学习的大权,“百日维新”在其默许下开始,在其打击之下失败。这显示了政治机器的强大和社会力量的弱小。所以,以孙中山为主的革命党人认识到这个问题,决意成立政党,先暴力夺取政权,然后在进行制度变革。这体现的依然是政治机器在制度学习中的决定性力量。

(二) 客体多元化

实际上,一旦在学习中对客体的选择不同,制度学习必然不同。客体在学习中起着关键作用,一定程度上甚至决定了学习的成败。

每一次都有不同的客体,这和当时政治精英的选择有莫大关系。第一次选择的主要是日本的君主立宪制度。第二次选择的是美国为主的民主共和制度。第三次则转变为苏联的社会主义政治制度。这种多元化体现为两个方面。一是具体制度选择的多元,从选择有限的外事制度、税收制度、教育制度到法律制度、政权组织形式、选举制度、地区或国际组织的经济制度、行政管理制度等全方位引进;二是客体空间的多元化,从较为单一的日本、欧美、苏联等地到先进国家、地区或国际社会的多元区域发展。这种多元的选择无疑是一种进步,它意味着随着人类社会进步,可供学习的制度形式在多样化、丰富化,并且不少制度都在不同的地区同时运作。

(三) 路径的选择

近代中国的学习路径一般说来不外乎创建和替代两种。第一次是以制度创建为主的。创建是一种较容易被主体接受的学习路径。它不会完全否定旧制度的合法性,也不会用摧毁旧制度来创造学习空间。它是一种妥协性的历史选择。反对完全变革的政治保守力量的强大决定了学习方案选择的现实性和可接受性。例如在第一次学习浪潮中，洋务运动学习中率先出现的是“从无到有的”新制度（兵制、海军衙门和总理衙门等）。换言之，旧制度与新制度在一定时期同时存在，学习是在保有原先体制的前提下进行的。即使是19世纪末的维新变法运动中，康有为等人从未有过废除皇帝制度的提法。

第二条路径是制度替代，以第二次学习浪潮和第三次学习浪潮为代表。制度替代是通过彻底摧毁旧制度进行全新的制度学习的。第二次学习浪潮和第三次学习浪潮都是通过政治革命来实现的。“它是从根本上否定现存旧秩序与制度安排的合理性，否认社会变迁的过渡性和阶段性，力求用某种被人们视为理想的道德秩序，迅速、全面、彻底地取代现存旧秩序与制度体制。”①这种替代性的变动是疾风暴雨、快刀斩乱麻的社会变革，它所反映的恰恰是当时社会的危机重重。第一次学习浪潮的学习是以推翻满清政府的政治统治为前奏的，第三次学习浪潮亦是以革命暴力彻底摧毁了国民政府的政治制度。制度替代的实现有赖于革命政治精英领导以及强大的武装力量为后盾，它具有强制性。这是制度创建和制度替代所不同的地方。

（四）主动还是被动

近代中国的学习行为亦可分为主动与被动两大类。主动与被动也可能同时存在。其总体趋势是从被动学习转向主动学习。鸦片战争后，中国和西方列强签订了一系列不平等条约。随着列强对华控制的加强，他们在占领区（如香港）和通商口岸等地建立了新的制度（海关制度、税收制度和审判制度等）。这些都属于被动学习的现象。第二次学习浪潮、第三次学习浪潮都是以主动学习为主要特征。决定这种主动与被动的关键是学习主体是否掌握了主动权。总而言之，在半殖民地时期的中国，这种主动权受到入侵势力的制约。直到获得了独立自主之后，这种制约才会消失，主动权回到本国政治主体手中。当然，被动学习也不全是坏的，它在一定程度上可以刺激政治主体进行主动学习。两者间可以相互作用，推动政治变革。

---

① 萧功秦：《危机中的变革：清末现代化进程中的激进与保守》，上海三联书店1999年版，第3页。

汪伟全　刘薇　曾玖长

协调地方利益冲突的科层制模式：理论依据和机制比较

汪伟全　华东政法大学政治学与公共管理学院副教授，研究方向：地方政府间关系、区域战略管理、应急管理；刘薇　华东政法大学政治学与公共管理学院硕士研究生；曾玖长　江西省电力总公司综合服务中心。

内容摘要　利益协调是政府间关系中最本质的内容。科层制之所以成为协调地方利益冲突的重要模式，其理论依据：科层制是理性主义和逻辑主义的统一；强调分工并产生效率；减少交易费用；法治优于人治；有效弥补市场失灵。科层制模式以行政权威为背景，采用行政调解与裁决、产业规划、财政调控等手段，或者相关地方政府间直接进行协商和谈判，或者组建区域协调机构，来对地方利益冲突进行协调。科层制协调方式取得一定的积极效应，但仍存在不少问题。科层制模式的改革路径在于：科层制、市场和网络治理相结合，重视政府组织间的合作，民主与法治建设并重。

关键词　地方利益冲突　利益协调　科层制

对政府而言，利益关系是政府间关系中最根本、最实质的关系。政府间关系"首先是利益关系，然后才是权力关系、财政关系、公共行政关系"①。因此，利益关系的协调与博弈，是政府间关系的重要内容。地方利益是一定行政辖区内各种利益的综合，它是满足相关主体需求的各种有形和无形价值的总和。具体而言，"地方利益是地方政府及其官员利益、本地企业利益和本地居民利益的综合表现，涉及社会、政治、经济和文化等多方面的内容，但经济利益是基础。每个地区的利益主体主要是由地方政府及其官员(governmental official)、本地企业(local firm)和当地居民(citizen)构成。"②在地方利益冲突内容上，主要表现在市场割据、产业结构趋同、人力资本与技术的外部性、生态跨界污染、地方官员的政绩竞赛、

① 谢庆奎：《中国政府的府际关系研究》，《北京大学学报》(哲学社会科学版)2001 年第 1 期。
② 保建云：《地方利益冲突、地方保护主义与政策选择分析》，《国家行政学院学报》2007 年第 6 期。

地区发展不均衡等方面。通过分析地方利益协调的基本规律，将进一步揭示政府间关系。

科层制又称理性官僚制，它是由德国社会学家马克斯 · 韦伯(Max Weber)提出。科层制一词，最初只是用来指政府官员，后来逐渐泛指一般的大型社会组织。1775年，蒙西尔 · 德 · 古尔耐(Monsieur de Gournay)首先使用了这个词。他把既指办公室又指写字台的"bureau"和来自希腊语的动词"统治"(to rule)连用，指官员的统治。古尔耐把官员手中日益发展的权力称之为"官僚病"(bureaumania)。法国小说家巴尔扎克曾把科层制看作是"由侏儒行使巨人的权力"。在一些学者那里，科层制一开始就是一个贬义词，是同红图章、低效率和浪费联系在一起的。一些学者则从另一个极端来看待科层制，认为科层制是人类设计出来的最有效的组织形式，是认真、精确而有效率的一种行政管理典范。然而，科层制协调地方利益冲突的理论依据在哪呢？它的治理绩效如何？怎样予以改进？对此将展开论述。

一　科层制模式的理论依据

1. 理性主义和逻辑主义

西方文化的核心是理性主义。理性主义是有关这样一种信念，即一切活动都应由理性来指导，只有理性是至高和权威的。"理性主义作为西方文化的一个主要传统和主要特色，对西方社会的各个领域都产生了决定性影响"①，而逻辑主义则强调逻辑推理及可预测性。两者结合起来，形成了理性主义的核心——理性思维。以工业化为基础的现代化运动，实质是一场西方式的社会理性化运动，科学是系统化和理性化的知识，而现代西方科学则是现代西方式理性化的科学。在工业化背景中产生的科层制正是这一思维的产物，即科层制的理论依据之一是理性主义。"大多数曾经渗透于人类生活并使人迷茫的魔法和玄秘在现代世界里已经消失，这主要是理性化的结果。"②因此，科层制强调精确性、工作的速度、任务的明确性，强

---

① 参见林永正：《理性主义及其对西方科学的影响》，《河南师范大学学报》2006年第1期。

② [美]彼得 · 布劳、马歇尔 · 梅耶：《现代社会中的科层制》，马戎等译，学林出版社2011年版，第3页。

调对文件的熟悉程度、活动的连续性、权限的划分、指挥的统一、严格的上下级关系等，这些都使科层制变成是可预测的，也即科层制组织举起的是理性主义和逻辑主义的大旗，反对个人专断、主观武断和感情用事，主张技术专长，而非一时的聪明才智。

实际上，韦伯的“合理性”概念也深深打上了理性主义的烙印。他认为，科层制是社会理性化的核心部分。他说：“唯有理智的正直诚实，才是最有价值的美德。”而科层制作为韦伯心中的“科学”，其思想无疑受到理性主义的影响。因此，韦伯的官僚制是建立在其整个社会“理性化”(Rationalization)理论之上的，他认为人类社会的发展就是由神秘阶段不断演化到理性复杂阶段的过程，人类的希望正在于理性化，“重要的是制度、法规和正式职务，而不是个性；是公事公办，而不是个人关系；是技术专长，而不是心血来潮，一时聪明。”①确实，韦伯正是在理性基础上研究了科层制。首先，理性官僚制通过发扬理性精神，克服管理过程中的感情因素，从而保证组织按一套系统的规则保持高效运转；其次，理性官僚制高扬法治精神，贬抑人治因素，能使组织关系的行为克服混乱，实现有序化；再次，理性官僚制高扬科学精神，抛弃经验管理，能够把知识、技术和效率置于重要地位，使得科层人员具有统一性、严格的服从、减少摩擦。科层制是衡量西方社会现代化的一个决定性的标准，因为它代表了能够满足现代社会复杂、有秩序的经济所需要的最合理和最有效的方式，标志着传统权威向法理权威的转换。

2. 分工产生效率

20世纪最初的30年是人类现代进程亦即工业化发展明显加快的时期，在这一过程中，工业生产的规模日益扩大，在有无数个小工厂因激烈竞争而倒塌的废墟上产生出一个个大型企业。但是，在大型企业组织中，劳资冲突加剧，市场竞争剧烈，管理混乱无序，生产效率低下。因此，科层制从产生之时起，就以提高效率为其不懈追求。然而，效率的提高是以明确的分工为前提的。在古典经济学的相关研究中，劳动分工和生产率的提高始终是内生于经济增长的重要因素。威廉·配第(William Petty)认为，劳动分工可以提高劳动生产率，因而随着时间的推移和社会

---

① 孙耀君：《西方管理学名著提要》，江西人民出版社1992年版，第229页。

经济的发展,从事农业的人数比从事工业的人数会有所减少。这一命题后来被欧文·费雪(Irving Fisher)和科林·克拉克(Colin Clark)进一步加以阐释,被称为"配第—克拉克定理",该定理第一次指出了产业结构与经济效率变化的关系。亚当·斯密(Adam Smith)在《国富论》中更是明确提出财富的增长取决于两个条件,一是人口和资本的增加,二是专业化和分工促进了劳动生产率的提高,从而将经济增长的原因直接归于自由市场、劳动分工和技术进步三个方面。①显然,对于斯密而言,由"看不见的手"所引导的市场竞争能指导资源配置,实现社会福利的最大化,而劳动分工、技术进步对提高生产率具有重要的推动作用。斯密的继承者大卫·李嘉图(David Ricardo)进一步指出,财富的源泉在于劳动生产率的提高,真正的财富形成也就是在尽量少的劳动时间里创造出尽量多的物质财富。

马克思在斯密劳动分工理论的基础上,极大地拓展了分工与交换在科学技术飞速发展时代对资本主义经济增长的重要作用。1867 年《资本论》第一卷问世,马克思在批判以斯密、李嘉图为代表的古典经济学的基础上,建立了一个庞大的理论体系来揭示资本主义的现实经济活动及其运行规律。马克思高度重视分工对提高劳动生产率的作用,并把分工视为相对剩余价值生产的重要方式。马克思认为,物质资料的生产是人类社会存在和发展的基础,而分工的发展史就是生产力的发展史,甚至可以说,分工是生产力发展或劳动生产率提高的必要前提。无疑,劳动分工是马克思所强调的推动资本主义经济增长的重要动力之一。从科层制的特征可以看到,它十分强调分工明确。可见,科层制的分工要求,正是建立在分工可以提高效率的信仰之上。

3. 交易费用理论:一个经济学的视角

交易费用理论,又称交易成本经济学,最早由罗纳德·H. 科斯(Ronald H. Coase)提出,而使交易成本成为一个完整理论体系的则是当代著名的经济学家奥利弗·E. 威廉姆森(Oliver E. Williamson)的一系列论述。他在 1975 年和 1985 年分别出版了《市场与科层制》和《资本主义经济制度》两本名著,重新界定了交易成本

① [英]亚当·斯密:《国民财富的性质和原因》,郭大力、王亚南译,商务印书馆 1974 年版,第 8 页。

分析法,并用来分析经济组织,从而使交易理论成为组织分析中的一种重要理论。而人们在论证科层制的合理性时,就会借助交易成本的分析方法。就是说,交易成本也成为了科层制理论依据的一部分。交易费用理论的基本观点是劳动分工促成专业化,这使得经济决策的协调成为必要。市场和组织是两种相对理想的协调机制。组织在制定、执行及监督契约的过程中都需要发生一定的成本,这就会产生所谓的交易成本。因此,组织的成本要把传统的生产成本和交易成本都考虑在内。当交易成本为零时,企业组织(科层组织)就没有存在的必要,而存在交易成本就为组织的存在提供了合理的依据,尤其是交易成本极其高昂而导致市场失灵时,组织的作用就会凸显出来。

在当今信息化、全球化的时代,环境存在复杂性和不确定性,这就意味着产品的价格、质量、品种、交易伙伴及供求双方可能的交易方式等方面的情况是难以预见的,这就使交易难度增大,产生并增加了交易成本。由于环境的复杂性和不确定性,加上人的有限理性等因素,肯尼斯·J. 阿罗(Kenneth J. Arrow)认为:“组织是在价格体系失去作用的情况下获取集体利益的手段。”不少理论家都认为,组织在处理复杂的环境和不确定性的经济交易时优于市场,因为组织降低了交易成本,提高了效率。显然,降低交易成本而增加管理的效率是科层制合理性的重要依据。

4. 法治优于人治

当然,这里所说的“法治”并不同于法学中所说的“法治”,而仅是说规则或制度的治理。但是,它体现出来的思想是相同的——既定的规则优于人的感情。在西方,古希腊时代的亚里士多德就曾经对法治优于人治做过经典的论述。他认为,人都有局限,容易受到感情的影响,而法律则是中立的,能免于感情的影响,因而做到相同的情况相同对待,也就是实现正义,人治则是在治理中加入了兽性的因素。他的法律思想认为:“凡是不凭感情因素治事的统治者总比感情用事的人们较为优良。法律恰是全没有感情的;人类的本性便谁都难免有感情。”“要使事物合于正义,须有毫无偏私的权衡;法律恰恰正是这样一个中道的平衡。”①长期实践已经证明,科层制作为一种有效的通用管理模式,适应了社会化大生产和社会组织管理复

① [古希腊]亚里士多德:《政治学》,吴寿彭译,商务印书馆 1986 年版,第 172—173 页。

杂化的需要，同时又以非人格化的制度否定了“人治”和主观随意性的管理模式，从而保证了行政组织的高效能。法治优于人治已经是社会的共识，韦伯在提出科层制时，也正是看到了制度的治理可避免感情的专断，因而符合理性。也就是说，制度化的治理远比混乱的人治更有效率，这也成为科层制设计的重要考量。

5. 有效弥补市场失灵

尽管市场经济是人类迄今为止最具效率和活力的经济运行机制和资源配置手段，但是，市场调节这只“看不见的手”有其能，也有其不能，包括许多无法克服的弊端：外部负效应、公共物品供给不足、竞争失败和市场垄断、地区经济发展不平衡、产权界定困难。在组织经济学家看来，科层制创立的原因是市场效率的失灵，由于信息不对称、垄断力量和外部性，科层制成为了市场的替代品。如威廉姆森认为，市场组织作为一种交易的协调机制，在有限理性、机会主义、不确定性等的综合作用下就会失灵。这时，科层制就会应运而生。从交易费用的角度来思考，科层制有下列优势：(1)科层制通过决策的专业化和沟通费用的节约，减少了有限理性的限度；(2)科层制采用更具选择性的方式，提供了附加的激励和控制技术，从而可用来应付机会主义；(3)科层制用一种协调的方式使相互依赖的单位之间具有可预测性，从而减少了彼此之间交易的不确定性；(4)科层制通过命令来解决交易主体之间讨价还价的不确定性；(5)科层制通过审计等手段促进了内部信息的沟通，从而缩小了自主单位获得信息的差异；(6)与市场相反，科层制之间的交易不仅仅是基于算计，它们之间有着更多的目的，因而往往更能获得令人满意的氛围。这使得科层制与市场机制不同，在某些交易上更具优势，能节约某些交易费用。①

所谓“科层制”，意指技术最优的行政工具，“在技术上对于达到最高执行水平具有最完美的调适性”，其基本特征是准确性、迅捷性、明确性、连续性、严肃性、统一性、对文书的精通、严密的服从关系、减少摩擦、节约费用。在逻辑主义的指引下，科层制被认为是扩展人的能力的“人的机械”，它能够像一台机器那样灵活运转，增加了人在逐渐复杂的社会中达到其目的的可能性，故而科层制又与科学技术

---

① 张紧跟：《当代中国地方政府间横向关系协调研究》，中国社会科学出版社2006年版，第105页。

密切相关：一方面，科层制建立在现代科学技术的基础之上；另一方面，正是科层制对效率和利益的追求刺激了科学技术的迅猛发展。所以，韦伯在《新教伦理与资本主义精神》的导论中总结说："资本主义的独特的近代西方形态一直受到各种技术可能性的发展的强烈影响。其理智性在今天从根本上依赖于最为重要的技术因素的可靠性。然而这在根本上意味着它依赖于现代科学，特别是以数学和精确的理性实验为基础的自然科学的特点。另一方面，这些科学的和以这些科学为基础的技术的发展又在其实际经济应用中从资本主义利益那里获得重要的刺激。"①正如沃伦·本尼斯(Warren Bennis)所指出的："科层制举起理性和逻辑的旗帜，批判和否定了产业革命初期个人专制、裙带关系、暴力威胁、主观武断和感情用事进行管理的做法。"②因此，科层制的基本精神就是理性精神。科层制能够稳定地运转并且呈现出等级制的权力体系关系，也正是建立在合理性的基础之上的。

二　科层制模式的协调方式

由于地方政府是地方利益的代言人，并且在利益冲突中往往成为主角，因此由中央政府(或共同的上级政府)来协调和裁决地方之间的利益冲突，或者由地方政府相互协商和谈判解决，成为利益协调的必由之路。这就是所谓科层制(政府主导)模式，即中央政府(或共同的上级政府)以行政权威为背景，采用行政调解与裁决、产业规划、财政调控；或者相关地方政府间直接进行协商和谈判，或者组建区域协调机构等，来对地方利益冲突进行协调。科层制(政府主导)模式有如下协调方式：

1. 以行政权威为背景，运用行政调解与裁决等手段协调

地方政府间利益发生纠纷与争端时，往往寻求中央政府及其相关部门予以协调。在行政法学中，行政调解"是指由国家行政机关出面主持的，以国家法律和政策为依据，以自愿为原则，通过说服教育等方法，促使争议双方当事人友好协商，达

① [德]马克斯·韦伯：《新教伦理与资本主义精神》，于晓、陈维刚等译，三联书店 1987 年版，第 13—14 页。

② 孙耀君：《西方管理学名著提要》，江西人民出版社 1992 年版，第 279 页。

成协议,消除纠纷的诉讼外活动"①。而在区域经济圈内地方间利益纠纷发生时,是指中央政府及其相关部门就争议双方进行友好协商、互谅互让,说服教育,达成协议,从而解决利益冲突的方法和活动。行政调解具有下列特点:

一是主体的特定性。行政调解是中央政府所主持的纠纷解决活动(特殊情况也可以由相关地方政府的共同上级政府主持),其主体包括两个方面:中央政府及其相关地方政府。由此,它既不同于法院主持的司法调解,也不同于群众调解组织所主持的人民调解。

二是对象的相关性。行政调解的对象,或由法律、法规规定何种纠纷可以行政调解的方式解决,或由行政相对方自由约定若产生纠纷向行政主体申请调解。其具体范围,可以是行政相对方之间发生的经济纠纷,也可以是生态环境纠纷。

三是方式的非强制性。行政调解以当事人自愿为原则,包括是否申请调解,调解是否达成协议以及达成什么样的协议,调解协议的效力等方面,当事人是完全自愿的,中央政府不能强迫。因此,在整个调解过程中,争议地方政府可以随时改变主张,且无需因此承担法律责任。

四是效力的非拘束性。从法理上讲,行政调解属于诉讼外的活动,一般不具有法律上的拘束力。行政调解主要靠双方当事人的承诺、信用和社会舆论等道德力量来维护。不能因为经过了行政调解而限制当事人寻求其他的救济途径。

当地方政府间利益发生纠纷与争端时,还可以寻求中央政府及其相关部门予以裁决。所谓行政裁决,就是中央及其相关部门对发生利益纠纷的地方政府,依据法律和法规、事实与实际情况做出裁决的行政行为。与行政调解不一样,行政裁决具有强制性。行政裁决是行政机关依行政权作出的具有法律约束力的决定,具有国家强制执行的效力,地方政府必须遵照执行。与此相反,行政调解是非权力性质的调解,其效力依赖双方当事人的自觉履行。即便双方当事人达成协议,也可以反悔。当事人反悔的,调解书不发生依靠国家公权力强制执行的法律效力。

2. 区域产业规划

产业结构不合理,会导致区域资源配置失当,总供求失调,引发区域内地方之

---

① 崔卓兰主编:《行政法学》,吉林大学出版社1998年版,第210—211页。

间的利益冲突，削弱区域的经济竞争力。因此，合理的产业结构是区域健康发展的前提，有利于充分利用区域资源，提高区域产业经济效益，增强区域经济实力。所以，中央政府历来把区域产业规划作为中央宏观调控的工作重点。那么，中央政府在区域产业规划方面，其职能有哪些呢？

一是选择战略主导产业。产业选择必须有利于促进区域经济增长速度和质量的提高。正确选取了主导产业，就找到了经济发展的主动力。主导产业通过前瞻、回顾和旁侧三方面效应诱导、带动和促进其他产业发展，从而有利于各产业的协调发展，有利于区域产业结构优化，有利于促进整个经济健康发展。

二是制定区域产业规划。制定区域产业规划时，既要有利于发挥地区的比较优势、实现资源的有效配置，也要注意区域均衡发展，适当照顾欠发达地区的现实。应该通过发挥地区的比较优势，开展广泛的区际分工协作，取长补短，才能更好地实现资源的有效配置，实现共同繁荣与发展。

三是优化产业结构，促进产业结构升级。产业经济系统在特定的时间和空间中，各产业的地位和发展有主有次，是非平衡的，并且远离平衡态。在一定的时间和空间范围内，产业经济系统中主导产业或主导产业群充分发展，能够使产业系统的结构有序演变，使产业结构更加合理化，并实现产业的高级化。

3. 运用财政手段，在财政关系领域协调地方利益冲突

中央政府与地方政府在财政关系上的调控，主要涉及七种权力与权限的划分与协调运用：税法制定权、委任立法权、税款分配权、租税课征权、税款享用权、税法解释权和立法提案权。在综合实施这七种权力的过程中，各国政府采取的财政手段主要有两类：一是分税制；二是政府拨款。而在协调地方利益冲突方面，中央政府所采取的是分税制和转移支付。

分税制是按税种划分中央和地方收入来源的一种财政管理体制。在协调地方利益冲突时，分税制背景下中央政府的财政调控行为可以通过以下几种途径予以实现：一是税源划分，对各种税收依不同性质加以划分，使地方政府各有不同的税源；二是分成划分，各种租税分别由中央政府或地方政府征收，然而按照百分比共同分配其收入；三是税收立法，可以结合当地经济资源优势和社会发展状况，对具有地方性特点的税源开征新的税种，并制定具体征税办法，以地方税收法规的形式发布实施，并报立法机关备案。

转移支付就是从中央政府到地方政府的收入转移。在协调地方利益冲突时，实行转移支付的原因有二：一是部分地方政府的财政能力非常低，在平均税收条件下，所获得的收入并不足以满足最基本的公共服务的支出需要。中央政府应保证所有的公民，不论他们居住在哪个地区，都能享受到基本的公共服务水平；二是中央政府在财政支出和投资中有其优先和侧重。中央政府在全国范围内通盘考虑投资侧重，以及投资项目的筛选标准。通过财政转移支付可以实现投资战略意图，或者经济与社会目标。

4. 区域性组织机构协调

区域性组织机构的建立，其权力既有可能来源于中央政府，也可能来自地方政府。倘若是前者，那么中央政府即是区域协调组织的权力源泉，是其“权力下放”到区域组织。因此，基于区域协调机构的重要作用，应赋予这一机构与其职能相匹配的权力、资源和责任，理顺其与中央政府及其相关职能部门的关系，让区域性组织机构切实发挥作用。

假如区域组织的权力来源于地方政府，那么，在现实中有两种模式：地方自发形成的自愿性区域组织与地方约定而成的约束性区域组织。前者如美国的区域委员会，各地方政府在自愿、平等的基础上，对区域事务（包括利益冲突）所形成的相互关系。这类区域协调机构与各地方政府是一种对等性关系。同时，对于区域合作协议，成员方履行契约只有道义责任而无强制规定，也没有规定拒不履行契约义务时的惩罚措施；①与之相对应，由地方约定而成的约束性区域组织，如法国的市镇联合体委员会。这种区域协调机构与各地方政府间的关系属于非对等性，且区域协议必须强制履行。假如地方政府没有履行协议规定的义务，区域协调组织则会采取通报批评、行政撤职、财政罚款等惩罚措施。②

5. 府际间协议

由于地方政府间缔结协议比上级政府（或者中央政府）的程序较为简便与灵活，

---

① David Y. Miller, *The Regional Governing of Metropolitan America*, Boukler West View Press, 2002, p. 103.

② 金蕾：《法国地方治理体系中的市镇政府》，浙江大学硕士学位论文 2005 年，第 26—28 页。

同时在解调利益纠纷方面更有灵活性,因此府际间协议成为各国地方政府协调利益冲突的重要选择。因此,府际间协议被广泛运用,从环境保护到交通管制、从对服务领域的规范到刑事正义的实现,从传统的边界纠纷的解决到河流及水资源的管制。在美国的联邦体制下,解决利益纠纷的府际间协议包括州际协定(interstate compact)、行政协定(administrative agreement)等。①在德国(联邦和州)为达成没有约束力的协议而成立的合作小组是绝对适法的。各州还有权通过协议的方式成立沟通的行政机关或者其他共同行政机构。各州不仅可以成立共同的行政机关,而且可以成立共同的行政主体。②在西班牙和日本的行政实践中,区域性行政协议已经成为解决行政权限纠纷的重要机制;③在中国,地方政府之间签署了大量的府际协议,内容涉及交通运输、旅游设施、文化教育、人才流动、创新体系、标准化服务等众多领域。④

府际间协议是以地方政府为缔约主体,就相关方的权利、义务、违约责任、纠纷解决等各方面内容予以约定的一种契约形式。特别是在解决利益纠纷方面,在协议中一般有以下几种方案可供选择:责任条款机制,这种责任是指各缔约机关不履行区域性行政协议义务或履行区域性行政协议义务不符合约定时所承担的法律后果,是保障区域性行政协议内容实现的重要措施,通常又称为违反区域性行政协议的法律责任;行政解决机制,即一旦纠纷发生,诉求于行政手段予以解决,既可由上级行政机关解决,也可由缔约机关自行解决,或者按照约定条款通过行政程序解决;司法解决机制,即寻求处于中立地位的第三方的裁决(司法机关的裁判);仲裁解决机制,即为那些没有必要诉诸法院的府际纠纷提供一种低成本、高效率的解决机制,由仲裁庭对纠纷予以仲裁。⑤

---

① Joseph F. Zimmerman, *Interstate Cooperation: Compacts and Administrative Agreements*, Westport, CT: Greenwood Press, 2002.

② 何渊:《区域性行政协议研究》,法律出版社 2009 年版,第 8 页。

③ 梅艳:《行政主体的权限冲突以及解决程序》,《中共浙江省委党校学报》2003 年第 1 期。

④ 以长三角地区为例,江浙沪签署了大量的府际间协议,如《长江三角洲旅游城市合作宣言》、《长三角道路运输合作和一体化协议》、《江浙沪三省市工商局合作会议纪要》、《共建信用长三角宣言》、《长三角职教与成教合作协议》、《长三角人才开发一体化共同宣言》、《长三角区域环境合作宣言》、《长三角标准化服务合作宣言》、《共同推进长三角创新体系建议协议书》等。

⑤ Frederick L. Zimmerman and Mitchell Wendell, *The Law and Use of Interstate Compacts*, Chicago: The Council of State Governments 1975, p. 115.

三　科层制模式治理绩效及其启示

1. 治理绩效

科层制模式,实质上就是指利用科层体系来进行资源配置,它是与市场相对的一种资源配置方式。科层制在协调地方利益冲突时,是指依托行政组织内部的等级权威和奖惩制度对地方政府的行为进行规制。一方面,科层制组织内部层层授权,下级对上级严格负责,“只有处在金字塔顶端的人才能掌握足够的信息而做出熟悉情况的决定。”①因此,中央政府或上级政府对地方政府的行政行为有重要影响;另一方面,法律法规赋予行政组织管理公共事务权利,具有配置经济社会资源的强制手段。

上述特征使得科层制协调方式取得一定的积极效应:如各地区统筹发展,资源互补,有利于“下活全国一盘棋”;在科层制内部可以用强制实施的控制手段,有利于矛盾冲突的解决;帮助解决市场失灵;增加政府间的信任,科层制用一种协调的方式使相互依赖的地方政府之间具有可预见性,从而减少了彼此间行为的不确定性。但是,科层制模式的天然弊病必然给协调地方利益冲突带来一些消极效应,如地方政府具有追求利益最大化、采取机会主义行为的天然属性;“本位主义”阻碍了区域合作;中央政府角色“缺位”,未能及时提供有效的政策或制度保障。因此,科层制模式在某种程度上有着“政府失灵”现象。

由此可见,科层制模式只有在条件适当时才具有比较高的治理绩效。那么,科层制的适应条件是什么呢?威廉姆森认为,当不确定性、交易频率和资产专用性等变量处于较高水平时,科层制就是比较合适的选择;科层制在克服组织失效方面具有一系列潜在优势,这些优势体现在适应有限理性、机会主义、不确定性、小数目交易关系、信息阻塞和交易环境等人的因素和环境因素方面。正如威廉姆森所言:“使科层制成为市场替代物的特征,可以概括为三种类型:激励、控制和可被广泛称

---

① [美]特德·盖布勒、戴维·奥斯本:《改革政府:企业精神如何改革着公营部门》,周敦仁、汤国维、寿进文、徐荻洲译,上海译文出版社2006年版。

为'内在的结构优势'的属性。就激励的意义而言,科层制减弱了作为双方均不受对方控制的正常谈判之缩影的侵犯性的态度倾向。科层制最显著的优势也许是,在科层制内部可以用强制实施的控制手段比市场更灵敏,当出现冲突时拥有一种比较有效的解决冲突的机制。市场还可能由于信息交换的经济而求助于科层制。"①

2. 科层制模式的改革

(1) 科层制、市场和网络治理。政府失灵和市场失灵现象是实践证明了的客观存在。在协调地方利益冲突的过程中,是依靠政府还是市场? 新公共管理理论可能给出了某种启示。新公共管理理论是以经济学为基础,以政府市场的协调为核心的公共管理理论。它自 20 世纪 80 年代在英、美两国应运而生后迅速扩展到西方各国,成为近年来西方公共行政理论中一个有巨大影响的流派。特别是当下,新公共管理理论成为西方政府政策的主导思路,众多的管理学家们甚至将新公共管理理论作为拯救政府失灵的一剂灵丹妙药。它又被称作"管理主义"、"以市场为基础的公共行政"、"市场导向型公共行政"等。显然,这一理论主张政府和市场的协调,给如何治理地方利益冲突提供了有价值的启示。

换言之,不能单独地推崇政府或市场。一味地干预,就会导致极权,最终走向"奴役之路",而且政府干预未必能有效解决问题;而完全依赖市场,则回归到亚当·斯密时代的完全自由主义,也是被实践证明了的错误。"从世界各国的经验来看,推动区域一体化完全寄希望于市场型协调模式往往只能适得其反,因而必须借助政府干预模式。"②在当今社会,凯恩斯主义的成功使人们深深地认识到政府干预的重要性。因此,在协调地方利益冲突时,我们既要有政府的权威,又要有市场的导向,也就是要将科层制和市场有机地结合起来,才能更好地协调地方利益冲突,促进区域经济发展。

当然,在信息化的今天,我们也不能忽视网络治理的重要性,因为,"信息的不

---

① [美]奥利弗·E. 威廉姆森:《反托拉斯经济学》,张群群、黄涛译,经济科学出版社 2000 年版,第 29—30 页。

② 汪伟全:《区域经济圈内地方利益冲突与协调——以长三角地区为例》,上海人民在出版社 2011 年版,第 10 页。

对称是造成地方利益冲突、利益协调低效的重要原因。通过信息交流,是取得相对方的理解和支持,以及获得发生利益冲突的各方参与者满意的均衡方案的必要途径。"①而网络无疑是信息交流的最有效途径之一。因此,需要对网络治理模式在治理主体、治理手段、治理方法等各个领域进行拓展和深化。这种模式,是以谈判为基础,强调利益相关者的对话和协作,通过相关的区域法制和协调规范化建设,以产生和交换信息,从而减少机会主义的危害性,有利于利益博弈者增进了解、加强沟通、降低冲突、增加合作。因此,应该走出一条集科层制、市场和网络治理于一体的道路,从而更有效地协调地方利益冲突。

(2) 重视政府组织间的合作。协调地方利益冲突的障碍之一在于一种"囚犯困境"。如果个人理性是足以产生有效率的社会结果的话,就没有必要存在大量的科层式的社会单位。博弈论被证明是思考有关个人对自己利益的追求与群体效率之间交互作用的一种有效方式。博弈论认为,个人是理性的(就总是选择对自己有利的情形而言),在博弈的过程中,当一个人的选择公开以后,每个人都满意自己做出了正确的选择,没有人能够得到更好的结果了,这种结果被称为纳什均衡。一个双方都同意的但差于其他某种结果的结果称为"帕累托次优"。但是,帕累托最优是达到群体效率最弱的条件,如果一个结果不是帕累托最优的,就可以做一些改变使得在不损害别人的同时至少使一人收益。似乎没有人反对做这样的调整,因此,如果不满足帕累托最优这样弱的条件,则明显违反了群体效率。然而,虽然认识是理性的,但往往是对自己而言理性的选择会造成对博弈各方而言非理性的结果,这就是常说的"囚犯困境"。

在中国,以省为行政单位,各省都致力于"理性"地追求自己的 GDP 增长,而一个省发展的外部性常常由邻省去承担,正如学者所言,地方利益冲突产生有深刻的体制性根源。这就是转轨背景下地方政府是"理性经济人",政府的竞争属性有进一步推动地方政府围绕利益而展开竞争。这样,一种帕累托最优失去了,这就导致了地方利益的冲突。由于缺乏充分的协调合作机制,市场格局和地方保护主义现

① 汪伟全:《区域经济圈内地方利益冲突与协调——以长三角地区为例》,上海人民出版社 2011 年版,第 250 页。

象严重，生产要素的流动局限于行政辖区内，而跨辖区流动受到重重限制。因此，要走出这样的“囚犯困境”，既要有一个权威来遏制造成群体不效率的“理性选择”，同时要有地方的充分合作，在达成意见一致的基础上，通过构建区域协调与治理体系来解决利益冲突。

(3) 民主与法治建设并重。在讨论科层制的困境时，看到了科层制对实质价值的排斥以及对民主的威胁。在民主治理成为历史潮流的今天，要继续发挥科层制的积极作用，怎样把科层制和民主结合起来，是无法回避的问题。在协调地方利益过程中，强调科层制不可少，但是科层式的决策怎样获得地方政府的认同，并努力去落实是一个重要问题。正如上面所说，通过民主方式来建立企业的行政权威是有可能的。可以用一种“社会契约”的逻辑来构建科层权威，培育一种制衡科层决策的社会力量，这样就能够防止科层的极权化而与民主协调起来。

然而，即使真的设计出科层与民主协调的治理制度，并不证明这种制度就一定能够施行。毕竟科层的集权化倾向很大，时刻可能侵蚀民主的一方。这就需要有法治的思维，设计良好的制度，并靠法律来保障其实施。英国思想家霍布斯说：“约定要是没有刀剑在后支持，只是说说而已。”没有法治的屏障，科层制与民主的协调是天方夜谭。欧美国家的区域协调发展证明，法治化是其区域经济及其运行的显著特点。每一领域问题的解决都是先行立法，然后明确执行机构进行监督，形成制度、组织、财力、监控等一系列解决地区差距问题的系统。我国在协调地方利益冲突中应该借鉴这一做法，即：一方面要设计出科层制与民主协调的治理模式，另一方面，又要依靠法治来达到目的。没有民主和法治是很难有效协调地方利益冲突的。

许民和

地方治理在社会转型期的“非政府化”突破

许民和　中共上海市委党校政治学理论专业硕士研究生，研究方向：当代中国政治发展。

内容摘要　当今中国大陆的学术界对“非政府化”问题的研究在很大程度上还是一片空白。“非政府化”治理尽管与“地方自治”体现了相同的本质，但在落实上却遵循了与“地方自治”完全不同的逻辑，也将会展现出与其非常不同的面相。在当前社会转型期，政府职能经历了复杂深刻的变化，尽管这种变化在机构设置上还没有完全显现，但是政府在社会治理的某些方面的失败已经证明，加强政府管理并非是“解决社会问题，推动社会发展”的万能药方，在某种情况下甚至是导致治理失败的主因。民主是社会主义的本质要求，顺应地方治理的“非政府化”的潮流，并适时予以促成，是社会发展大趋势的必然要求。

关键词　地方治理　社会转型　“非政府化”治理　民主化

三十多年来，随着市场化经济体制改革的推进和国家对内、对外开放程度的提高，中国大陆社会各领域内发生了深刻的变化。经济建设成就斐然：数亿人的温饱问题基本解决、工农业基础设施建设全面铺开、第三产业蓬勃发展；政治体制改革稳步推进：党政领导干部终身制被废除、社会主义民主法治建设被提上日程、“尊重和保护人权”的内容写入宪法；社会风貌日新月异：科学技术不断进步、医疗卫生条件逐步改善、各项公益事业推及全国，等等。这一切无不显示了并且预示着中国正在改变，中国社会正在转型。社会的转型意味着建设环境的改变，这必然会对治理方式提出新的要求，于是执政的中国共产党必然会把“除旧布新，改革发展”作为新时期领导国家和人民顺利开展各项建设的必然坚持。

一　中国社会在转型

“社会转型”理论是建立在传统社会与现代社会二元分割理论的基础之上的，

在事实上表现为社会从传统型向现代型转变的过渡过程。①在本部分，笔者首先试图在概念上厘清社会转型与社会变迁的不同点，以明确社会转型的内涵，然后进一步分析当前中国社会转型的趋向以及与其相伴生的民主化因素，以求更加真实全面地展现出转型社会的风貌。

（一）社会转型之辨

在社会科学研究领域，分析工具的错用很可能会导致分析结果的失真，甚至错误，这一点应当引起我们的重视。必须明确，同样在说“转变”(change)，社会变迁与社会转型却是两个完全不同的概念：变迁(transition)更多指称一种白描意义上的状态和时期的转变；而转型(transformation)则倾向于强调的是一种将趋向与结果作为目的的转变。于是，当今关于 the changing society of China 争议的焦点便就此明晰，即：中国社会的“转变”是有目标的，还是没有目标的？这并非毫无疑问，也不是无的放矢，更不是没有意义的。中国共产党关于“全面建设小康社会的关键时期”②的界定就明显是属于“社会转型”的概念范畴。但是“社会转型”的含义到底是什么，学术界至今争论不休，见仁见智。在当前中国社会科学研究者的著作中，“社会转型”大体上有三种含义。“第一，社会体制在较短时间内急剧地转变(新旧体制衔接、新旧制度更替)；第二，社会结构的重大转变(以经济体制转轨为基础，既表现为社会分层结构的变化，也表现为人口的城乡结构、文化的深层结构以及意识形态的多元化等社会全面的结构性变化)；第三，社会发展的阶段性转变(由传统社会向现代社会的转变)。”③尽管社会科学界对“社会转型”内涵的理解有所不同，但是说到底还是“原有的社会向更发达、更充满活力与生气的社会转变的一个历史过程。这个过程既有渐进的，也有突变的”④。中国正在发生的社会转型属于后者，但是具有浓缩性的特征。

---

① 刘祖云：《社会转型：一种特定的社会发展过程》，《华中师范大学学报》(哲学社会科学版)1997 年第 6 期。

② 参见中共第十六届中央政治局常委温家宝就《中共中央关于制定国民经济和社会发展第十一个五年规划的建议稿》向中国共产党第十六届五中全会作的说明，2005 年 10 月 8 日。

③④ 宋林飞：《中国社会转型的趋势、代价及其度量》，《江苏社会科学》2002 年第 6 期。

（二）中国社会转型的趋向

中国最近一次社会转型发生在中共十一届三中全会以后，到今天已经持续了三十多年，而且仍在继续进行。那次会议结束了“以阶级斗争为纲”的“左倾”错误路线，确立了“以经济建设为中心”的指导思想，开启了中国社会主义建设的新时代。中国的经济改革（或者说是重建），不仅是实现经济总量和人均收入的增长，也包括对体制的变革。经济体制改革首先破除了高度集中的计划经济体制，尽管经历了包括“价格双轨制”和“价格闯关”在内的很多阶段，自由竞争的市场经济到底还是在艰难中得以确立。单位制度解体，分灶吃饭被分税制所取代，国企改革，引入股份制，“以公有制为主体，多种所有制经济共同发展”的经济制度逐渐确立：中国的经济基础尽管没有完全，但也是在相当大的程度上得到了改变。

中国的社会转型是以经济体制转型为契机所连带而生的以现代化为趋向的全方位转型。改革目标的官方表述曾被确立为“四个现代化”，后又为“三个文明建设”所取代，近期提出的建设更高水平的小康社会的“五个建设（文明）”（经济建设、政治建设、文化建设、社会建设、生态建设）又取代了旧概念成为中共领导国家和人民进行改革发展的新目标。

在此期间，中国发生了翻天覆地的变化，经济体制改革推动了国民经济的成长，社会活力逐渐恢复，文化产业渐趋繁荣，政治上“四项基本原则”、“三步走”战略、邓小平关于“社会主义本质的论断”等相继提出，在中国共产党的领导下，社会主义市场经济体制改革取得了显著成就，中国社会已经逐渐摆脱旧有经济体制的束缚，在市场经济的催生下，消失多年的各种行会组织、协会重新出现，市民社会（Civil Society）有了重获生机的萌芽。

（三）中国社会转型与民主化

不管承认与否，中国的现代化都与近代中国被强行拖入资本主义世界体系一样，是受西方强烈影响的现代化。即便在宏观方面，从指导思想的马克思主义理论到具体目标的平等、财富、权利、民主、自由、发展等现代追求都是西方思想扩张、“西学东渐”的结果，更不要说数不胜数的阶段性具体目标，诸如股份经济、全民医保、科教兴国、人权理念、言论自由、宪政民主等，与西方的紧密关系。现代西方民主历经了四百多年的发展以后，无论是在理论研究上，还是在政治实践上都取得了显著成果，尤其是二战结束以来，继对代议制民主的反思批判而起，行政集权民主制、共同参与民主制、协商民主等理论和制度模式相继出现。①多元主义、社群主义、法团主义、共和主义等政治势力和理论流派对旧的议会制度、政党制度、文官制度产生了巨大冲击，并且促进了对旧制度的改造。这一切与中国改革开放以来的社会转型几乎同步发生，对中国社会的政治观念产生了很大程度的影响。进入21世纪以来，尤其是2008年以后，思想文化领域日益明显的多元化倾向就是这种影响的自然结果。

如果说改革开放以来直至20世纪末，中国大陆地区的主流政治学理论还认为民主不过是一种阶级统治的方式，对民主的界定只是"一人一票"、"少数服从多数"的话，那么将"尊重少数人的合法权益"、"保护人权"、"强调不同利益主体间的协商与对话"等内容在如此短的时间内也纳入民主考虑的范畴，则不得不说是受西方影响的结果。

二 "非政府化"治理的理由

在中国，中央与地方间关系历来是国家治理理论所关注的重点，国家权力在中央与地方的分配，不容置疑，一直都是令中央政府头疼的大事。近年来流行的"一收就死，一放就乱"的说法就表明了这种关系在中国处理的难度。但是，在西方发达国家，我们看到另一种现象：这些国家对中央与地方关系处理比中国要制度化得多，好像没有遇到中国这样复杂的问题。这或许是因为西方国家没有像中国这样庞大的领土和社会规模②，或许是因为诸如自然环境、历史、民情等其他因素的极大不同，或者两者兼而有之。总之，仅仅因为这些我们就足以断定，不能将西方国家成功的治理经验不做改良就移植到中国的土地上。

---

① 曹沛霖、陈明明、唐亚林主编：《比较政治制度》，高等教育出版社2005年版，第28—32页。

② 很多所谓普世的理论都因为观测样本规模的扩大或者缩小而失去了解释力，如牛顿物理学三定律。

(一) 全能型政府的困境

从20世纪50年代开始的很长一段时间里，中国大陆地区都是效仿苏联，实行高度集中的计划经济管理体制和中央高度集权的政治体制。这种体制是新中国成立初期中央政府通过“三反运动”、“五反运动”、第一个“五年计划”和“对农业、手工业和资本主义工商业的社会主义改造”等事件建立的。在当时的环境下，这种全能型的政府制度无疑为战后国民经济的迅速恢复，建立独立、自主、健全的国民经济体系等提供了相当大的助力，将全部经济活动都纳入政府的工作范围，也有效地维护了国家统一和政令畅通，保证了国家重点建设项目的实施。此间，东北重工业基地、“三线”地区的基础设施建设、军事工业等从无到有，使中国形成了初步的工业基础。改革开放以后，在基础设施建设上，这种由全能型政府主导的国企对国家经济社会的发展发挥了更加重要的作用。遍布全国的高速公路网和铁路网，新近兴起的“四纵四合”高速铁路网、航天工程、远洋战略、海外投资等，都有大型国企在发挥作用。

但是一个突出的问题却在逐渐显现。国有企业利润分配的非国民化在市场经济条件下形成了一种针对民营企业的不公平竞争。换言之，尽管国企的大规模投资和建设形成了方便的基础设施网络，为国民经济的发展提供了良好的基础，但这并非是国企应当享受这种竞争优势的理由。在形式逻辑上看，国企的意义不仅仅体现在对大规模基础设施、国民经济命脉的关键行业和关键领域的介入和优势上，更应该体现在其经营利润为全体人民共享上。于是，在市场这个地方，很少有能够成长起来与国有企业展开对等竞争的民营企业，也就是说，即使国家对民企在某些领域有所放松，也很难进入到国企垄断的领域中去，这既是因为资金的问题，也有经验能力的问题。由此导致的结果就是中国经济被分割成两大层级，上层为高度技术化但缺乏竞争的国企层，下层为低端经营但竞争激烈的民企层。

问题就出在这里。为了彰显公有制作为社会主义国家本质的标志，就要保证在全能型政府的支持下组建并维系至今的国企在经济基础上具有优势地位，但是国企主营行业内部竞争的缺乏所导致的效率不足、资源浪费问题迫使国企很少向国民分红，以将利润更多地投入生产从而维持其对民企的竞争优势，如此，多数想要涉足此领域的民企面临困境。

(二)地方自治再回顾

近代地方自治制度起源于英国。根据中国台湾地区著名政治学学者杨幼炯的研究,"地方自治"一词最早出现于维多利亚时代法学家乔书亚·史密斯(Joshua Smith)于1849年所著的《违法与为虐之委员政治》一书。在该书中,"地方自治"被经常使用,而在其1851年所刊行的《地方自治与中央集权》一书①,更是以"地方自治"一词为其书命名。

"地方自治"一词虽出现较晚,但英国的政府组织却自始就含有浓厚的地方主义色彩。英国"地方自治"的传统历史悠久。构成英国主体的"盎格鲁—撒克逊"人是日耳曼族的两个部落。虽然"原始的日耳曼人就有自由传统"②,但是,"英国的自由,须应归功于其地方组织。因为英国自撒克逊时代以来,人民在乡里中,即已知其义务与责任,所以地方自治观念就是在那个时代养成的,历史称那个时代为直接民主制的时代。在那个时代中,地方自治制度随地方政治的发达而渐臻完备,人民实享有最完备的自治"③。英国的地方自治组织在此后的英国政治中,发展为一种自治传统,并原则化。它在维护臣民个体应有的权利、对抗专横的国王斗争中发挥了重要作用。近代以来,尤其是市民革命取得胜利以后,地方自治模式在英国的政治体制中不断得到扩张和普及。"1834年通过《济贫法(修正案)》(Poor Law Amendment Act),1835年通过《市议会组织法案》(Municipal Corporations Act),各市普遍设立市议会(Bo rough Council)。这年英国还颁布《都市团体法》(Municipal Corporation Act),1888年通过《地方政府案》(Local Government Act),各郡设立郡议会(County Council)。各级议会的议员的社会基础更加广泛。1930年实施《地方自治法》(Local Government Act)。"④英国近代地方自治制度得以普遍确立并逐步完善。但是,随着资本主义工商业的迅速发展、福利国家的兴起、分税制的推行,国家全面地、积极地、深入地介入社会生活的一切方面,政府由社会的"守夜人"一跃而成为社会的保姆,政府由消极行政转为积极行政。这是一个非常值得关注的变化,预示着政府对社会、中央政府对地方政府控制的加强。

---

①②④ 白贵一:《论英国地方自治的演进、影响与宪政价值》,《河南师范大学学报》(哲学社会科学版)2006年第1期。

③ 杨幼炯:《政治科学总论》,台湾中华书局1967年版,第626页。

如果从政权意义上来定义地方自治的话，我国与这一理想或许从未有缘。但是，如果从更广泛的意义上来界定，无疑，“王权不下县”的传统证明了我国几千年民间自治的事实。只是，时至清末，伴随着席卷全国的革命风潮和盘根错节的国内外各种势力，土豪劣绅趁清末新政之机攫取了地方权力，令现代意义的地方自治变形走样。民国建立以后，战争频繁不断，国民党政府过度依赖军政、训政等手段以操控国家、社会，实行白色恐怖，使建设地方自治的梦想化为泡影。共产党在夺取政权后的相当长时间内，学习苏联模式，推行高度集中的政治体制，全国一盘棋，将权力的触角伸向每一个社会成员，使地方自治的实现变得更加遥远。改革开放以后，国家政治生活才渐趋正常，基层民主自治的话题才被重新提起，在制度上、法律上、实践上也开始有所突破，实现地方自治逐渐成为完善国家治理的重要举措。

（三）现代化与地方治理的“非政府化”

“现代”作为一个概念最早是由古罗马学者提出来的，用以区别生活方式不同于自己的北方蛮族人。很自然，“现代化”在那个时代的含义指称的是“罗马化”。这种以某个地域或者族群的生活方式为现代的观念即使在今天也很流行，今天我们在谈论某些所谓现代性的因素时都会自觉地把目标投向西方，投向欧美各发达资本主义国家。即所谓西方中心主义即使不停地遭受来自各方的批评依然具有十分强大的市场。但是，真正的现代化却并非如此，世界的现代化绝不是各国各地区的千篇一律，不是世界各后进国家都英国化、德国化、美国化、日本化，而是在借鉴发达国家经验的基础上实现自身文明的突破，达到现实自然、环境、民情等因素限制下的最高文明水准。现代化首先应该是文明的、民族的，也即人性的，其次才是共通的、科技的、进步的。中国的现代化不是，也不能是西方式的，它应该有自己的特点。五千年辉煌灿烂的民族文化和民族精神已经深入我们的骨髓，如果细心，在言谈举止之间，总可以发现我们从祖先那里继承下来的基因。当然，时下的某些因素也会对现代化的道路选择和历程产生影响。今天的中国就是在社会主义制度下，批判吸收利用中外历史上的经验教训走上现代化之路的。

现代化的中国是富强、民主、文明、和谐的中国，而其中民主的中国则必然要求实现国家治理的民主化。新中国成立以后的相当长一段时间里，我国实行的都是苏联式的党政不分的高度集中的管理体制,强化乡镇政府职权,在农村设立政府派出机构,强化对乡村社会控制的力度。当然这样做有形势和执政党目的的需要,扫清"反民主主义革命"的势力要求在全国范围内进行扫描排查,快速重建安稳的政治秩序以及尽早开展恢复生产、发展经济的建设都需要一个安定的环境,一个可靠的政治权威,这种制度尽管有很多缺陷,但在当时的情形下也是无可厚非的。不过历史的逻辑并不一以贯之,国家生命的三部曲,即国家的孕育、诞生和成长并不遵守相同的法则。

随后,中央政府开始向地方政府放权,国家开始向社会还权,全国各地迅速恢复了活力;紧接着,党政领导干部终身制被废除,民主化亦随之开始推进,各种官方、半官方的、民间的社会组织开始涌现,社会开始回归社会。

三　地方治理的"非政府化"突破

在近些年的社会科学研究文献中,对"非政府化"问题的研究在国内十分鲜见,更多的在笔者看来是在对"非政治化"问题的讨论,而且多是持批评否定的态度。"非政府化"与"非政治化"这两个概念,或者说分析工具,有着明显的不同,笔者将在下文进行比较,予以澄清。笔者认为,当前中国的地方治理应当从历史和国外汲取资源和经验,反思新中国成立以来建设失败的教训,以更好地坚持社会主义制度,推动民间社会自我成长、自我管理、自我发展,为地方"非政府化"治理格局的形成创造条件,提供助力。

(一)"非政府化"与"非政治化"之辨

在探讨这两个概念的区别之前,我们需要引入"政治化"与"泛政治化"这两个概念。所谓"政治化"就是把本不属于政治世界或政治因素应当发挥很小作用的领域纳入政治行为的支配范围,前者最常见的就是科学政治化,而后者则有社会政治化、道德政治化等表现。无疑,科学政治化的结果就是对研究结果质疑的消灭,久而久之,这类所谓的科研成果就被当做颠扑不破、不容置疑的所谓"绝对真理"。而后一种结果则可能会导致社会、道德等领域的不正常,引发普遍的社会恐怖和道德堕落。如果说"政治化"是一种不可避免的自然结果,"非政治化"是一种不切实际的理想追求的话,那么,可以肯定,"泛政治化"结局的形成一定受到了人为因素的操控。广义上,我们可以将政治理解为以利益和权力为核心的领域。①政治不单是一般认为的政权机关的内部行为,只要有利益的地方,只要是对他人控制的领域有需要的地方就有政治,在这样的解释下,政治的版图扩大了,但是其界限模糊了,但是这描述的却是事实。所以,地方治理的"非政治化"主张在根本上就是错误的,而不仅仅是因为这样做会激起官僚集团的抵制。但是,政府与政治却不能等量齐观,有政治不一定就有政府,无政府主义者所主张的就是一种没有政府的政治状态,从这个意义上来说,政府是一种规范性的政治活动平台。但是,与中国历史上频繁出现"非常设机关制度化"的现象一样,政府在它被组建起的那一刻起就有了属于它自己的利益,就作为一个主体而非简单的工具参加到政治的博弈之中。所以,政府不仅承载了部分政治的运作,而且构成了政治活动者的一部分。从这个意义上来说,政府外政治要远比政府内政治激烈、广泛得多。因此,政府就必须对加入到它内部进行活动的政治势力进行甄别,以减轻政府政治运作的功率,同时,厘清政府政治操控的领域也有助于政府自身的安全运转和效率的发挥。故此,在地方治理中主张"非政府化"并非无厘头地反对政府的参与,消除政府的影响,而是出于对整个社会机体政治安全的考虑:小范围的政治既然可以通过政府外途径得到很好的解决,那么就没有必要一定要经过一道门槛,在政府内通过繁琐的程序解决。马克思在其国家消亡理论中的阐述与此应当是相通的。②

(二)应该保留什么?

实现地方治理的"非政府化"突破,促进全社会治理水平的提高,更好地发挥地方政府的作用,需要对地方政府的地位、机构、功能和行为过程等方面进行全面审视。经验上,全能型政府和奉行自由放任政策的守夜人政府都遭遇了失败,一个合理的政府必非事必躬亲,亦非无所事事。政府必当积极发挥其自身作用,但也需要

① 沈亚平、金东日编:《现代组织理论与管理》,天津大学出版社2010年版,第194页。

② 《马克思恩格斯选集》第4卷,人民出版社1995年版,第174页。

对政府失灵进行反思。于是解决地方治理在“非政府化”方向上实现突破的问题也就成了地方政府“社会职能”的保留问题。

第一，地方政府的机构保留。通俗地讲，国体决定政体，政体以一定的机构形式表现国体。人民代表大会制度是我国的根本政治制度①，是我国的政体，体现了人民民主专政的社会主义国体，其理论基础是马克思主义议行合一的政治制度。人民代表大会是国家权力机关，行政机关、检察机关、审判机关和军事机关均由人大选举产生，受其监督，对其负责(国家军事机关除外)。地方各级政权不设置军事机关，乡镇级政权不设司法机关，这已是确定的事实，可以说这在一定意义上实现了地方治理的“非政府化”。但是，在这种逻辑之下，我们还可以发现另一类细小但普遍的事实，即各种分支机构、派出机构的出现，以说明“非政府化”趋势的存在。例如，地区行署、街道办、区公所等派出机构，工商行政管理局、公安局派出所、派出法庭、税务所等分支机构，当然，这些可以从方便管理的角度予以解释，进而削弱这些论据的说服力，但是，如果回顾一下四十多年前在全国爆发的那场运动所带来的权力滥用和秩序混乱就不能不承认这种格局的形成确属地方治理“非政府化”的结果。

第二，地方政府的职能保留。对于各级地方政府来说，政府职能的定位，在很大意义上并不是一个理论认知问题，而是政府行为偏好与约束条件相互作用的产物。政府职能的理论定位与政府职能的实际履行之间总是存在着极大的差异，这在西方国家也不例外。保罗·A.萨缪尔森(Paul A. Samuelson)在谈到政府的行为选择时曾经指出:“依照许多人的看法，政府应该建立一个公正而有效率的法律机制;政府应该运用最优的宏观经济政策来稳定产量、失业以及通货膨胀，政府应该调节工业以克服市场失灵;政府应该把收入再分配到最应得的人手中。但是，政府会这样做吗? 政府会遵循那些力图创造一个有效率并且公正的社会的经济学家的学说吗?”②地方政府职能履行的好坏，首要的决定因素不是职能认知的科学性与否，而是既定约束条件下的行为激励结构。不同的制度条件会形成不同的行为约

① 胡锦涛:《在首都各界纪念全国人民代表大会成立 50 周年大会上的讲话》,《人民日报》2004 年 9 月 15 日。

② [美]保罗·萨缪尔森:《经济学》,高鸿业译,中国发展出版社 1992 年版,第 1174—1175 页。

束机制和激励机制。就中国的地方政府而言,在改革的不同阶段,因制度约束条件的变更,同一个层级的地方政府的职能行为会表现出很大差异。当下,建设服务型政府的呼声越来越高,也已经纳入了政府未来的施政纲领。但是,建设服务型政府毕竟是一项系统复杂的工程,是市场经济建设发展到一定水平的客观要求,其建设的思路也自然要以市场经济的悲剧和规律为依托。地方政府在职能保留上要因时制宜,在把握好国家应有职权的前提下创新运作规程,但应当强调,无论何时,地方政府都必须确保自己在立法、司法、国防、治安、财政、社会保障等核心领域内的发言拥有权威,否则很可能会导致改革的失控,撕裂社会。

第三,地方政府在公共政策过程中的保留。政策过程理论认为一个完整的公共政策过程大致需要经过政策问题的识别与认定、政策规划及其合法化、政策执行、政策监控、政策评估、政策终结等八个步骤,而且根据政策网络理论,每一个步骤都需要遵守科学、民主、法治等原则。但是,这种理想化模型在现实操作中可能会遭遇到一系列问题,或是时间因素,或是技术困境,从而致使这几个阶段在实际运行中的界限并不是很清晰,或者干脆就不可能进行区分。在这种情形下,要最大程度地实现公共政策对社会问题的解决,就必须对政策过程中其最大作用的政府的职权进行科学规范的界定。这样做既有助于对社会问题的快速反应和解决,也把政府职权的行事排除在不合理的情形之外,从而保证市场对资源配置的基础性调节作用不受政府的非法干涉,进而最终实现经济社会的健康稳定发展。

(三) 突破难点分析

对"非政府化"目的的实现是一项长远的任务,甚至在一定意义上讲,"非政府化"的地方治理是一种习俗,而某种习俗的养成断不是一朝一夕所能成就的,概莫能外。因此,即使不是地方自治,即使是在"非政府化"方向有所突破,哪怕是非常小的,这在一个拥有 14 亿人口的大国也是一件非常难得的成就。这其中的难处主要有以下几点。第一,理性认识的局限。系统工程的完成不只是一条多米诺骨牌,而是一个网状的多米诺骨牌局,我们需要掌握的不只是在没有其他因素影响下可以导致的结果,而且还应明白各种随时可能出现变量对总体格局的影响,以避免由于某些因素的出现使整个多米诺骨牌系统陷入僵局,而这是几乎不可能达到的。

第二,"非政治化"的不可能性所引发的政府自然渗透。由于政治因素的普遍存在,我们便不能幻想在社会领域彻底涤除政治因素所带来的可知与不可知的影响。政府作为社会主要政治势力活动的场所,必然有对社会进行操控的意图和尝试,如果没有实现,只是说明政府没有遇到合适的机会。第三,健全有效的治理规则和传统习惯的欠缺。与其说市场经济是法治经济,不如说现代社会就是法治社会,有规范的社会。自从中国几千年"王权不下县"传统和乡绅治理模式被打破以来,中国就进入了政治整合的时代,几十年来也已经成为习惯。如果要恢复旧有的乡村自治的传统已经不可能,况且恢复了也与中国现在的社会格局和思想形式存在很大的冲突。第四,官僚集团的抵制。撇开地方治理的"非政府化"改革对官僚自身经济利益的损害不谈,就是在官员和部分社会成员的心理上、机构变革的程序上以及经济成本的考虑上还是会形成不小的阻力。①第五,社会团体能力弱小。从现实上考虑,这种突破其实应该是一种自然生长的过程,是社会团体与地方政府博弈的结果,换句话说,"非政府化"地方治理的实现过程其实是一种权力的再平衡过程。当今,我国的民间团体普遍资金不足、人员紧张、能力欠缺,在事实上还不具备接手并很好地掌控成熟现代国家地方政府所归还给社会的权力的能力。第六,利益集团力量不均衡。中国今天相对稳定的政治秩序其实在很大程度上都是靠"政党—国家"体制(Party-State system)来维持的,执政党和政府在这个过程中起到了非常重要的作用,可以设想,假使政府把权力迅速归还社会,各种远本存在强弱差异的利益集团必然会趁机去争夺因政府退出而释放出的权力域,而这种争夺,很明显是简单的公平正义观念所无法解决的,而只能依靠权力。但是这样做的结果便会导致社会的不稳定,这正是此种改革的一大难处。

四　结语

人们在研究国家与社会间的关系的时候,最容易走向极端,要么完全理想化,要么因循守旧、不离传统。对于那种刻舟求剑的做法,我们应当时刻保持警醒。社

---

① 沈亚平、王骚编:《公共政策学》,天津大学出版社 2010 年版,第 253 页。

会在转型,国家职能也在转变,这一切都告诉我们因循守旧不能解决问题,只会令我们在困境中继续挣扎,而于事无补。在当前,我们应该做的是审时度势,努力探求国家、社会的发展趋势,并在某种情况下采取必要措施促成这种趋势所蕴含的结果的出现。"非政府化"地方治理的促进必定预示着社会自组织能力的成长,在此意义上,它超越了对"王权不下县"传统的回归,实现了民主精神上的拓展。社会正在转型,民情正在改变,社会治理,尤其是地方政府的社会治理方式应当顺势而为,有所改变。取得某些领域的"非政府化"突破既是一种方向,更是一种选择。只有这样,国家的地方治理才能真正适应社会的发展要求,在国家与社会之间形成一种双向的良性互动,实现国家治理与社会发展的双赢。

李雅琼

合作协议与区域一体化：以长三角为例*

李雅琼　华东政法大学政治学与公共管理学院行政管理专业硕士研究生。

内容摘要　合作协议既是区域一体化发展的必然形式，也是协调区域性公共事务的现实选择。合作协议有利于调解合作矛盾、消除合作障碍，保证区域一体化的稳定发展。本文以长三角合作协议为例进行实证研究，归纳了长三角合作协议中存在的问题，并提出了若干建议推动区域文化融合与培育契约精神、完善合作协议的缔结程序、健全合作协议和创新合作协议的履行机制等对策与建议。

关键词　合作协议　区域一体化　长三角地区

一　研究背景与问题提出

在区域一体化的实践中，地方政府间签署合作协议已成为一种必然和趋势。无论是珠三角地区、环渤海湾地区，还是长三角地区，都展开了广泛的区域合作，并签署了大量合作协议。例如，珠三角地区已经和内地其他省份及港澳地区展开了广泛的合作，并签订了近百个行政协议，涉及交通、能源、贸易、农业、投资、旅游、就业服务、信息化、科教文化、环境保护以及公共卫生等领域。这些行政协议对区域之间社会、经济的协调发展具有重要的作用。

为什么合作协议是区域一体化的重要形式呢？原因有三：一是制度性的合作协议有利于保证区域一体化的稳定发展。在区域一体化背景下签订的合作协议主

* 本文是华东政法大学研究生创新能力培养专项资金项目“上海突发公共事件的跨部门应急联动机制”（项目编号：20133229）的阶段性成果，也是华东政法大学汪伟全老师主持的2012年度上海市哲学社科规划项目“地方政府竞争对区域一体化的影响及其治理研究”（项目编号：2012BZZ002）的阶段性成果。

要是为地方政府间相互合作提供法律保障。国际经验表明,区域经济一体化进程的发展速度与是否有完善的协议和相应的保障措施是直接相关的;二是合作协议有利于解决区域性公共事务的合作难题。政府间的合作协议这种方式可以运用于各个合作领域,包括基础设施:能源、交通、管道、产业与投资、商务与贸易、旅游、农业、劳务、科教文化信息化建设、环境保护、卫生防疫;三是合作协议有利于调解合作矛盾、消除合作障碍。合作协议以创造良好的发展环境、引导区域合作发展方向、繁荣地方经济、促进协议各方的横向经济联合与社会共同发展等。订立协议的目的在于通过政府之间的合作,消除经济与社会发展的各种障碍。通过这种合作,使政府充分发挥宏观调控中的作用,促进地方社会经济有序发展。

国内外关于合作协议的研究文献已有不少。韦尔登·巴顿(Weldon Barton)具体研究了政治过程的州际协定,并回答了谁在缔结州际协定,为何缔结州际协定以及谁获得了利益等问题。①F. 齐默尔曼(F. Zimmerman)认为,在美国的联邦体制下,各州之间有很多合作形式,既有非正式的合作,比如自愿的联合会(voluntary association)的成立、相似法律(similar law)的有选择颁布及示范法(model law)的出台,也有正式的合作形式,包括州际协定(interstate compact)、行政协议(administrative agreement)和有关州际冲突的司法裁决。行政协议的程序相对简便,行政官员之间可以经常地进行互访,从而减少误会,增进了解。②国内对合作协议的研究文献主要集中在法理学的视角。叶必丰首次提出了"行政协议"这一学术概念③,并详细阐述了"区域性行政协议"的法治基础、缔结以及履行等问题。④范利平把"区域性行政协议"界定为"政府协议",并分析了"区域性行政协议"的必要性以及订立等问题。⑤此外,何渊对区域性行政协议的缔结、批准、效力、履行等问题进行深入

① Weldon Barton, *Interstate Compacts in the Political Process*, Chapel Hill, NC: University of North Carolina Press, 1967, p.11.

② Joseph F. Zimmerman, *Interstate Cooperation: Compacts and Administrative Agreements*, Westport, CT: Greenwood Press, 2002.

③ 叶必丰:《长三角经济一体化背景下的法制协调》,《上海交通大学学报》(哲社版)2004 年第 6 期。

④ 叶必丰:《我国区域经济一体化背景下的区域性行政协议——以长三角区域为样本》,《法学研究》2006 年第 3 期。

⑤ 范利平:《泛珠三角区域合作中的政府协议》,《法治论坛》2006 年第 2 辑。

研究。在纠纷解决机制方面，有责任条款机制、行政解决机制、司法解决机制、仲裁解决机制等途径。①

然而，国内外的研究存在两个明显的缺憾：一是现有的研究成果主要体现在地方合作协议的形式及其效率上，鲜有政府间缔约过程的系统研究；二是“本土化”的理论研究不多，忽视了中国特色的国情。为此，以长三角地区的区域合作协议为例，基于区域一体化的视角对此进行研究，将有利于了解长三角区域合作概况，揭示区域一体化的基本规律。

二　合作协议与区域一体化的理论基础

区域一体化是指相邻的两个或者两个以上的国家或地区按照自然地域经济内在联系、商品流向、民族文化传统以及社会发展需要而形成区域的联合体，它包含空间形态一体化、市场一体化、产业一体化、交通设施一体化、信息一体化、生态环境一体化与制度一体化等七个方面的具体内容。②区域内各级政府为实现整个经济区域市场内人力、物力、财力等资源合理配置、生产要素的合理流动，通过参加多边谈判或磋商，并在整个大的经济区域范围内形成彼此都能够接受的有关经济贸易与社会发展的协议来推动整个区域协调发展，实现区域内生产要素的合理流动和规范市场运作。

合作协议是法律制度在区域经济发展中的应用。合作协议是指互不隶属的行政主体之间基于区域合作的需要，以实现行政目的为目标，在意思表示一致的基础上达成的行政行为。研究发现，合作协议的缔结主体是各级行政机关，它们的本质是一种对等性行政契约。③合作协议在促进本地经济的繁荣与社会发展方面，起到越来越重要的作用。

合作协议是各级政府就各自行政职权范围内的合作事宜所订立的各种协议形式的总称。在区域合作的进程中，地方政府间针对区域整体共同发展达成的共识，

① 何渊：《区域性行政协议研究》，法律出版社2009年版，第130—131页。

② 刘志彪等：《长三角区域经济一体化》，中国人民大学出版社2010年版，第23—29页。

③ 叶必丰：《长三角经济一体化背景下的法制协调》，《上海交通大学学报》（哲社版）2004年第6期。

必须要以制定合作协议来保证。同时,区域一体化要求将政府的作用集中在撤除区域行政壁垒,提供区域无差异的公共产品,实现市场机制发挥资源配置的作用。

合作协议应当包含以下特征:一是主体的特定性,即合作协议的主体必须是互不隶属的行政主体,这是合作协议的形式特征,也是合作协议与行政合同的重要区别;二是过程的合意性。它是指合作协议的订立必须是协议方通过协商在意思表示一致的基础上达成的合意。合作协议本质是一种合同行为,其合同本质就是合意即意思表示一致;三是内容的多样性;①四是载体的要式性。它是指合作协议必须通过一定的形式如书面、电子邮件、传真等有形介质表现出来。载体的要式性是合作协议的重要特征。

合作协议的内容是区域成员合作意向的外在表达,因此假如协议内容表达不清楚或根本就没有规定相关的条款,就有可能会降低合作的质量与进度,并且减少成员继续合作的热情。基于以上分析,合作协议至少应当具备以下条款:(1)标题。合作协议的标题主要包括地区、涉及主题和协议名称三部分,如《泛珠三角九省区食品药品监管合作框架协议》;(2)合作的共识及合作原则;(3)合作领域及要求。这是合作协议最主要的条款,也是合作各方的权利义务。这部分应尽可能明确具体,以便协议的履行;(4)所要成立的管理机构或合作机制;(5)违约责任或争端解决机制。在专门性的行政协议中应有关于争端解决的条款;签名及日期。②

三　长三角合作协议与区域一体化的实证研究

在区域一体化的浪潮中,长三角区域经济得到了飞速发展,已经成为了我国最具经济活力的地区之一。为了解决区域一体化合作中出现的问题,长三角地区各城市选择了用合作协议来加强彼此间合作。此种协议是区域一体化的一种创新行为,其内容丰富、形式多样。

首先是签订了大量的合作协议,涉及领域广泛。自"长三角区域经济圈"提出

---

① 汪伟全:《地方政府间合作的最新进展》,《探索与争鸣》2010 年第 10 期。

② 张阿凤:《区域经济一体化进程中的行政协议研究》,天津师范大学硕士学位论文 2008 年,第 35—36 页。

以来,长三角地方政府间签订了大量的合作协议,如《长江三角洲旅游城市合作宣言》、《关于三地引进国外智力资源共享的协议》、《长三角地区道路运输一体化发展议定书》、《长三角标准化服务合作宣言》、《长江三角洲人才开发一体化共同宣言》、《加强“长三角”区域市场管理合作的协议》、《沪苏浙共同推进长三角区域创新体系建设协议书》等,这些合作协议共同组成了一个包括基础设施、商贸服务、劳务、人才、科技文化、环境保护、行政执法、公共卫生等各个方面的合作协议网络。由此可见,长三角地区的合作协议不仅数量众多,而且所涉领域广泛。

其次是缔结主体的多元化。长三角合作协议的签订主体是长三角地区的各级行政机关,但是却呈现多元趋势。最主要的缔结主体是长三角地方各级人民政府以及政府的职能部门。其中包括省级政府,如 2002 年 4 月江浙沪三省市的常务副省(市)长之间的磋商会议就在江苏扬州召开,也包括长三角各市政府及其职能部门,但县级政府能否签订合作协议至少在目前长三角的实践中还未见到。

再次是区域一体化设立了相关的缔结机制和管理机构。长三角合作协议的缔结机制就是大家所熟知的行政首长联席会议,即长三角 16 市的市长联席会、经协委(办)主任联席会议和职能部门行政首长联席会议。合作协议的管理机构分为两种:其一就是缔结机制中所说的行政首长联席会议。其形式为合作协议所确认,并作为一种制度,被赋予了相应的权力;其二就是设立独立的管理机构,全权负责行政协议签订各方辖区内关于合作协议所确定事项的履行问题。该机构一般由合作协议缔结各方派员组建,并直接向合作协议缔结各方的共同上级机关负责。

最后是合作协议的条款诸多,内容丰富。这主要表现为以下几个方面:其一是签署协议的机构及各方的法律能力。每份合作协议都载明了签署机构、有资格代表该机构签署协议的负责人的签名、该机构的印章;其二是合作的共识。长三角合作协议的开头部分,所表达的往往是合作各方对合作所达成的共识;其三是合作安排。这是合作协议最重要的条款,也是合作各方的权利与义务;其四是所要成立的工作机构或是合作机制。例如《长三角地区道路交通运输一体化发展议定书》第二部分专门规定了合作机制,包括协调委员会的设立、组成、主席的轮值、会议的举行、秘书处和协调委员会的职责等内容;其五是协议的加入和退出。

然而,尽管长三角合作协议正在趋于完善,但是由于制度缺乏理论基础,制度构建并没有经验可循，中央政府也未出台相应的示范法规或规范，因此合作协议制度存在的问题与制度困境如下：

一是合作协议的法制基础存在缺陷。在中国，尽管合作协议在实践中的合法性得到认同，但是在法理基础上却存有缺陷。从《宪法》和《立法法》中找不到合作协议的法律根据，《地方各级人民代表大会和地方各级人民政府组织法》规定地方行政机关只能在本行政区域内行使职权。单一制国家在缺乏宪法协调的情况下难以达到民主协商，各行政主体之间签订的合作协议执行程度也就可想而知。另外，跨区域的事务都属于上级人民政府和国务院的职权范围，但实践中长三角地区、泛珠三角地区和环渤海地区也都缔结了经济社会领域的全面性合作框架协议，而这些章程或全面性合作框架协议都未经国务院批准。全面性的合作协议，至少本辖区内的重大行政事务，应按照地方组织法第 44 条第 4 项规定经本级人大常委会讨论、决定，实践中仍未体现。①

二是合作协议的标题混乱不堪，随意性强。②具体表现形式为"意见"(如《关于以筹办"世博会"为契机，加快长江三角洲城市联动发展的意见》)、"协议"(如《关于长三角食用农产品标准化互认(合作)的协议》)、"宣言"(如《共建信用长三角宣言》)、"意向书"(如《上海市教育委员会、杭州市教育委员会关于进一步加强教育交流合作的意向书》)、"倡议书"(如《长江三角洲区域环境合作倡议书》)、"章程"(如《南京区域经济协调会章程》)、"纪要"(如《沪苏浙三省市工商局合作会议纪要》)、"方案"(如《江苏盛泽和浙江王江泾边界水污染联合防止方案》)以及"计划"(如《镇江市与连云港市国民经济和社会发展 2004 年合作计划》)等。这种状况既给理论研究带来困难，在实践上也容易阻碍区域一体化的深入发展。

三是合作协议与区域一体化的制度化程度较低。主要是体现在两个方面：一方面，虽然诸如工商、人事、生态治理、科技创新等已经形成了制度性的协议，但是政府间许多合作协议的达成是靠领导人作出的承诺来保障的，缺乏法律效力，使得已缔结合作协议的实现缺乏稳定性。在中国单一制国家内，中央与地方间的关系

① 石欣贤：《行政协议：区域合作的契约治理模式之探讨》，华中科技大学硕士学位论文 2008 年，第 24 页。

② 何渊：《区域性行政协议研究》，法律出版社 2009 年版，第 57 页。

是领导与被领导关系，中央政府缺位，将导致行政协议没有有效的政策与制度保障。中央政府应增强对区域平等的法治保障。只有这样，区域政府间的合作以及协议的缔结才具有坚实的基础。研究与实践表明，在单一制国家结构的背景下，中央政府的偏好成为地方利益实现与否的关键性因素。地方政府为了获得中央政府政策支持和项目倾斜，往往会倾注巨大精力去营造良好中央政府关系，而忽略区域性公共事务。①

四是缔结主体泛化，但公众参与程度低。虽然长三角区域行政协议的缔结主体，大多是长三角区域的行政机关，但也有各种学会和协会参加，甚至连有关的党组织和行政机关一起也参与了一些协议的缔结。缔结合作协议的主体立法权限不统一，造成缔结主体资格权限参差不齐，长三角 16 市并非都具有地方立法权和规章制定权，只有上海、无锡、宁波、苏州、杭州和南京六个城市才具有这项权力，这导致缔结协议的效力难以具有规范化的定性。与此同时，公民参与程度低。在区域治理实践中，地方政府在决策的时候，公民参与不甚理想。这表现在公民参与途径受限制、公民参与的动力不足等。然而，区域的发展毕竟牵涉到当地公民最切身的利益，公众应有的参与决策权没得到落实，必然会引起民众的不满，降低参与区域公共事务的积极性。

五是合作协议缺乏有效执行机制。在长三角各种合作协议中，缺乏违约的必要条款。合作协议的约束力，只限于由成员基于对区域共同体的环境责任和有诺必践原则所产生的自我拘束力。伴随合作协议的履行，若一方政府由此违反协议，势必为其他严格执行协议的合作方带来巨大的经济损失。这种损失往往表现为整个行政区划之内的某一行业或某些行业经营不畅甚至无法经营。比如，长江三角洲城市经济协调会成立十年来，会议的形式已从大会交流研讨等发展为按专题进行多方位合作研究，在各方的共同努力下，2006 年长三角在海关、港口、人才、一卡通、诚信、教育等诸方面取得了丰硕的成果。但有些跨区域合作协议并没有取得实质性的落实。以长三角交通卡互通为例，尽管在技术实现上并无障碍，但直到 2006 年“泰州会议”才明确，长三角到 2010 年实现交通“一卡通”，然而即使到 2011

---

① 汪伟全：《推进区域一体化需协调地方利益冲突》，《探索与争鸣》2009 年第 11 期。

年却依旧没有真正实现。

四 完善合作协议、推进一体化的若干建议

首先,推动区域文化融合,培育契约精神。文化作为一种资源,主要通过价值观念选择进行配置,对区域合作与区域一体化有重要意义。区域性文化融合有利于降低区域内的交易成本,以促进要素流动和区域贸易化,从而促进经济一体化。诸如信任、信用这样的文化能够促使人们产生合理行为,减少经济活动的不确定性;能够增加人们重复交易的几率,降低监督成本;有利于资源优化整合,降低摩擦成本。因此,区域文化与自然资源、资金、人才、产业发展相耦合的程度,往往决定着区域发展模式的形成。区域文化把经济规律按照自己的要求复制出来,使之具有地方性的特色。

另外,契约精神的培育也非常重要。契约精神本体上存在四个重要内容:契约自由精神、契约平等精神、契约信守精神、契约救济精神。契约自由精神是契约精神的核心内容,特别是契约信守精神亟须培育。契约信守精神是契约精神的核心精神。只有当契约信守精神在社会中成为一种约定俗成的主流时,契约的价值才真正得到实现。在缔约者内心之中存在契约信守精神,缔约双方基于守信,在订约时不欺诈、不隐瞒真实情况、不恶意缔约、履行契约时完全履行,同时尽必要的善良管理人、照顾、保管等附随义务。

其次,完善合作协议的缔结程序和公众参与程序,优化程序平台。目前区域合作中的行政协议主要是通过行政首长间的联席会议制度来制定的。联席会议制度,顾名思义,是一种通过召开定期或者不定期的会议制度来完成相互协商而达成协议的制度。但这样的平台也存在着明显的缺陷:此种联席会议制度只是各方行政首长定期会晤的机制,协议的通过完全取决于行政首长间是否能达成一致意见,而联席会议仅仅是履行的形式,本身并无实质的决策权。

建立公众参与程序。为了加强和完善区域合作协议制度,除了强调政府的主导作用以外,也不能忽视其他主体的参与,公众作为第三方同样受到合作协议的约束,因此应当允许其通过批评、建议、听证会、意见征求会的形式参与政府间合作协

议的缔结过程。这是因为区域合作问题涉及多方利益相关者,有企业、社区居民、非营利组织等,而不仅仅只是政府。因此,区域合作不是单靠某一协调机构,而是各利益相关者积极加入,实现对区域性公共事务的共同治理。诸多的社会性利益团体、商业性利益团体、工会联盟和环保团体,如民间的区域协会,都在其中扮演着各自的角色,表达出自身的利益诉求,各种利益集团之间存在复杂的跨国网络关系,这些利益团体在区域协调、政策制定等各种不同层面都可施加影响。

第三,健全合作协议的文本内容。增加合作协议落实资金的条款。现在有的合作协议往往缺乏相应的资金方面的条款,这样会对协议的具体落实产生不良的影响。例如,欧盟的结构基金就是一个值得借鉴的经验。结构基金由四部分组成:欧洲社会基金(ESF)、欧洲地区发展基金(ERDF)、欧洲农业指导和保障基金(EAGGF)以及渔业指导性融资基金(FIFG)。这些不同的基金,分别发挥着不同的作用。①

增加协议的加入和退出条款。合作协议建立在平等自愿原则的基础之上,因此在形势变化之后应当允许有关方面通过一定的程序加入和退出,从而保持协议的灵活性和开放性。②

增加协议的修改和补充条款。区域合作是一个动态的过程,合作的领域和重点都会随着区域经济和社会的发展而出现变化,因此在这种情况下,如果在实际履行的时候发现协议需要修改和补充,就应借鉴合同法的方式,通过各方协商订立有

---

① 欧洲社会基金主要提供职业培训和就业帮助,以解决青年和妇女的就业问题;欧洲地区发展基金是四个基金中最大的,基金额约占整个结构基金的一半。该基金的主要目的是支持落后地区的中小企业的发展、促进投资和改善基础设施;欧洲农业指导和保障基金主要是为农村地区采用农业新技术、改进农业产业结构和发展非农产业提供资金支持;渔业指导性融资基金是为帮助沿海地区受渔业生产萎缩影响的渔民而设立的。结构基金的资金是欧盟各成员国按照其国民生产总值的一定比例纳缴的,并纳入欧盟的财政预算中。结构基金的使用共有七大目标:目标一是投入人均国内生产总值低于欧盟平均水平75%的地区,这些地区包括了欧盟25%的人口,约9 200万人,投入的金额约占总基金的68%;目标二是用于工业衰落地区的经济转型和结构调整,这一目标的投入占总基金的11%,覆盖了欧盟16%的人口,约6 100万人;目标三是解决长期失业问题和青年人的就业问题;目标四实行职业培训,帮助人们适应经济结构转型;目标五有两个子目标:一是促进农业和渔业地区的结构调整,二是促进农村地区经济多样化和产业结构升级,该地区约有3 200万人,占欧盟总人口的9%;目标六是帮助芬兰和瑞典人口稀少地区。此外,结构基金还支持欧盟共同倡议的用于跨国、跨边界的项目。

② 陈伟国:《区域合作背景下行政协议之应用研究》,西南政法大学硕士学位论文2007年。

关的修改和补充条款来完成。

加入责任条款。合作协议在本质上是一种合同或契约。如同私法契约一样，如果成员方拒不履行协议义务的，或者履行义务时违反协议约定的，也构成违约，应当承担违约责任。然而，在已缔结的合作协议中，却很难找到有关违约责任的规定。违约责任不应当是一种严格意义上的制裁，而应当是某种合作的停止、某种优惠的取消，即违约方因为不履行义务而不能享受其权利。

最后，创新合作协议的履行机制。要完善行政协议的履行机制，首先要明确合作协议的法律效力，作为对等性行政契约的政府间同样应当具有拘束力，可以拘束各成员方的行为，任何一方成员不得随意解除或终止该政府间协议。其次行政协议的约束力也体现在违约责任和民意压力机制，如果成员方不履行契约义务，成员内部的公众是可以通过质询和罢免等机制来强制的，如果缔约方是职能部门，则可以由本级人民政府迫使其履行义务。

在行政协议的履行机制，有执行力的实施机构更不能缺位。没有负责行政协议监督执行的机构，行政协议的法律效力不能保障，区域合作治理也很难进入到真正的实质型阶段。有强制执行力的约束性区域组织比无强制性的自愿性区域组织更富有效率。①因此，应该根据合作的具体领域成立专门的执行机构，全面贯彻落实相关协议，以切实提高政府合作的执行力。

---

① 汪伟全:《国外区域合作协调机构的比较研究及其启示》,《中国科技论坛》2011 年第 1 期。

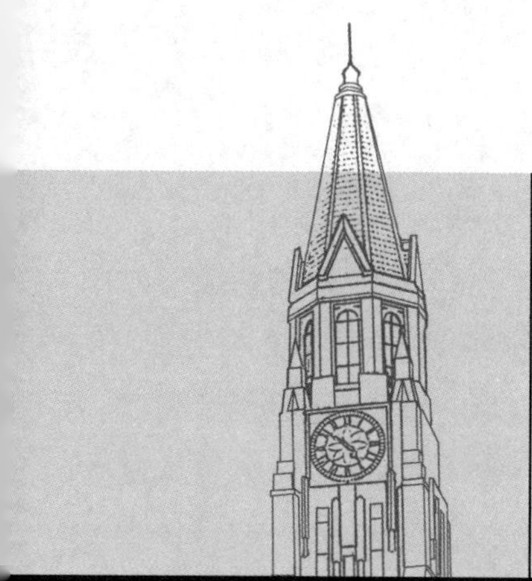

译文精选

让-查尔斯·拉格雷　著
朱敏玺　译　吴新叶　校

法国郊区骚乱的治理及其对中国的启示

让-查尔斯·拉格雷　法国国家科学研究中心教授、社会学家；朱敏玺　华东政法大学政治学与公共管理学院行政管理专业硕士研究生；吴新叶　华东政法大学政治学与公共管理学院教授、上海市政治学会副秘书长、上海市党建文化研究中心研究员，研究方向：基层政治、基层公共管理。

2005年10月，在巴黎的郊区城市克里希苏瓦尔，两个被警察追赶的人躲进了电源电力变压器内，他们会触电死去，而追赶他们的警察却并没有试图救他们。这则消息在许多大城市的郊区传播，随之引发了许多骚乱。司法部门对这些警察展开了调查，一开始这些警察以“不予起诉”(non lieu)为名被释放了，但两名受害者的家属继续控告这些警察，质疑他们“对危险中人不施援助”。2012年10月31日，在事情发生后的七年，一审的判决被取消了，这些警察被送上法庭送审。这个故事远未结束……

一　郊区冲突：权力关系的血缘化和融合模式的失败

（一）权力——社会关系的血缘化

在西方世界，社会正变得越来越“后工业化”，社会阶级末端发生了两项标志性、支柱性的主要变化：社会系统的组织原则化和权利关系的血缘化。这强调第一点是没有意义的，除非在20世纪80年代之交，由于社会转型的矛盾、冲突和协商，社会阶级和社会角色的良好建构消失了。“传统”手工工人阶级衰弱，多样化的中产阶级崛起，尤其是隐蔽的国际资本和金融阶级的强力主导，使社会上的“穷人”反抗“富人”、穷人与影子精英间大量冲突以国际网络的形式得到体现。（Castells

Manuel, 2000)但就在同时,这些“穷人”、社会中最易受损的群体、属于血缘群体却被排斥的人产生了,这些血缘群体同他们以前生活的人群是不同的。不仅是德国、荷兰、英国、法国,还有希腊、意大利、西班牙、葡萄牙,这些欧洲国家都经历了社会生活血缘化的相似过程。

二战后欧洲需要重建,经济建设急需劳动力来发展公司,产生推动现代化火车高速前进的动力。那时,殖民地和帝国没落的前殖民地被大肆剥削,由于中产阶级的形成,那些没有技能的劳动力便被“投入”老欧洲工作。不仅有工人自愿离开祖国寻求更好的收入来帮助国内的家人和亲属,更有许多公司派出专门的代表去组织所需劳动力的招募并提高其效率。然而,这些劳动力的融入是一个十分缓慢的过程。在 20 世纪 60 年代和 70 年代,这些廉价的、被过度剥削的劳动力就处在社会的边缘。他们生活在贫困线以下,将微薄工资的一部分寄回家,住在位于城市外围的集体宿舍、破旧房屋甚至是自己搭建的营房里。

在这个经济繁荣、发展蓬勃、就业充分的时期,尽管这些劳工的生活条件极差并且公认“被边缘化”,但并没有移民问题,更准确的说,不同人种的移民工人在法国境内的存在不是真正的问题。差异化的融合过程正在起作用。法国东部的欧布依村(Auboue)在移民潮的成功融合上提供了一个良好的例子。(Koll, 1982)这个位于钢铁工业区的小村庄先欢迎并成功融合了波兰工人,接着是逃离墨索里尼法西斯镇压的意大利人,这些意大利人战后又在这个重生的钢铁行业工作,后来北非和黑非洲人也跟随而来。1980 年的经济危机使这个成功的故事得以终结。那时,在欧布依村和法国的其他地方,甚至是整个欧洲,不管是对最新的移民还是父母是移民出生在本国的人,少数族裔的融合问题十分严重。不久后,即使他们没被“边缘化”或者“社会排斥”,但他们也被称呼为自己的民族名称。他们是“黑人”、“阿拉伯人”或者“拉斯塔斯”(Rastas)。这完美证明了欧文・戈夫曼(Erwing Goffman)的理论,他们将这些称谓作为一种烙印,称呼自己“里哈布(Les Rabeux)”或“博尔(Beurres)”,这只是“阿拉伯”这个单词玩的文字游戏而已。

这个现象中最关键的是缓慢的认识过程,需要通过专家、媒体、官员和更广泛的社会。在“社会排斥”问题中,一个最重要的部分是关注对社会凝聚力有直接影响的族群和相关群体,尤其是非凝聚或者极度凝聚的少数民族群体。他们的民族特性反映出他们的社会处境:有时几年没有就业资格、没有工作经验、甚至失业,更有些人活在两种文化之间,也就是说他们没有社会地位,还有些人已经受过法律制裁甚至坐过牢。法国共和原则禁止记录民族特性,我们在接下来会谈到这点。但是,社会学家对此很感兴趣并在这方面有所建树,能以合适程度的信心去研究一个给定活动领域内的民族人口比例。

然而,发布这样的信息总会引起激烈的讨论和争议,尤其是在结束关于种族主义和仇外行为的控告或怀疑的审判后。一些电视节目主持人,比如当埃里克·泽穆尔(Eric Zemmour)认为青年罪犯的很大一部分是“黑人或阿拉伯人”时,他就已经经历过这种窘境。当社会学家从“集体者”或者说是“文化”角度提出“排斥”、叛逆、越轨行为的解释时,他们就将自己置于科学界的批评之中。(Lagrange, 2010)

> “在萨赫勒地区国家中的家庭里长大的孩子要比本土家庭里长大的孩子犯罪的可能性高三倍或四倍;而那些在马格里布家庭长大的孩子还要高得多。这与他们的文化或民族文化的起源有关。”

文化方法能重建这些被社会排斥家庭的文化特性,过去十年这些特性被以前的研究广泛否认。然而,当人类学者和文化研究通过大量探究,创造一种“贫穷文化”来展示穷人或被社会排斥的人如何应对他们的生活条件的时候(Hoggart, 1957, 2009),文化主义的方法已将文化视为贫穷、排斥和越轨行为的主要原因之一。我们无法否认警察、司法部门或社会服务机构的数据所全面记录的内容。镇压或社会援助的数据中经常会出现新移民家庭中的年轻人或者是移民家庭中的第二代或第三代年轻人。但是应该将他们文化的起源视为这种现象的原因吗?应该将他们的“民族文化”视为他们被边缘化或排斥的主要因素吗?我们应该考虑到,他们在共和国的海洋里也无法溶解的文化差异,即由于他们家庭文化或文化起源的原因,他们不能融入法国社会。

针对这些文化理论,迪迪尔(Didier)和埃里克·法斯辛(Eric Fassin)在一本智识的书中提出了一种代替性的回答。这可用两句短句来总结,不是文化引起贫穷、排斥和越轨行为,是贫穷和排斥引发了一种越轨文化。(Fassin & Fassin, 2006)我们不能低估的事实是,贫穷或者依靠国家援助生活——这被学者认为是现代底层阶级的特点之一——是违法、叛乱或犯罪行为增加的主要原因。不同文化的融合对社会凝聚力来说不算风险,具有风险的是贫困人群的资源缺乏,这使得贫困的人无法达到正常的生活标准并无法参与社会融合。

另外,在这个案例中,文化和文化差距并不是解释性因素,不是一个独立的变量。恰恰相反的是,它是必须要被解释清楚的东西。争议越来越多,如果对此还未形成共识,我们则应强调其中突出的理论,该理论认为郊区的骚乱、不安全感的上升、毒品运输的发展,以及帮派斗争的猖獗和战争武器的传播,这些都归因于人们负担不起未来时的绝望和被社会抛弃后的感觉。"法国抛弃了我们",埃里克·莫里哀(Eric Marliere)认为,郊区的闹剧和在贫困地区扩散的孤寂感都与一种渐增的不公正感有关。(Marliere, 2008)但是除了不公正感,还存在一种"绝望"的、找不到解决办法的狂躁气氛。"被排斥地区"(Dubet François, Laperonnie Didier, 1992)也是"孤寂和没有未来的地区",即失范和叛乱的地区。(Merton, 1938)这里留下了一个应该解决的问题:为什么过去几年社会关系的血缘化不断涌现? 为什么原本一直被默默研究的少数族裔突然间成为一个大问题? 民族血缘关系又为什么并通过哪些方法去克服阶级斗争的紧张局势?

这个问题可解答如下:正如前文所说,即使"移民"融入社会从不是一个简单的过程,但在 20 世纪 70 年代末,大多数富裕欧洲社会的移民融入就已经很成功了。但到了 80 年代的转折期,在标志着"辉煌 30 年"(Trente Glorieuses)结束的经济危机的压力下,薪酬劳动力重组的速度不断加快。随着社会地位和工资的不断分化,薪酬劳动力也以某种方式整合了。第一层级的在资本所有者和工资收入者之间,第二层级的在中产阶级和体力劳动者之间,但所有人多多少少都能利用"富裕社会"或"消费社会"。而对于生活在社会底层的"移民"来说,他们仅仅只是无技能的工人阶级"穷人"中的一部分。比如,在 80 年代早期一本描述法国工人阶级中的年轻人的书中,作者却忘了要注意他们所采访的年轻人都住在贫困郊区且条件很差,这些年轻人都来自移民家庭,拥有着穆斯林或非洲名字! 但在富裕社会的末端,薪酬劳动力的阻碍已被粉碎了。正如上文所提,社会被划分为"里面"或"外面",或者与那些作者一样认为划分为主流社会和“分离”社会，“分离”社会包括了过剩人口和弱势群体。这些没有稳定生活的人形成了“自由劳动力”，在劳动力市场上时时刻刻面临着被驱逐的威胁。“应有”的工资收入者待遇的联合体已不再存在，取而代之的是劳动力各部分的各自发展战略，不管是为了改善自身处境、获得利益，还是仅仅只为生存。①

然而，面临社会排斥，比如“分离”，谁才是其中最危险的呢？“政治上正确”的回答应该是：不合格的年轻人。年轻人遭受失业风险的概率是全部人的两倍多(26%比 10%)，他们面临着过大的失业风险。辍学且没有文凭的年轻人的失业率是 50%，相较而言有大学毕业文凭的年轻人的失业率是 10%。其中三分之一的前者会在 6 年后失业，占了整代人的 14%。但政治上不正确的回答就会强调，此“弱势”人群、面临巨大“分离”风险的群体是移民中的部分。不巧的是，按年龄分类的数据在这不可用。但是，移民的失业率是非移民的两倍，即 16.5%比 8.5%。另外，10 个移民中有 3 个还是非合格就业。

表 1　失业率(2011)

	移　民	非移民
女	17.7%	8.9%
男	15%	8.1%

资料来源：INSEE。

因此，从总体上看，受社会排斥风险最大的是没有文凭或只有低级文凭的年轻人，他们只能找到低级或不需要资质的工作。这些人大都是移民或有其民族背景，他们最突出的特点就是，近 40 年来，这些处于危险中的人被限制在某些地区，住公共房屋，处于大城市的外围地区。空间隔离的进程和 20 世纪的工业化的发展一样古老。在 20 世纪 60 年代末，城市政策旨在通过将棚户区的居民重新安置在廉价

① 然而，在西班牙、意大利和希腊，反对长期限制性政策的罢工是这种分裂理论的反例。这是因为这样的政策不仅极大影响了工资收入者的组成部分，还影响了小型和中型企业。这样的威胁和负担使那些分离的人重新聚合在一起，而那些原本最为健康、安全和够格去应对风险的人却免于社会排斥。

的临时屋内来压缩棚户区。然而，这种本是临时性的安置地区变成了“问题人口”的长久集中之地，这些“问题人口”的问题包括了教育、失业、贫困、健康等。这个现象起源于20世纪60—70年代，从1981年起“郊区爆炸”后变得十分明显，那以后的空间隔离变得可见而明显，劳动力的“弱势”群体也成为社会的隔离部分。

边缘化和社会排斥变得清晰可见，就像一座活火山时不时喷出一些热蒸汽表明自己的存在一样，郊区的骚乱也在表明一种长期而持久的排斥的存在，这些以前能融入社会的人群现在却受到社会和地域的排斥。无论政府承担了什么，所谓的城镇政策却一个接一个地成功了。但洛朗·默切利(Laurent Mucchielli)却写道："城镇政策是一种周期性的失败"——我们将在后文讨论这个问题。然而，在以前，“贫困”、边缘化和越轨行为被认为是个人案例或家庭案例，必须在个人层面上进行处理。首先是各种品牌的慈善活动，其次是“社会工作”，它们的全部历史都为这个观点的核心提供了证明。然而，让尼娜·韦迪·勒鲁(Jeannine Verdes Leroux)、达恩·费朗(Dan Ferrand)以及米耶热和伊翁(Miege and Ion)都认为，作为社会工作者的“国家工作人员”工作的惊人增长是国家的一种尝试，对控制和约束总被认为危险的工人阶级的过程进行管理。

1831年12月8日，圣-马克·吉拉尔丹(Saint-Marc Girardin)在《辩论》杂志中写道："威胁社会的野蛮人们并不生活在高加索地区或鞑靼草原，他们就在我们工业城市的郊区。"从1960年到1980年，一张由社会工作者组成的网络正渐渐形成，来控制这个现代“危险阶级”。在20世纪80年代第一起郊区骚乱发生后，开始了著名的格勒诺布尔地区的“城镇政策”研究，共有70个不同国家的工作人员即所谓的社工介入该地区进行干预。但在那时，处理的方法还集中于个人和他们的家庭。

1980年起的郊区骚乱是标志着解决“社会苦难”的一个转折点。如今失业率上升，为了进入劳动力市场，越来越多的年轻人面临着更多的困难，政府政策和国家干预的重点已经不再是个人或家庭层面，而是家庭资产甚至是整个城市层面。这个变化与理念及政策规划的戏剧性变化有关，这些政策规划主要应用于对抗贫困和边缘化。基于对个体的关注，政策都以集体、居住地区和民族区域为目标。而现在的政策正从描述性数据转向关注集体性的社会角色，描述性的数据依据年龄、性别、国籍、教育程度、工作地位等进行个体分类，而集体性的社会角色则是“家庭资产”,是具有相似特点的人们生活的区域,他们都面临着被排斥的巨大风险。这些“流亡的住所”和其他的贫民区不仅聚集了孤独空间、贫穷家庭、社会案例、教育程度低甚至文盲群体、正处于或曾经长时间没有工作和收入的人群,也集合了上述所有的少数族群。

强调“社会排斥”尤其是经济社会性排斥是永不为过的,经济社会性排斥是郊区骚乱更广泛地说是大城市外围社会危机的关键因素。但也不应忽略或低估的是这些被社会排斥群体大都是族群,无论是法国国籍的还是出生在法国的外国人,或是移民。在紧张局势或冲突的条件下,民族血缘维度不应仅仅局限于肤色或异域情调上,在某些地区 1980 年起就一直存在了,民族血缘维度是“法国”公民社会族群间关系的指标。(Dominique Schnapper, 2003)

贫困地区的骚乱、荒废,以及在被遵照主流文化行为标准的人们所抛弃的地方中传播的不安全感,都已经不只是一个提醒,提醒法国社会——就像任何一个其他社会一样——是一个不同种群和民族的熔炉,更重要的也是一个“机器”,这个机器通过同化过程来减少差异,已经成功融合了 200 年,现如今它要么是坏了,要么也至少是慢了下来。

(二)法国社会融合模式的失败

值得提醒的是,社会融合的概念是基于涂尔干理论的核心之上的,可以说社会融合是维护社会凝聚力和社会秩序的关键过程。通过避免国家失范过程中社会系统的坍塌,社会融合可以确保社会再生产。

涂尔干在“社会劳动分工”一书中基于社会团结基础的不同区划分出两种社会:机械团结社会和有机团结社会。前者是一个生活共同体,代理人和每一个人都不分彼此;而后者由于社会劳动分工的发展,不仅更为复杂也更加多元化。前者更为同质化,而后者的特点则是其组成部分存在巨大差异。在现代社会,社会底层的融合过程就是达到整体社会的高度复杂化、差异缩小或差异共存。涂尔干认为差异的产生是“社会劳动分工”。作为国际社会劳动分工的副产品,移民就是这个过程的体现,它深刻展现了社会内部的差异。

社会如何并通过哪些方法、途径或机制来减少过大程度的差异呢?每一个社会依据自身的历史、传统、文化来发展自己的方法。比如,多米尼克・施纳佩尔(Dominique Schnapper)展示了法国、英国、北欧的融合模式,为了减少赘述,可将这些观点缩减为两个对立模式,即法国共和模式亦称普遍主义模式和英美模式亦称多元文化主义模式。但是,在进行这些不同"模式"的解释之前,要同样强调的是,在欧洲范围内,欧洲学者间正流传着关于这些"模式"是否存在的争论,因为对于一些作者来说,这些模式不过是社会角色之间关于差异管理的争论、讨论与磋商的结果,与现实并没有真实有效的联系。总之,这里存在着这是什么和关于这说了什么的问题。

在我看来,"融合模式"是存在的。正如马克斯・韦伯(Max Weber)所定义的理想模型一样,它们并不真实存在,因为它们是研究者用来掌握和分析社会现象的方法论工具,所以它们无法在社会现实中找到。更如克里斯托夫・贝尔托西(Christophe Bertossi)所说,社会角色的相关者,无论是个人、群体、机构,还是社会运动,既然人们和社会在行动和政策中参考它们,那么这些模式在一定程度上是存在的。(Bertossi, 2010)然而关系到这一点,很明显在任何社会都不能找到共和主义、多元文化主义或自由模式,因为它们都是一个既定社会主要特点的讽刺性表达,这是一个"方法论乌托邦"。(Weber, 1904, 1949)要记住在现实和用来准确把握现实的模型之间存在差距,我们需提醒自己的是,在某一范围内,学者、专家、政客在不同国家的背景下运用这个模型,而该范围反对"普遍主义"和"差别主义",或者"公民的政治社会"和"民族国家"。

法国的共和模式很大程度上是跟随了 17 世纪下半叶在托马斯・霍布斯(Thomas Hobbes)、约翰・洛克(John Locke)和让-雅克・卢梭(Jean-Jacques Rousseau)之间的有关"社会契约"的争论。然而,卢梭的思想在法国大革命中已被用于实践,对法国政治文化的构建产生了最深远的影响。

只是一瞬间,这一结合行为就产生了一个道德的与集体的共同体,以代替每个订约者的个人;组成共同体的成员数目就等于大会中所有的票数,而共同体就以这同一个行为获得了它的统一性、它的公共的大我、它的生命和它的意志。这一由全体个人的结合所形成的公共人格,以前称为城邦，现在则称为共和国或政治体；当它是被动时，它的成员就称它为国家；当它是主动时，就称它为主权者；而以之和它的同类相比较时，则称它为政权。至于结合者，他们集体地就称为人民；个别地，作为主权权威的参与者，就叫做公民，作为国家法律的服从者，就叫做臣民。但是这些名词往往互相混淆，彼此通用；只要我们在以其完全的精确性使用它们时，知道加以区别就够了。(Rousseau, 1762)

国家、民族、主权者是"自由"的产物，是为了"公意志"引导的"公共体"利益而自愿放弃个人固有自然权利的结果。国家是个人与集体间权利和权力交换的产物。埃内斯特·勒南(Ernest Renan)在一次著名的议会演讲中，提出了建立"契约"的基本政治理念，将个体的集合、多样性和特殊性转化为"国家"：

一个民族是一个灵魂，一种精神准则。构成这个灵魂和精神准则的两样东西事实上只是一样。一样在过去，另一样在现在。一样是大量记忆遗产的共同拥有，另一样是现有的生活在一起的同意和渴望。

一个民族支撑着历史，而现在可总结为一个神圣的事实：继续生活在一起的同意和渴望。民族主义的存在是日常的公民投票。(Renan, 1882)

在某种程度上，一个"民族"依靠的是日常支持，可以以投票或公民表决为形式，这是之前所有的政治现实。施纳佩尔创造了一个新词"公民社会"。这个词语暗示了国家需要依靠民族维护其自身的合法性，民族只有通过否认差异性和特殊性并升华个体和实践性群体才存在，这些个体和实践性群体都是从允许他们共同生活的权利和义务角度出发的。

引用《玛丽安》杂志上刊登的一篇文章的标题，在理论层面的严格意义上，法国共和模式要消除私人领域的差异。(Marian, 2012)然而正如许多作者所争论的那样，在理论原则和事实间仍有一段很长的距离。然而，在这个思想中值得强调的是"*Laicite*"或世俗化原则[法语单词"*Laicite*"只能译作近似的世俗化概念，参见让·博伯罗特(Jean Bauberot)、米舍利娜·米约(Micheline Milot)：《世俗化原则的前沿》

(Laicites' sans frontieres), 2011],这与法兰西共和国所追求的一体化概念的某些方面是同质的。在这个阶段,博伯罗特作品中的一些话被加以引用。

专家和评论员经常把"世俗化原则"认为是国家与宗教的分离,这个原则是基础性的。但这样的一种分离仅是一样工具,一样可运用于共和国公民的策略,它并不是终极目标,通过这个共有的定义,博伯罗特和米约提出将"世俗化原则"作为一种政治管理的模式,来保护道德自由和公民平等。在法国,"世俗化原则"是一种保护自由的"共和唯心论"。(Bauberot, Milot, 2011)比如,1905 年社会主义代表阿里斯蒂德·白里安(Aristide Briand)建立了在共和国和宗教之间明晰划分的法律,该法律的首位便是天主教。但同时,法律也保障了邪教的自由,这种政教分离和邪教自由保障付出了丧失宗教多元化的代价,带来了一个中立的、凸显差别的、特殊但又"普遍"的政治空间。

二 国家与政府:如何回应郊区骚乱?

以上讨论了不同的"反叛"、"骚乱"和国家失范的传播,这是"社会排斥"及地区、社区、居民区分离的直接结果。生活在这些地区的年轻人首先被卷入这些被遗弃地区中的骚乱、暴力和犯罪,然而这些现象不断发生使我们清晰地认识到,这肯定不能仅靠一项简单的"年轻人政策"来解决,这与体育活动、文化产品以及不同公司的社会工人或青年工人的动员都有关。虽然这些年轻人——不管这个年龄群体的定义是什么——首先都在被他们的生存环境和渺远未来所威胁,但这个现象是"社会排斥"、贫穷和失业的问题,必须通过相关国家部门的"协调"和"合作"才能解决,这是政府从 1981 年法国大城市郊区的骚乱中吸取的首要教训。

二战结束之后,青少年问题和青少年犯罪问题是在医生、心理学家和教育工作者层面展开的。那时,由社会工人组成的各种公司开始快速发展,但工人只接受心理方面的训练。社会工作学校中的社会学发展在 20 世纪 70 年代末才开始! 这已经是力度太小、时间太晚了。因此,30 年来社会工作以"个人"为中心,"青少年问题"被认为是个体问题,政策设计也着眼于个体发展而不是通过个体处境和行为体现出的社会问题,融合的问题更多地指向个体而不是社会层面。在 80 年代,当失业，尤其是年轻人失业激增时，从学校过渡到工作的时间越来越长也越来越难，而直到郊区开始焚毁的时候，个人层面的方法开始无效，也再不能让人接受了。社会理论和社会政策先后发生了根本性的改变，现在的融合问题已更多地指向社会层面而不是个体层面了，即社会开始关联了。另一个教训是融合不仅是"个人"问题或"文化"问题，也是通过融合来起作用。1981 年，一些学者、政治家、专家和专业人士甚至是志愿组织惊奇地发现，一个既定社会的融合，无论是移民或移民后裔，还是新一代更广的新来者，都需要政府工作的锻炼。

大量政府部门和社会角色进行合作与协调来处理"全球"问题，表明这已是一种官僚作风和政府治理的革命。比如，社会工作者从没接触过企业家、商人或商会！在解决家庭问题方面，由于自己具有特权，司法工作人员从没有和社会工作人员有过任何私人接触！在强调心理途径或文化方法的世界里引入工作问题和工作方法，这无疑是第二次"革命"。平心而论，在 1981—1982 年间，关于劳动力市场的逻辑、机制和规则方面有价值的知识很少。

"问题是全球性的，回答是地方性的。"从 1975 年开始感觉到第一次石油危机的影响时，关于年轻人失业的分析开始增多。各种各样的理论开始出现，比如双重市场理论或分离理论、劳动力市场的重构理论、关注劳动力"灵活性"的方法以及全球化和经济相互依赖理论。所有这些留下的却是应对挑战的无力感，这些挑战包含了失业、贫穷、社会排斥等，都会直接或间接地成为犯罪、不文明行为、骚乱的关键因素，成为影响社会团结和社会稳定的威胁因素。面对这些因素，国家政府以及更多的政治家阶层和精英，看起来似乎都无能为力。然而，当这些明确界定的原因看起来很遥远的时候，它们的影响却已经很接近了。它们近的就在城市里面，那儿的不安全感正在传播（Bonnemaison, 1982）、失业率激增、贩毒蔓延（Kokoreff, 1998）、犯罪行为越来越多（Mucchielli, 2007）。

1982 年骚乱之后，在两份行政报告发布后，出现了大量的国家会议和前所未有的社会动员，社会动员包括了社会行动者、机构、地方集体等，关于青少年问题公共干预的新框架是密封的，可以用三个词来概括：合作、工作和当地政府。不同行政部门、机构、角色之间的合作围绕政治优先性展开：地方集体，尤其是贫困地区的地方集体的重新认可或革新。就业、教育、安全、犯罪斗争、贫困和社会排斥斗争以及“青少年”问题,所有这些领域的干预都应该交互进行,以此来改善郊区状况,更准确地说是贫困地区的状况。

由于自身的社会经济条件,解决青少年问题的政策被认为是危险的,它是一个远远超出青少年问题范围且最终致力于解决骚乱问题的“城市政策”,这个政策的首要便是和区域的社会排斥作斗争。

> 城市政策涵盖了所有行动,旨在打击城市的贫困人口社会排斥现象。(Vie Pubique, 2006)然而也可以认为,通过合作与协调,城市政策是种对“治理”进行所需改革的工具。在过去 35 年,从一开始到 2005 年骚乱,“城市的政策”已发生了巨大变化。一开始,由于国家承担“激励”的角色,国家会建议并支持当地政府的举措,有时这个角色会变得比较专制,而在其他时候,国家看起来又似乎已退出该区域并将其开放给地方集体。不管如何,在这 35 年间,几个常量特征长久保持着。“‘城市的政策’首先是一个‘契约’政策,一个包含日常生活所有方面的‘全球’政策,也是一个‘跨部门’政策”。(Vie Publique, 2006)

简而言之,考虑到这些三十多年被遗弃的荒凉地区,最为重要的就是把社会排斥问题作为公共政策问题的核心。然而,在这项政策多多少少稳定推行了 30 年后,它成功了吗? 由审计院(Cour des Comptes)给出的答案是:没有!(Cour des Comptes, 2012)2012 年 7 月,这个官方独立机构发布了一项关于该政策实施有效性的重要报告。

第一项观察结果是简单而直接的,城市政策的首要任务就是与社会排斥、社会分离和贫民区作斗争。但是:

> “尽管大量行动者付出了很多努力,国家城市改造计划也有了结果,但是这些地区还存在很多不利因素,且没有减少。”

这个报告的作者们给出了几点解释。

首先,也可能是最重要的一点就是政治自觉的缺乏。这会导致部门之间及中央政府与地方政府间运作协调的管理不善。

接着,首要的批评与治理系统的失败有关,这导致了几个使城市政策部分失效的"技术性"问题。因此,报告提到了法律、法令和规定的增加,这使得国家干预变得模糊、不清晰且难以读懂。报告也提到了过去常常重叠的干预范围的淡化,比如,有751个城市敏感地区,其中包括了416个城市振兴区(zones of Redynamisation Urbaine),还有100个城市自由区(zones franches urbaines)。我们还需加上2 493个社会凝聚的城市契约区(Contrats Urbains de Cohesion sociale),其中的70%被划分为城市敏感区(Zone Urbaine Sensible)和215个动态希望郊区(Dynamique Espoir Banlieue)。

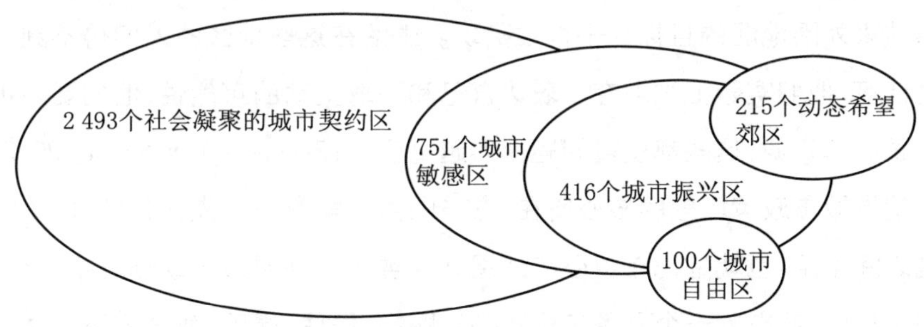

图1　城市政策干预区域的粗略划分

数据来源:审计院报告,城市政策的十年改革(2012)。

在每一干预层面,治理的缺失都是以城市改造部分间的不善连接而结束的,在某种程度上,进行破旧地区建筑的拆除、改造地区或建立新区,相对来说都是简单的操作。国家机构、部门和代理机构在这一领域都具有高度的熟练性,都能很好地完成这项"技术性"任务。然而这个报告提到,由于国家经济的撤出,城市改造的定量目标仍未实现。但在这项复杂的操作中,最棘手的问题是在关系到社会维度的操作上。在这个问题上,审计院认为是"公民认可的缺乏",公民们被剥夺了表达的途径。这些地区公共政策的微弱动员使得改造只集中在简单的任务上即城市改造,而人或社会层面的操作却放在一旁。因此,"城市政策产生了全新的贫民区,它们仍是贫民区。"(Robine, 2012)在这方面,如果最终目标是结束这些孤独地区的存在,那么城市政策至今为止仍错过了关键。城市改造的实施确保的只是片刻的“社会安宁”,它们仍然是贫民区!

城市政策领域最优秀的专家之一雅克 · 东泽洛(Jacques Donzelot)也作出了这个方向的回答。根据这位专家所说,导致城市政策失败有两个原因。首先,它低估了贫困地区(街道、家庭、社区)内微弱关系的力量;其次,这些人群接受社会大开放(教育、就业准入、嵌入渠道)的可能性却又被高估了。(Donzelot, 2012)总之,这项政策及其实施忽略了这些地区的内部资源。同时,这些风险人群抓住机会的能力也被高估了,或者说,社会提供了广泛的机会要么不足或者被错过了,要么并不适合这些人。另外,有助于解决社会排斥问题的宏观因素也并不存在。首先,就业市场很紧张!工作或更能适合这群人的工作正越来越少,其次教育系统也不适宜,由于经济放缓,由国家提供的福利国家安全网正变得越来越脆弱。这些结构性因素使得结束外围地区的目标几乎很难实现。生活在这些地区的人们得不到“公民”身份的认可,他们实际上被剥夺了表达自己和采取主动的可能性,他们更多地被视为是问题而非资源,这些都使得问题变得越糟糕。(Zouheir, Perronnet, 2012)

这就是城市政策问题的核心所在,它与隔离斗争有一个先决条件,即填补城市与郊区之间差距,也就是说在中心和外围之间重建一种城市连续性。换句话说,就是在郊区重建“城市”,一个具备工作、流通、购物、居住、娱乐、教育等不同功能的城市,一个实现交换的地方。

同时,在一定程度上,这个项目的技术层面是最简单的部分,社会层面要难得多,社会层面意味着要给这些贫困地区机会、资源和产品来逃离“社会排斥的陷阱”。地区必须和居民同样对待,这需要在中央和地方层面进行公共政策的强力、有效动员,以及进行这两个动力层面间的执行管理。

在法国过去的 10—30 年里,这些条件并没有得到重新结合。

三 结论:中国可以得到怎样的教训?

2005 年,中国像世界上的其他国家一样,被在法国这个“发达”而富裕的国家的大城市郊区发生的所谓“骚乱”所震惊。一个简单的问题被提了出来:为什么?

当涉及经济、社会、文化、政治等不同层次的分析时，答案可能更加复杂。但在这篇文章中，我们采用针对一个简单问题提供一个简单答案的方式。

为什么郊区会发生骚乱？因为法国像其他欧洲国家一样，经历了“辉煌 30 年”的经济扩张和社会“蓬勃发展”，社会排斥、贫困、一些“底层阶级”的堕落都在不断传播。“为什么骚乱”的回答就是社会排斥，或者可以说是处于贫困或困境的人们与社会的融合不足。答案的第二部分是希望的丧失，在被社会排斥的人群中，没有未来的意识越来越强。不管生活环境如何，当人们意识到自己的处境时，叛乱便爆发了！在英国 1811 年的勒德分子(Luddite)叛乱就是这个观察的清晰例证，就像 1831 年法国里昂的丝织工叛乱一样。答案的第三部分是贫富之间的不公正和不公平，以及“他们富人”和“我们穷人”之间一堵保护墙的存在。这样的认识会立刻引发与任何主流社会代表间的拒绝和冲突，这种拒绝冲突从警察开始，也包括老师、专业的社会工作人员、医生、社会工作者、商店店主等，在那些什么都没有的人眼里这些人不仅富裕，更重要的是他们被视作社会秩序的代表。

19 世纪 80 年代以前，与警察的斗争成为了一种“仪式”提醒周边这些贫困地区的存在。然而，由于在对抗中失去了力量，他们将暴力行为转向自身，转向“我们”，转向自己的社区。就像自杀是求助的呼叫或问题的信号一样，焚烧邻居的汽车、破坏他们的建筑或尽可能向警察扔石头都是他们发出的绝望的呼喊。

无数的研究对“社会排斥”做出了解释，首先提出的便是结构性因素，如失业、低工资、不安全、教育程度低极大减少了就业机会。接着是社会性因素，如社会关系被打破、反社会化、价值观遗失、反主流文化的形成、贫穷文化或变异文化的形成和边缘化。

然而，“贫穷”指的是个人，“社会排斥”则关系到“社区”、众多群体、地区等。社会排斥有一个空间维度，它关系到地区。在正文中，我们使用了以下的表述：孤独地区、堕落地区、排斥地区、流亡地区或流亡土地、贫民区和超贫民区等。社会排斥的空间维度不仅只是一个标志，当学者或游客走入郊区寻找穷人和边缘化人群的时候，它不仅只是在经验层面出现的一种方式，空间是社会排斥过程中的一部分。空间隔离是“社会隔离”的主要组成部分之一。不管怎么说，正如过去 30 年法国“城市政策“的失败所显示的证据那样，只通过城市改造建设，社会排斥是不能解决的。一个黄金贫民区仍然是一个贫民区！

从“城市政策”的官方报告中，我们得知打击社会分离和空间隔离需要通过一个“地区管理”的综合性项目。这应建立在两项目标之上，第一是在“城市”和“非城市”即郊区之间重建一种城市连续性，第二是提供产品来确保城市地区两个不同区域之间的流动性、流通性和交换性。城市维度只是其中一个组成部分，人类和社会要素仍然是决定性因素，因为人类和社会掌握了与社会排斥斗争的资源。

最后重要的是，在这两个维度，国家干预和地方干预在推进社会排斥的全球化途径，并使其有效方面有极大的优势，该途径也是减少这些孤独地区危险程度的唯一方式。

参考文献

"35 ans d'expérimentation", Repères La politique de la ville(1970—2005), Politiques publiques. République Française, Mise à jour 6 novembre 2006. http://www.vie-publique.fr/politiques-publiques/politique-ville/index/.

Alain Touraine, "Face à l'exclusion", in *Esprit* 169: 7—13, 1991.

Alain Touraine, *La Société Industrielle*, Denoël, 1969.

Aude Lancelin-Marianne, "La Guerre des Gauches est-elle déclarée" in *Marianne*, 17 Juin 2012. http://www.marianne.net/la-guerre-des-gauches-est-declaree-a219681.html.

Charles Murray, *Losing Ground: American Social Policy, 1950—1980*, Basic Book, 1994.

"Chômage: Les jeunes d'origine étrangère confrontés à des difficultés d insertion", http://www.donnetonavis.fr/chomage-jeunes-etrangers.

Christophe Bertossi, "What if National Models of Integration Did Not Exist?", in *Perspectives on Europe* autumn 2010 vol.40, Issue 2, 2010.

Clifford R. Shaw, Henry D. McKay, *Juvenile Delinquency in Urban Areas*, University of Chicago Press, 1942.

Comprendre les violences urbaines, La Documentation Francaise, 2006.

Didier Lapeyronnie, *Ghetto Urbain: ségrégation, violence, pauvreté en France aujourd'hui*, Robert Laffont, 2008.

Dominique Schnapper, *La Communauté des citoyens*, Gallimard, 2003.

Eric Mariera, *La France nous a lâchés ! : Les sentiment d'injustice chez les jeunes des cite*, Fayard, 2008.

Eric Maurin, *Le Ghetto français : enquête sur le séparatisme social*, Seuil, 2004.

Erwing Goffman, *Stigma : Notes on the management of spoiled identity*, Prentice-Hall, 1963.

François Dubet, Didier Lapeyronnie, *Les quartiers de l'exil*, Seuil, 1992.

François Dubet, *La Galère : jeunes en survie*, Fayard, 1987.

Gérard Mauger, *L'Emeute de novembre 2005 : Une révolte protopolitique*, Edition Le Croquant, 2006.

Gérard Noiriel, *Creuset Français : Histoire de l'Immigration. XIX—XXieme siècle*, Seuil, 1992.

Gérard Noiriel, "Petite histoire de l'intégration à la Française", in *Le Monde Diplomatique*, January 2002.

Gilbert Bonnemaison, "Face à la délinquance: prévention, répression, solidarité", in *Rapport de la Commission des maires sur la sécurité*, La Documentation Française, 1982.

Haut Comité à l'Intégration, "Relever les Defis de l'Integration a l'Ecole", in L'école, espace d'intégration sociale et culturelle: Rapport au Premier Ministre pour l'année 2010, La Documentation Française, http://www.ladocumentationfrancaise.fr/var/storage/rapports-publics/114000053/0000.pdf.

Henry Coing, *Rénovation urbaine et changement social*, Les Editions Ouvrières, 1966.

Hugues Lagrange, *Le Déni des cultures*, Seuil, 2010.

Jacques Donzelot, "Les territoires délaissés au coeur de l'action publique", http://www.parti-socialiste.fr/articles/les-territoires-delaisses-au-coeur-de-laction-publique.

Jean Baubérot, *La Laïcité falsifiée*, La Découverte, 2012.

Jean Baubérot, Micheline Milot, *Laïcités sans frontières*, Éditions du Seuil, 2011.

Jean-Charles Lagrée, *La Galère : marginalisation juvénile et collectivités locales*, Ed. du CNRS, 1985.

Jean-Charles Lagrée, "Le modèle français d'intégration", in *Canadian and French Perspectives on Diversity*, traduit et publié en anglais sous le titre: "The French Model of intégration", Ottawa, Eté 2004.

Jeremy Robine, "La Politique de la Ville Boite, car elle souffre d'atrophie du Je-Nous", in *Le*

Monde, 25 septembre 2012.

Julie Sedel, *Les médias et la banlieue*, Editions Le bord de l'eau, 2009.

Karl Marx, *The 18 Brumaire of Louis Bonaparte*, Wilside Press, 1851, (rd.) 2008.

Kungang Li, "Practice and Problems: the Fixed-Term Employment Contract in China", in *Regulation of Fixed-Term Employment Contracts: A Comparative Overview*, Kluwer Law International, 2010.

Laurent Mucchielli, "Entre politique sécuritaire et délinquance d'exclusion: le malaise de la prévention spécialisée", in *Socio-logos*, 2007. http://socio-logos. revues. org/79.

Loic Wacquant, *Urban OutCast: A comparative sociology of Advanced Marginality*, Polity, 2007.

Louis Chevalier, *Classes laborieuses, classes dangereuses*, Perrin, 2002.

Louis Köll, *Auboué en Lorraine du fer: du village rural à la cité minière*, Karthala, 1982.

"L'universalisme républicain en question", http://ses. ens-lyon. fr/l-universalisme-republicain-en-question-39909. kjsp.

Manuel Castells, *The rise of the Network society*, Blackwell Publisher, 2000.

Marie Talec, "L'effet quartier appliqué au chômage chez les jeunes: mythe ou réalité?", http://www. academia. edu/1201858/.

Max Weber, "Objectivity in Social Science and Social Policy", in *The Methodology of the Social Sciences*, Free Press, 1904, (rd.) 1949.

Michel Kokoreff, "L'Economie de la drogue: des modes d'organisation aux espaces de traffic", *Les Annales de la Recherche Urbaine*, No. 78, 1998.

Michel Lallement, "Apports et enjeux de la comparaison internationale", in *Sciences Humaines*, Hors series No. 46, Sept-Nov 2004.

Michèle Tribalat, "Combien sont les Français d'origine étrangère", in *Economie et Statistique*. Vol. 242, 1992.

Michèle Tribalat, "Immigration: l'INSEE n'a plus peur des chiffres", in *Marianne*, 31 mars 2010.

Patrick Champagne, *Faire l'opinion: Le nouveau jeu politique*, Minuit, 1990.

Patrick Champagne, "La vision médiatique", in *La misère du monde* (dir. P. Bourdieu), Seuil, 1993.

Richard Hoggart, *The use of Literacy: Aspect of working class life*, Penguin, 1957, (rd.) 2009.

Robert Castel, "Interview", in *Le Nouvel Observateur* N° 2240—semaine du jeudi 11 octobre 2007.

Robert Castel, *La discrimination négative: Indigènes ou Citoyen?*, Seuil, 2007.

Robert Castel, *La métamorphose de la question sociale*, "Folio Essai", Gallimard, 1999.

Robert Castel, *L'insécurité sociale: qu'est-ce qu'être protégé?*, Seuil, 2003.

Robert K. Merton, "Social Structure and anomia", in *American Sociological review*, 3(5) 672—682, 1938.

Robert K. Merton, *Social Theory and Social Structure*, New York Free Press, 1949, rd. 1968.

Robert Roberts, *The Classic Slum: Salford Life in the First Quarter of the Century*, Penguin, 1971, (rd.) 1990.

Schwartz Bertrand, *L'insertion sociale et professionnelle des jeunes*, La Documentation Française, 1981.

Sun Tzu, *The Art of war*, Kindle edition.

William Foote Whyte, *Street corner society: The social structure of an Italian Slum*, University of Chicago Press, 1943.

William Julius Wilson(eds.), *The Ghetto Underclass: social science perspective*, Sage Publication, 1993.

William Julius Wilson, *The Truly Disadvantaged: The Inner City, the Underclass, and Public* Policy, University of Chicago Press, 1990.

William Julius Wilson, *When work disappears: the world of a new urban poor*, Vintage, 1997.

Willmot Peter, *Adolescent Boys of East London*, Routledge and Kegan, 1966.

W. I. Thomas, F. Znaniecki, *The Polish Peasant in Europe and America*, University of Chicago Press, 1918—20.

1979

- **Septembre**: premières émeutes urbaines, dans le quartier de la Grappinière, à Vaulx-en-Velin, dans la banlieue de Lyon: des jeunes affrontent les forces de l'ordre et incendient des voitures. Les affrontements se multiplient, entre 1979 et 1980, à la cité Olivier-de-Serres, à Villeurbanne (Rhône), avant que le maire Charles Hernu décide de raser ce ‹*vivier à délinquance*›

1980

- **Octobre**: un CRS abat le jeune Lahouari Ben Mohamed, 17 ans, au cours d'un contrôle dans une cité des quartiers nord de Marseille. Il sera condamné à dix mois de prison, dont quatre avec sursis.

1981 Explosion des quartiers

- **Juillet**: de violentes émeutes éclatent dans le département du Rhône, d'abord aux Minguettes, à Vénissieux, puis à Villeurbanne et à Vaulx-en-Velin. Les incidents se succèdent jusqu'en septembre.

1982 Commission Dubedout.

1983 Mort de **Toufik et la marche de convergence des Beurs.**

- Durant l'été 1983, de rudes affrontements opposent policiers et jeunes. Pendant les affrontements, Toumi Djaïda, le jeune Président de l'association SOS Avenir Minguettes, est blessé par un policier et transporté d'urgence à l'hôpital. Rodéos, incendies de voitures, dégradations urbaines, courses poursuite avec la police, sont à nouveau filmés, largement repris dans la presse. Les Minguettes s'enferment dans une image de ghetto et de mal vivre.
- Creation du Mouvement Immigration Banlieue. (a verifier)
- **Décembre**: arrivée à Paris de la Marche pour l'égalité et contre le racisme, dite ‹Marche des Beurs›, partie de Marseille en octobre.

1985

- Mise en Place d'une politique de la ville.

1987

- Le 8 juin 1987, suite à la mort du jeune Aziz Bouguessa des affrontements éclateront en banlieue lyonnaise.

1990

- **Octobre**: de violentes émeutes éclatent à Vaulx-en- Velin après la mort du jeune Thomas Claudio dans un accident de moto, près d'un barrage de police.

1991

- **Mars**: émeutes dans la cité des Indes, à Sartrouville (Yvelines), après la mort de Djamel Chettouh, 18 ans, abattu dans un centre commercial par un agent de surveillance; création d'un Comité d'évaluation de la politique de la ville.
- **Mai**: violents incidents au Val-Fourré, à Mantes-la-Jolie (Yvelines), à la suite du décès d'Aïssa Ihiche, 18 ans, au cours d'une garde à vue dans le commissariat de police de la

ville; création de la section violences urbaines aux Renseignements généraux(RG); début de l'opération ‹Quartiers lumières›.

- **Juin**: Youssef Khaïf, 23 ans, est tué d'une balle dans la nuque par le policier Pascal Hiblot à Mantes-la-Jolie. Ce dernier sera acquitté en septembre 2001.

1992

- En octobre 1992 à Vaulx-en-Velin, Mohamed Bahri, 18 ans, est tué par les gendarmes alors qu'il tente de forcer un barrage au volant d'une BMW volée. Trois nuits d'affrontements, coups de feu sur un commissariat et trente-trois véhicules brûlés ou endommagés.

1993

- Le 30 octobre 1993 a Saint-Fons toujours en banlieue Lyonnais, de violentes échauffourées éclatent, après la mort de Mourad Tchier, 20 ans, tué par un policier à l'issue d'un rodéo à bord d'une voiture volée.

机构巡礼

华东政法大学
政治学与公共管理学院

华东政法大学政治学与公共管理学院是为适应现代社会发展需要，于2002年在华东政法大学行政管理专业基础上成立的。学院现已形成博士、硕士、本科完整的培养体系。博士层面拥有法政治学、社会法两个博士点；硕士层面拥有公共管理、政治学两个一级学科硕士点和政治学理论、行政管理、社会保障、劳动与社会保障法学、公共安全管理、公共管理硕士(MPA)六个二级学科硕士点；本科层面拥有行政管理、劳动与社会保障、公共事业管理、政治学与行政学四个本科专业。其中政治学为上海市唯一政治学专业本科教育高地建设项目，公共管理学科为上海市一流学科。2013年，根据教育部的学科评估，学院的政治学学科评估位列全国第17位(排名在前16位的学校全部拥有政治学一级学科博士点)。目前，学院紧紧围绕服务社会大局的指导思想，形成了以社会公共安全管理为主要研究方向和特色的核心学科。学院目前有中央与地方共建的社会弱势群体利益救助与保障、电子政务、公共绩效评估三个特色实验室项目和社会治理与公共安全实验实训基地建设项目。

政治学与公共管理学院师资力量雄厚，全院教师百分之九十拥有博士学位，并拥有两名上海“东方学者”讲座教授。各专业教授的知识结构、年龄机构布局合理，有丰富的教学经验和先进的教学理念，形成了一支学富力强、奋发有为、教学和科研相结合的教师梯队。学院具有比较优越的教学条件。各专业教师在长期的教学实践中，积累了十分丰富的教学经验，在广泛吸收和借鉴国内外先进教学方法的基础上，形成了具有特色的教学方法。

政治学与公共管理学院在教学过程中,注重理论和实践相结合,各专业根据自身的特点,相应建立 15 个本科生教学实习基地,引导学生学以致用,增强学生的社会实践能力。为使学生毕业后较快地适应社会,服务社会。学院成立了口才协会、写作协会、思辨协会和公共礼仪协会,以提高学生的综合素质。学院还经常邀请国内外的专家、学者来学院举办讲座,为提高学生的科研水平和观察、分析、解决问题的能力创造了良好的条件。政治学与公共管理学院专业教师不仅在教学中成绩显著,同时也体现了较强的科研能力。多位教师先后主持或参加国家社会科学基金重点项目和教育部哲学社会科学课题重大攻关项目,并根据时代发展和社会需求,出版了一批高质量的学术著作和教材。

学院积极推行教育国际化,重视与国外知名大学和科研机构的合作,先后与瑞典隆德大学、瑞士国家行政学院、英国利兹大学、日本名古屋大学等多所国外知名高校建立了合作关系。为学生及时了解和学习国外同类专业新的发展和动态创造了条件。

2011—2012 年
上海政治学学术会议简讯

2011 年

◎ 5 月 27 日，上海市社联、上海市政治学会、上海财经大学联合举办“历史·经验·展望:90 年来中国共产党的民族理论与民族政策”学术研讨会，来自中国政治学会、中国行政管理学会、中国社会科学院、复旦大学等高校和研究机构的五十余位专家学者参加会议，从不同角度对中国共产党的民族理论和民族政策展开深入研讨。

◎ 6 月 18 日，由上海市行政管理学会、国家行政学院科研部主办，上海市浦东新区行政学院、上海市行政学院政府研究所承办的“国际大都市区域发展与政府管理体制创新”理论研讨会，在上海市浦东新区行政学院举行。

◎ 6 月 25 日，上海市社会科学联合会主办，“‘中国共产党执政原理研究’主题研讨”项目组、复旦大学中国政府与政治研究中心、复旦大学国际关系与公共事务学院承办“中国共产党执政原理研究”主题研讨会。

◎ 7 月 11 日，上海市政治学会、《上海思想界》杂志、复旦大学中国政府与政治研究中心和解放军南京政治学院上海分院军事政治学研究中心在复旦大学联合主办“武装力量与中国共产党:历史与价值——纪念建党 90 周年主题研讨暨军事政治学专家论坛”学术研讨会。

◎ 7 月 16—17 日，复旦大学国际关系与公共事务学院主办首届中国政治科学研究与方法工作坊。

◎ 9 月 23 日，上海大学承办上海市社会科学界第九届(2011)学术年会政治·法律·社会学科专场会议。会议主题是“中国道路——政治·法律·社会”。

◎ 11 月 10 日，上海市法治研究会、政治学会、社会心理学学会、法宣办联合举行“从普及法律知识到培育公民意识”研讨会。

◎ 11 月 12 日，复旦大学社会科学高等研究院、复旦大学当代中国研究中心、福特基金会联合主办“中国市民社会组织:治理与管理”学术论坛。

◎ 11 月 13 日，同济大学政治与国际关系学院举办“地方政府治理与公共政策分析”学术研讨会。

◎ 11 月 15 日，中国行政管理学会在江苏昆山召开了中国行政管理学会 2011 年年会暨“加强行政管理研究　推动政府体制改革”研讨会。

◎ 11 月 17 日，上海行政学院举办全国行政学院系统政治学教研协作联席会年会暨学术研讨会。

◎ 11 月 19 日，上海市委党校举办第八届青年学术论坛。会议主题是“执政党与国家发展:中国的经验”。

◎ 12 月 2—3 日，复旦大学国际关系与公共事务学院主办“复旦大学中国制度研究论坛 2011”。会议主题是“中国特色社会主义——中国发展的制度基础”。

◎ 12 月 3—4 日，复旦大学社会科学高等研究院主办、上海国际金融研究中心协办“转型社会的社会正义:中国与世界”学术论坛。

◎ 12 月 10—11 日，上海财经大学公共经济与管理学院主办“公共预算和财政管理:多学科对话和融合”学术研讨会。

◎ 12 月 12 日，上海社科院举办“社会建设与反腐倡廉的新路径”理论研讨会。

◎ 12 月 29 日，上海市政治学会主办、上海市委党校(行政学院)政治学教研部承办上海市政治学会 2011 年年会。会议纪念上海市政治学会成立三十周年并以“政治伦理与政治发展”为主题开展研讨。

2012 年

◎ 4 月 28 日，上海市社会科学界联合会、华东政法大学政治学与公共管理学院共同在华东政法大学举办“特大型城市公共安全体系建设”学术研讨会暨第一届中国社会公共安全学术论坛，国内外多名相关领域的专家学者出席此次会议。

◎ 5 月 25 日，《探索与争鸣》杂志社、中共上海市委党校、中共闵行区委党校、华东师范大学党委宣传部和政治学系联合主办“社会转型进程中的焦虑：问题与对策”理论研讨会。

◎ 5 月 26—27 日，复旦大学国际关系与公共事务学院、中国留美公共管理学会(CAAPA)、国际公共管理研究会(IRSPM)、公共管理研究学会(PMRA)联合在复旦大学主办 2012 年公共管理研究会议。会议主题是“变革年代的公共管理”。

◎ 6 月 9 日，华东政法大学举办了“比较政治研究上海青年学者论坛 2012 会议”。

◎ 6 月 21 日，上海市行政管理学会、上海市法治研究会、上海市社会心理学学会、上海市社会学学会在市社联联合举办“社会管理创新多元思考”研讨会。

◎ 6 月 28 日，上海市行政管理学会、上海行政学院、上海海洋大学联合举办“城市政府管理体制改革与创新”专题研讨会。

◎ 7 月 3 日，复旦大学社会科学高等研究院、以色列巴尔—伊兰大学、中以学术交流促进会联合主办“未来历史：从传统和现代角度审视市民社会和国家之间的互动”国际学术研讨会。

◎ 7 月 19 日，上海市人民政协理论研究会、统战理论研究会、法学会、政治学会、社会学学会联合召开“拓展协商民主，促进创新转型”研讨会。

◎ 7 月 14—15 日，复旦大学国际关系与公共事务学院主办第二届中国政治科学研究与方法工作坊。

◎ 8 月 18 日，华东政法大学科学院举办了“比较政治与国际关系的交叉研究”学术研讨会。

◎ 9 月 1 日，上海社会科学院召开政治与公共管理研究所成立仪式暨“新阶段中国的政治发展：理念、价值、路径”学术研讨会。

◎ 9 月 11—12 日，上海行政学院与德国艾伯特基金会联合主办“政党与民意调查：理论、方法和实践”国际学术研讨会。

◎ 9 月 21 日，华东政法大学举办“转型中国的法律治理与政治发展”学术研讨会暨上海市晨光学者 2012 论坛。

◎ 10 月 19 日，复旦大学承办上海市社会科学界第十届(2012)学术年会政治·法律·社会专场。会议主题是“国家治理:民主法治与公平正义”。

◎ 10 月 20—21 日，中央编译局世界发展战略研究部、上海师范大学法政学院联合上海市政治学会共同在上海师范大学举办第四届比较政治学论坛暨第三届比较研究工作坊。会议主题是“比较政治学与世界民主化、城市化进程”。

◎ 10 月 27 日，上海市政治学会与上海政法学院国际事务与公共管理学院联合举办“民主政治与法治国家建设”理论研讨会。

◎ 11 月 17 日，上海市政治学会、华东政法大学政治学与公共管理学院、华东政法大学城市基层政治发展研究中心联合在华东政法大学举办“上海青年政治学论坛(2012)”。会议主题是“社会转型与当代中国政治发展”，上海政治学界的五十余位青年学者参加此次会议。

◎ 11 月 21 日，上海交通大学国际与公共事务学院与南洋理工大学公共管理研究生院联合举办“公共服务、地方治理与政府绩效”学术研讨会。

◎ 11 月 24 日，复旦大学陈树渠比较政治发展研究中心在复旦大学举办“比较政治理论的发展与反思暨中国制度研究论坛 2012”学术会议。

◎ 11 月 27 日，华东师范大学社会科学创新基地(核心价值体系)举办“当代中国社会转型进程中的包容:问题与对策”理论研讨会。

◎ 12 月 1—2 日，国家行政学院社会和文化教研部、上海行政学院联合主办的“城市化进程中的社会管理”研讨会暨 2012 年全国行政学院系统社会管理教研协作会议。

◎ 12 月 2 日，上海市法学会法理法史研究会、上海市政治学会、上海市社会科学院法学研究所、华东政法大学法律史研究中心、华东政法大学公民社会与法治发展比较研究中心联合在华东政法大学举办“全面推进依法治国与推进政治体制改革”学术研讨会。

◎ 12 月 2 日，上海市政治学会举办“政治发展道路与政治体制改革”研讨会。

◎ 12 月 15 日，华东政法大学政治学与公共管理学院举办“公共治理中的公民社会”学术研讨会暨华东政法大学公民社会与公共治理研究中心成立大会。

◎ 12 月 15 日，中共上海市委党校、中共闵行区委党校、华东师范大学党委宣传部、华东师范大学政治学系联合主办，由华东师范大学政治学系承办“公共事件与社会治理：挑战与回应”学术研讨会。

◎ 12 月 22—23 日，复旦大学社会科学高等研究院主办“政治改革与经济改革协调发展”学术论坛。

◎ 12 月 28 日，上海市行政管理学会在上海市委党校召开 2012 年年会暨“深化行政体制改革”座谈会。

◎ 2013 年 1 月 13 日，“三个‘更加注重’：中国政治发展的新理念、新路径”理论研讨会暨上海市政治学会 2012 年年会在上海社科院举行，来自上海各高校、科研院所的八十余位学者参加了此次会议。

后 记

经过几个月的紧张准备,《上海青年政治学年度报告 · 2013》正式出版了。2012 年 11 月,在上海政治学会的支持下,华东政法大学政治学与公共管理学院主办了首届上海青年政治学论坛,该次会议得到了上海政治学界的众多青年学者的响应,五十余位青年学者参加了此次会议。会议过程中,包括许多硕士、博士研究生在内的青年学者们纷纷发表了各自的学术见解,平等而充分地表达了自己的意见,会议过程中的讨论十分热烈。会后,很多学者反映此次会议信息量大,讨论充分,纷纷表达了要将类似会议继续办下去的愿望。通过这次会议,我们深深感受到青年学者,包括一些本科生对政治学研究的热爱和激情,这就更加促使我们开始筹划定期出版物,为政治学学术共同体的形成创造条件,《上海青年政治学年度报告》正是在这样的背景下产生的。也就是说,当时我们的想法很简单,即通过定期的年度报告和学术论坛,为上海政治学界的青年学者们提供一个共同交流、共同进步的可持续平台。

尽管年度报告筹备时间很短,但是倡议一经提出,就得到了很多学者的响应和支持。而在其中,首先要感谢上海市政治学会名誉会长王邦佐教授,他不顾身体有恙,除了为年度报告撰写文章之外,还积极为报告的体例安排出谋划策。同时,上海市政治学会会长桑玉成教授对年度报告从头到尾都始终给予了关注,认为是上海政治学界的一件好事并大力支持,同时还积极为报告撰写文章。上海市政治学会副会长王立民教授不仅出席了青年论坛,而且对青年学者未来的学术发展提出了真挚建议。还要感谢来自于上海高校、党校、科研机构的诸多青年政治学者,他们倡议并组成了上海青年政治学年度报告的学术委员会，为年度报告贡献了自己的学术智慧。还要感谢参加青年政治学论坛的诸多学者，他们的文章和研讨为年度报告提供了最好的知识滋养。

作为会议和报告的承办方，华东政法大学政治学与公共管理学院为论坛举行和报告出版提供了最有力的帮助。其中，始终关心年轻人成长的张明军院长从论坛一开始筹备就给予了全方位的支持，年度报告也正是在他倡议下得以正式出版。此外，张熹珂、易承志、葛传红、严海兵、彭彦强、李汉卿等多位青年教师的积极参与也是报告顺利出版的重要因素。同时，吕晨的联络工作也是不可或缺的，上海人民出版社编辑金婕女士的认真和负责都是值得我们敬佩的。

最后，由于时间仓促，年度报告还有很多不足的地方，包括栏目设置、文章选择等方面还有很多遗憾，我们诚恳地希望能够得到学术界同行的批评和指正，以便在明年的年度报告中加以改进，因为任何的批评和指正都可以促使我们更好地进步。期待您与我们联系(E-mail：hzggaq@126.com)。

主编谨识

2013年5月10日

图书在版编目（CIP）数据

上海青年政治学年度报告.2013/吴新叶,任勇主编.—上海：上海人民出版社,2013
ISBN 978－7－208－11436－4

Ⅰ.①上… Ⅱ.①吴…②任… Ⅲ.①政治学-文集
Ⅳ.①D0－53

中国版本图书馆CIP数据核字(2013)第109146号

责任编辑　金　婕
封面设计　陈　酌

上海青年政治学年度报告·2013
吴新叶　任　勇　主编
世纪出版集团
上海人民出版社出版
（200001　上海福建中路193号　www.ewen.cc）
世纪出版集团发行中心发行
上海商务联西印刷有限公司印刷
开本 720×1000　1/16　印张 21　插页 3　字数 323,000
2013年7月第1版　2013年7月第1次印刷
ISBN 978－7－208－11436－4/D·2278
定价　48.00元